Kohlhammer

Inklusion in Schule und Gesellschaft

Herausgegeben von
Erhard Fischer, Ulrich Heimlich
Joachim Kahlert und Reinhard Lelgemann

Band 8

Reinhard Lelgemann, Philipp Singer
und Christian Walter-Klose (Hrsg.)

Inklusion im Förderschwerpunkt körperliche und motorische Entwicklung

Verlag W. Kohlhammer

Dieses Werk einschließlich aller seiner Teile ist urheberrechtlich geschützt. Jede Verwendung außerhalb der engen Grenzen des Urheberrechts ist ohne Zustimmung des Verlags unzulässig und strafbar. Das gilt insbesondere für Vervielfältigungen, Übersetzungen, Mikroverfilmungen und für die Einspeicherung und Verarbeitung in elektronischen Systemen.

1. Auflage 2015

Alle Rechte vorbehalten
© W. Kohlhammer GmbH, Stuttgart
Gesamtherstellung: W. Kohlhammer GmbH, Stuttgart

Print:
ISBN 978-3-17- 024283-8

E-Book-Formate:
pdf: ISBN 978-3-17-024284-5
epub: ISBN 978-3-17-024285-2
mobi: ISBN 978-3-17-024286-9

Für den Inhalt abgedruckter oder verlinkter Websites ist ausschließlich der jeweilige Betreiber verantwortlich. Die W. Kohlhammer GmbH hat keinen Einfluss auf die verknüpften Seiten und übernimmt hierfür keinerlei Haftung.

Vorwort der Reihenherausgeber

Vor dem Hintergrund der UN-Behindertenrechtskonvention, die seit 2009 für Deutschland verbindlich gilt, entwickelt sich die Idee der Inklusion zu einem neuen Leitbild in der Behindertenhilfe. Sowohl in der Schule als auch in anderen gesellschaftlichen Bereichen sollen Menschen mit Behinderung von vornherein in selbstbestimmter Weise teilhaben können. Inklusion in Schule und Gesellschaft erfordert einen gesamtgesellschaftlichen Reformprozess, der sowohl auf die Umgestaltung des Schulsystems als auch auf weitreichende Entwicklungen im Gemeinwesen abzielt. Der Ausgangspunkt dieser Entwicklung wird in Deutschland durch ein differenziertes Bildungssystem und eine stark ausgeprägte spezialisierte sonderpädagogische Fachlichkeit bezogen auf unterschiedliche Förderschwerpunkte bestimmt. Vor diesem Hintergrund soll die Buchreihe »Inklusion in Schule und Gesellschaft« Wege zur selbstbestimmten Teilhabe von Menschen mit Behinderung in den verschiedenen pädagogischen Arbeitsfeldern von der Schule über den Beruf bis hinein in das Gemeinwesen und bezogen auf die unterschiedlichen sonderpädagogischen Förderschwerpunkte aufzeigen. Der Schwerpunkt liegt dabei im schulischen Bereich. Jeder Band enthält sowohl historische und empirische als auch organisatorische und didaktisch-methodische sowie praxisbezogene Aspekte bezogen auf das jeweilige spezifische Aufgabenfeld der Inklusion. Ein übergreifender Band wird Ansätze einer interdisziplinären Grundlegung des neuen bildungs- und sozialpolitischen Leitbildes der Inklusion umfassen.

Die Buchreihe wird die folgenden Einzelbände umfassen:

Band 1: Inklusion in der Primarstufe
Band 2: Inklusion im Sekundarbereich
Band 3: Inklusion im Beruf
Band 4: Inklusion im Gemeinwesen
Band 5: Inklusion im Förderschwerpunkt emotionale und soziale Entwicklung
Band 6: Inklusion im Förderschwerpunkt geistige Entwicklung
Band 7: Inklusion im Förderschwerpunkt Hören
Band 8: Inklusion im Förderschwerpunkt körperliche und motorische Entwicklung

Band 9: Inklusion im Förderschwerpunkt Lernen
Band 10: Inklusion im Förderschwerpunkt Sehen
Band 11: Inklusion im Förderschwerpunkt Sprache
Band 12: Inklusive Bildung – interdisziplinäre Zugänge

Die Herausgeber
Erhard Fischer
Ulrich Heimlich
Joachim Kahlert
Reinhard Lelgemann

Inhaltsverzeichnis

Einleitung		15

I Körperbehindertenpädagogik und Inklusion — 19

Körperbehindertenpädagogik: Exklusives Bildungsangebot in inklusiven Zeiten – Gedanken zur Geschichte, Gegenwart und nahen Zukunft — 21

Reinhard Lelgemann

II Theorie und Praxis der Inklusion — 39

Theoretischer Anspruch und praktische Wirklichkeit des inklusiven Ansatzes im pädagogischen Diskurs. Zu Konsequenzen der normativen Einseitigkeit und des Umgangs mit Fremdheit — 41

Philipp Singer

III Pädagogische und medizinische Reflexionen zur schulischen Inklusion — 85

Pädagogische Unterstützung und Begleitung von Kindern und Jugendlichen mit Körperbehinderung in inklusiven Bildungsangeboten — 87

Volker Daut

IV Empirische Untersuchungen zur schulischen Inklusion und ihre Bedeutung für die Schulentwicklung — 109

Empirische Befunde zum gemeinsamen Lernen und ihre Bedeutung für die Schulentwicklung — 111

Christian Walter-Klose

Heterogene Schülerschaft – heterogene Bedingungen. Befunde eines empirischen Forschungsprojektes zur schulischen Inklusion im Förderschwerpunkt körperliche und motorische Entwicklung	149
Philipp Singer	
Die Schule vom Kind aus denken – Ein Leitfaden für die Inklusion von Schülerinnen und Schülern mit körperlicher Beeinträchtigung	188
Christian Walter-Klose	

V Inklusion: Beispiele aus der Schulpraxis und Beratung — 203

Vorbemerkung	205
Das Kardinal-von-Galen-Haus auf dem Weg zur inklusiven Schule	207
Guido Venth	
»Inklusive Partnerklassen« der Astrid-Lindgren-Schule an der Grundschule Nord in Kempten/Allgäu	224
Helmut Kirsch	
Inklusion – Den Anfang wagen und gemeinsam wachsen	240
Irene Roth	
»Barrieren in den Köpfen abbauen« – Das Kompetenzzentrum Albatros-Schule in Bielefeld	248
Manfred Palm	
Das LWL-Beratungshaus Münster	256
Arno Grothus	
Beratung und Unterstützung im Förderschwerpunkt körperliche und motorische Entwicklung in Schleswig-Holstein	264
Rainer Dräger/Tobias Schubert	

Autorenverzeichnis — 274

Vorwort

Chancengleichheit und das Recht auf Selbstbestimmung und soziale Teilhabe von Menschen mit körperlichen Behinderungen und chronischen Erkrankungen ist vor dem Hintergrund von Menschenrechten und Bürgerrechten keine Erfindung der Inklusionsbewegung seit den 1990er Jahren. Sie sind vielmehr handlungsleitende Maximen humanen soziologischen, sozialpsychologischen und pädagogischen Denkens seit Beginn der »modernen« Förderpädagogik (Sonderpädagogik) etwa 1960, allerdings mit grundsätzlich einseitiger Anpassungsrichtung an Normen von Menschen ohne spezifischen Förderbedarf – Stimmen, die darüber hinaus argumentierten, wurden noch nicht gehört. Gleichwohl erfolgte durch die neuere Entwicklung inklusiver Denkschemata in der Pädagogik und die konkrete Formulierung der Leitziele der UN-Behindertenkonvention 2006 und deren gesetzliche Verankerung in Deutschland 2009 ein kraftvoller Schub für die theoretische Diskussion und die Umsetzung der Forderungen in die pädagogische Praxis. Dabei ist ein normatives Theoriegebäude mit einem Totalanspruch entstanden, das die sonderpädagogische Diskussion und Innovation inzwischen vollständig dominiert, nicht zuletzt unter dem Druck der gesetzlichen Vorgaben – die es allerdings »eindeutig« zurzeit nur in Bremen, Hamburg, Niedersachsen und Nordrhein-Westfalen gibt (*Der Spiegel*, 12/2014); ein Zeichen, dass unser föderalistisches Schulsystem nicht genug spezifische Vorbereitungszeit hatte. Wissenschaftlich wird schon seit Ende der 1990er Jahre ein pädagogischer Paradigmenwechsel konstatiert, der sich auf der Theorieebene spätestens seit 2009 durchgesetzt hat und die Inklusion grundsätzlich gegen die Integration abgrenzt.

Im Hinblick auf die Inklusion von Kindern und Jugendlichen mit dem Förderschwerpunkt körperliche und motorische Entwicklung besteht allerdings weiterhin Bedarf an Diskussion auf allen Ebenen und insbesondere ganz schlicht an Aufklärung über die Natur dieses Paradigmenwechsels: Es geht nicht mehr um Inklusionsfähigkeit oder gar die portionsweise »Zuteilung« von Inklusion wie anfänglich bei der Integration; vielmehr ist der Komplex von Erziehung und Bildung aller Kinder ein ganzheitliches soziales System mit einer Gesamtdynamik.

Jetzt kommt es darauf an, den rein normativen Ansatz an der schulischen Praxis zu messen und anhand realistischer organisatorischer und menschlicher Dimensionen zu relativieren. Auf der Ebene der praktischen

Umsetzung von pauschal formulierten theoretischen Zielen der UN-Konvention (die vom allgemeinen Menschenrecht ausgeht) gilt es, die Forderungen so zu differenzieren und an Realitäten zu orientieren, dass bei inklusiver Förderung nicht ständig defizitäre Praxis entsteht, weil beispielsweise nicht alle »Sondereinrichtungen« in das Schema passen und abgeschafft werden müssten (was in der Konvention allerdings nirgends gefordert wird) – eine solche Situation widerspräche geradezu den Forderungen nach Chancengleichheit vieler Kinder mit körperlichen Behinderungen. Hier will die vorliegende Schrift ansetzen und vor allem unter Betonung von Praxiserfahrungen einen Beitrag leisten.

Hinsichtlich der *Legitimation* und *Theoriebildung* der Inklusion können wir uns insbesondere wieder an etablierten handlungsleitenden Konzepten orientieren, die längst in allgemeinen sonderpädagogischen Denkmustern selbstverständlich geworden sind (spätestens seit Ulrich Bleidick als »Behindertenpädagoge« 1987 offiziell das royale Zepter an Otto Specks »System Heilpädagogik« übergeben hat): *Systemisch-konstruktivistisches* Denken bestimmt inzwischen unser aller Menschenbild. Es wurde offensichtlich auch bei der Entwicklung und Abfassung der UN-Konvention wirksam und ist damit spätestens seit 2006 (UN) bzw. 2009 (D) hoch »legitimationshaltig« sowohl für die Theoriediskussion als vor allem auch die bildungspolitische Umsetzung der Inklusion in die Praxis.

Systemisch-konstruktivistisch ist das erste von mehreren zentralen Schlagworten, die die Grundlage bilden für handlungsleitende theoretische Annäherung an diesen Komplex. Es besagt, dass jeder Teil eines sozialen Systems in zirkulärer Beziehung steht zu allen anderen Teilen. Das bedeutet für die schulische und vorschulische Inklusion nicht nur, dass jedes betroffene Kind in diesem System dort abgeholt wird, wo es in seiner Entwicklung (körperlich, sozial-emotional, leistungsmäßig) steht, sondern auch dass jedes einzelne Kind das ganze System in allen mikro- und makrosozialen Elementen beeinflusst und damit auf seine eigene Entwicklung und pädagogische Förderung implizit einwirkt. In systemischer inklusiver Verantwortung stellen wir dem »Teil-System« Kind alle pädagogischen Errungenschaften je nach Bedarf zeitweise oder dauerhaft zur Verfügung. Dazu gehört parallel zu inklusiv arbeitenden Institutionen der Erhalt aller bewährten bestehenden Angebote (z. B. die über Jahrzehnte entwickelte Förderschule mit ihren Strukturen). Das mag in letzter organisatorischer Konsequenz eine gesellschaftliche Utopie darstellen, liefert jedoch praktikable Rahmen- und Zielvorstellungen (auch für die Gestaltung des Unterrichts). Lelgemann spricht von bereitgestellten Ressourcen, »die nicht leichtfertig aufgegeben werden dürfen«.

Kennzeichen dieser im weitesten Sinne »Pädagogik der Vielfalt« (Prengel) sind Heterogenität und die Auflösung von Untergruppen in pädagogischen Systemen (Vorschule, Schule). Die Kinder und Jugendlichen werden individuell in ihrer Einzigartigkeit respektiert. Organisationseinheit Schule bedeutet ein Primat von Gemeinsamkeiten bei individueller Verschiedenheit (Hinz). Eine gruppenspezifische Perspektive bleibt jedoch erforderlich, um Schule gesellschaftlich zu organisieren – und nicht zuletzt um in diesem Zusammenhang generalisierbare handlungsleitende Forschungsergebnisse zu erreichen.

Grundsätzlich stellt sich die Frage nach dem generellen Stellenwert »besonderter« (Gruppen- oder Einzel-)Förderung bzw. der Förderschule. Das betrifft vor allem Kinder mit hohem Fürsorge- und Pflegebedarf, der die allgemeine Schule in vielerlei Hinsicht (personell, baulich usw.) überfordert. Sie stellt sich aber auch, weil gegenwärtig viele betroffene Kinder in allgemeinen und Stadtteilschulen (besonders in sozialen Brennpunkten) den oftmals in ihrer Vorentwicklung ungewohnten Belastungen, die sie dort als solche erfahren, nicht gewachsen sind. In diesem Zusammenhang wird eine Umschulung (oder eine Rückkehr) in die Förderschule von den Kindern (und ihren Eltern) oft als soziales Trauma erlebt. Im oben skizzierten systemisch-konstruktivistischen Bild ist die »Förderschule« (oder eine homogene Fördergruppe in inklusiv arbeitenden Schulen), die ggf. im Austausch mit zuständigen allgemeinen Schulen steht, im Grunde keine Besonderung, sondern eine angezeigte individuelle Maßnahme, etwa als »geschützter Raum«, der im Rahmen der Inklusion bereitgehalten wird und in dem betroffene Kinder bildende und stabilisierende gemeinsame Erfahrungen mit ähnlich Betroffenen machen können – und zwar nur dort; »für die eigene Identitätsentwicklung scheint dies besonders wichtig zu sein« (Daut).

Im Zentrum *historischer Reflexion* im deutschsprachigen Raum steht vor allem die Auseinandersetzung über den Zusammenhang zwischen Integration und der Inklusion. Seit den 1970er Jahren standen Prinzipien der Integration im Vordergrund. In Europa war es zunächst Italien, das 1977 gleich radikale Tatsachen geschaffen hat. Per Gesetz wurden Kinder mit Behinderungen den nichtbehinderten Kindern gleichgestellt, und es wurden kurzerhand die »Sonderschulen« (mit Ausnahme von Institutionen zur Förderung sehr schwer behinderter Kinder) aufgelöst, um Chancengleichheit zu gewährleisten. Dabei wurde die Struktur der Regelschule allerdings grundsätzlich nicht verändert, und Kinder mit Behinderungen mussten sich dort einpassen. Dieses Missverständnis von Integration (und später in der Inklusion) hat sich bis heute vielfach erhalten. Und die 1977 fehlenden integrationspädagogischen Erkenntnisse mussten über Jahrzehnte parallel zur Praxis erarbeitet und formuliert werden. Mediterraner Abenteuerlust abhold, rief man im föderalistischen Westdeutschland zur selben Zeit langjährige Forschungsprojekte zur Integration ins Leben (mit steilem Nord-Süd-Gefälle an Enthusiasmus). Dabei widmete sich das einzige offiziell nur auf Kinder mit Körperbehinderung zugeschnittene Projekt ausschließlich der Integration ins Gymnasium (Neuwied). Haupt entwickelte ein Modell (mit Vorauswahl der Kinder und zielgleicher Förderung), das nach dessen Ablauf in die Regelform übernommen wurde. In der Rückschau zeigten sich schon damals Probleme, die noch heute bei der Inklusion eine Rolle spielen und ungelöst sind: die Tendenz zur Vereinsamung von Kindern mit besonderem Förderbedarf, ihre Isolation und die als besonders schmerzhaft erlebte Nichtbeachtung durch die Mitschüler. Außerdem wurde deutlich, wie wichtig regelmäßige professionelle Beratung in Einzel- und Gruppengesprächen mit Pädagogen an der Schule waren – heute in großem Stil in die Organisation erfolgreicher Inklusion eingeflossen, in erster Linie auch im Rahmen spezifischer Fortbildung und vor allem zur Motivierung. Denn »Voraussetzung für einen positiven sozialen Umgang zwischen Schülern ohne und mit Behinderung ist zunächst sicherlich, dass die Lehrkräfte eine positive Haltung zur schulischen Inklusion vorleben« (Singer).

In den 1990er Jahren erfolgte der Paradigmenwechsel zur Inklusion, begleitet von erneuter Begriffsdiskussion (tragischerweise nachdem die Begrifflichkeit der Integration gerade mehr oder weniger abgeklärt war). Dabei wurde mindestens bis zum gesetzlichen Einschnitt 2009 unter beiden Begriffen häufig das Gleiche verstanden (Inklusion als optimierte Integration). Das war in diesen Jahren zunächst begründet durch die missverständliche Übersetzung amerikanischer Begrifflichkeit in der UN-Konvention – *inclusion* wurde als die vertraute *Integration* übersetzt und als solche aufgefasst. Grundsätzlich aber muss vereinfachend unterschieden werden zwischen Integration als *Methode* und Inklusion als *gesellschaftlichem Weg*, bei dem es nicht mehr nur um Anpassung an vorhandene Systeme geht, sondern »die Systeme selbst ihre Standards verändern« (Hinz).

Die inklusive pädagogische Förderung von körperbehinderten Kindern ist weiterhin charakterisiert durch das Schlagwort *Komplexität* aufgrund der extremen Heterogenität der Betroffenen bezüglich Erscheinungsbild, Entwicklungsverlauf, Förderbedürftigkeit und vor allem Kommunikation. Das stellt auch an speziell ausgebildete Förderpädagogen hohe Anforderungen: beispielsweise bei Verweigerungshaltungen als Ausdruck emotionalen Protests oder Auseinandersetzung mit begrenzter Lebenserwartung und plötzlichem Tod – Faktoren, die auch zur individuellen Vereinsamung in der Inklusion beitragen können. Insbesondere das Erkennen von Signalen der Befindlichkeit und der Leistungsbereitschaft der Betroffenen erfordert große persönliche Vertrautheit. Dabei ist ein weitgehend unterschätztes Problem bei Kindern mit leichter oder minimaler körperlicher Behinderung, dass sich Auffälligkeiten erst unter Leistungsdruck zeigen.

Ein entscheidendes drittes Schlagwort der Inklusionspädagogik ist alternativlos die selbstverständliche *Transparenz* des zwischenmenschlichen und pädagogischen Geschehens durch Verbalisierungen (die Teil der Lehrerausbildung sind), um »Besonderungen« und aufkommende Befürchtungen durch deren Benennung aufzulösen. Dazu gehört auch eine Form spezifischer Thematisierung vermeintlich fachfremder Gegenstände im Unterricht wie Information über Behinderungen und Befindlichkeiten (»Behinderung als Unterrichtsgegenstand« für alle Kinder). Und schließlich auch die Bewusstheit und Umsetzung von Kontaktpflege und Empathie.

Allgemein ist festzuhalten, dass die genannten übergeordneten Schlagworte *systemisch-konstruktivistische Perspektive*, *Komplexität* und *Transparenz* im Hinblick auf Schuleingangsdiagnostik, Schulorganisation, Unterrichtsgestaltung und Kommunikation von allen Beteiligten größtmögliche *Flexibilität* erfordern – die gelernt werden kann.

Idealerweise werden zwei Pädagogen pro Klasse tätig sein und wird professionelle Beratung für das Kollegium geboten. Besonders erfolgreich scheinen bisher Konzepte *offenen Unterrichts* zu sein, die sich aller möglichen Formen bedienen: von freier Arbeit (für Kinder mit Körperbehinderung ggf. geleitet) bis Frontalunterricht und von Einzelarbeit bzw. -betreuung bis zur Arbeit in Klein- und Großgruppen; außerdem Elemente wie individuelle Erziehungs- und Lehrpläne, Ungleichzeitigkeit des Lernens und individueller Rhythmus. Alltagspraktisches Lernen steht für alle Schüler mit Körperbehinderung zumindest gleichwertig neben dem Erwerb der Kulturtechniken. Der Unterricht findet in gemischten Alters- und Lerngruppen statt mit Förderung auf unterschiedlichem Niveau (Bedeutung des passiven Mitlernens); Verzicht auf Benotungen.

Schule mit *Respekt* vor der einzigartigen Biographie und Persönlichkeit des Individuums »ist nicht nur ein frommer Wunsch, sondern ein menschenrechtlicher Anspruch« (Singer). Dieser Weg bedeutet, Schule vom Kind aus zu denken – »die Inklusion hat begonnen!« (Walter-Klose).

Im Sommer 2014
Harry Bergeest

Einleitung

»Voll krank, auf 'ne andere Schule zu müssen!«, heißt es auf einem Werbeplakat der »Aktion Mensch«. Abgebildet sind drei jugendliche Schülerinnen, von denen eine in einem Rollstuhl sitzt. Die Botschaft ist eindeutig: Körperbehinderte junge Menschen gehören auf eine allgemeine Schule, sie gehören inklusiv unterrichtet. Die Werbung bestätigt unbeabsichtigt ein Ergebnis eines Forschungsprojektes, das die Herausgeber dieses Bandes im Rheinland durchführen konnten. Schüler mit einer körperlichen Beeinträchtigung, die keine größeren Unterstützungsleistungen benötigen und sich in sozialen Beziehungen aktiv einbringen und durchsetzen können, besuchen erfolgreich diese sehr engagiert arbeitenden allgemeinen Schulen. Doch was ist mit den Schülerinnen und Schülern[1], die nicht so charmant wirken wie die drei jungen Frauen auf dem Werbeplakat der »Aktion Mensch«? Was ist mit jungen Menschen, die Probleme haben, soziale Beziehungen konstruktiv zu gestalten, oder die keine Eltern haben, die sich aktiv in Schulprozesse einbringen können oder wollen?

Schulen mit dem Förderschwerpunkt körperliche und motorische Entwicklung berichten immer wieder davon, dass sie viele Schülerinnen und Schüler aufnehmen müssen, die aus der Integration/Inklusion zurückkommen, weil allgemeine Schulen ihnen kein passendes schulisches Bildungsangebot machen konnten und sie dort großen Belastungen ausgesetzt waren. Ein Sachverhalt, der bis vor wenigen Jahren nicht empirisch untersucht wurde.

Kinder und Jugendliche mit einer Körperbehinderung sind eine ausgesprochen heterogene Schülergruppe. Es sind eben nicht nur diejenigen, die Rollstuhl fahren und die vor allem körperlich beeinträchtigt sind. Es sind auch Schülerinnen und Schüler, die weitere Beeinträchtigungen und Schwierigkeiten haben, die nicht direkt sichtbar sind, die sich aber als bedeutsam erweisen, wenn sie erfolgreich lernen und am sozialen Leben teilnehmen wollen. Ebenso zählen hierzu Schülerinnen und Schüler mit komplexem Unterstützungsbedarf, die bisher fast überhaupt nicht in die

---

1 Im vorliegenden Buch wurde es den Autoren überlassen, weibliche und/oder männliche Geschlechtsbezeichnungen in ihren Texten zu verwenden. Mit der jeweils verwendeten Sprachform geht ein Respekt für die Vielfalt aller Menschen einher.

Debatte einbezogen werden. Themen wie Gesundheit, Pflege und Therapie haben für viele dieser Kinder und Jugendlichen eine besondere Bedeutung in ihrem leiblichen Dasein. Wenn auch sie am inklusiven Schulentwicklungsprozess teilhaben sollen, müssen diese Themen in inklusiven Schulen als bedeutsam erkannt und berücksichtigt werden.

Die schulpolitischen Entwicklungen in den Bundesländern sind bezogen auf den hier angesprochenen Personenkreis derzeit außerordentlich unterschiedlich. Einerseits scheint die Bedeutung der Förderschulen mit dem Förderschwerpunkt körperliche und motorische Entwicklung durch die aktuellen Entwicklungen in den meisten Bundesländern nicht in Frage gestellt zu werden. Andererseits werden die Möglichkeiten der Schulen zumeist nicht ernsthaft in inklusive Schulentwicklungsprozesse einbezogen. Initiativen entstehen eher aus einigen Schulen selbst heraus, als dass diese systematisch gesucht werden. Die Inklusionsquote dieser Schülergruppe bleibt in den meisten Bundesländern relativ stabil bei etwa 20–30%, obwohl die Gruppe »der« Schülerinnen und Schüler mit einer Körperbehinderung allgemein als leicht »inkludierbar« gilt. Nationale und internationale Studien weisen zudem darauf hin, dass Schülerinnen und Schüler vorwiegend außerhalb des allgemeinen Schulwesens unterrichtet werden, sobald zu einer Körperbehinderung weitere Probleme in Bereichen wie der Wahrnehmung und des Lernens oder eine höhere Therapie- oder Pflegebedürftigkeit hinzutreten. Dies sollte und kann nicht automatisch als aussondernd bezeichnet werden, wird hiermit doch häufig im Sinne des Artikels 24, Abs. 1, Satz 1 das Recht der Schüler auf bestmögliche schulische Bildungsangebote anerkannt und gesichert. Die hier nur skizzierte Situation verweist auf eine Komplexität der Inklusionsentwicklung, die in diesem Band theoretisch und praxisorientiert für die Personengruppe der Schülerinnen und Schüler mit dem Förderbedarf körperliche und motorische Entwicklung differenziert reflektiert wird.

Die Systematik des vorliegenden Bandes spiegelt die Vielfältigkeit der aktuellen Diskussionen wider, die sich mit dem Begriff der Inklusion verbinden. Er baut auf einem Forschungsprojekt auf, das von den Herausgebern in den Jahren 2010 bis 2012 durchgeführt wurde. Der Band nimmt das Problemfeld der Inklusion aus der Perspektive von fünf unterschiedlichen, aber aufeinander bezogenen Zugängen in den Blick:

Das *erste Kapitel* skizziert *historische Entwicklungen* der Körperbehindertenpädagogik in Deutschland und stellt den Prozess und die Situation der inklusiven Schulentwicklung in diesem Förderschwerpunkt bis zum Herbst 2013 dar.

Aus einer *theoretisch-philosophischen Perspektive* und anhand empirischer Daten diskutiert *Kapitel zwei* die Grundlagen des inklusionspädagogischen Ansatzes in ihrer Relevanz für (schwerer) körperlich und geistig behinderte Menschen. Das Potenzial des inklusiven Ansatzes wird durch die einseitig normative Sichtweise auf Inklusion nicht nur aufs Spiel gesetzt – diese Ausrichtung könnte gravierende Konsequenzen haben und der Anerkennung und Teilhabe schwerer körperlich und geistig behinderter Menschen auf paradoxe Weise zuwiderlaufen.

Kapitel drei widmet sich wesentlichen durch eine Körperbehinderung bedingten Auswirkungen und stellt deren *pädagogische Bedeutsamkeit* für inklusive Situationen heraus. Im Fokus stehen dabei besonders Kinder und Jugendliche mit cerebralen Bewegungsstörungen und Jungen mit fortschreitenden Muskelerkrankungen.

Im *vierten Kapitel* legen zwei Artikel den *empirischen Forschungsstand* der inklusiven Schulentwicklung in Bezug auf Schülerinnen und Schüler mit Förderbedarf körperliche und motorische Entwicklung dar. Ausgehend von der Auswertung nationaler und internationaler Studien zum Gemeinsamen Unterricht der vergangenen 40 Jahre, leitet Walter-Klose Empfehlungen für den Aufbau inklusiver Bildungssysteme ab. Es zeigt sich, dass eine spezifische Perspektive auf Schülerinnen und Schüler mit einer körperlichen Beeinträchtigung notwendig ist, um Fragen bestmöglicher Unterrichts- und Schulqualität differenziert beantworten zu können. Singer stellt die Ergebnisse des Forschungsprojektes »Ermittlung von Qualitätsbedingungen für den Ausbau gemeinsamer Beschulung (schulische Inklusion) und Sicherung des bestmöglichen schulischen Bildungsangebots (Art. 24, 2e der UN-Konvention) von Schülerinnen und Schülern mit dem Förderschwerpunkt körperliche und motorische Entwicklung« vor. Neben den Erfahrungen von Schülern, ihren Eltern und Lehrkräften in gelingenden inklusiven Schulsituationen wurden in diesem Projekt ebenso die Erfahrungen von Schülern, die an eine Förderschule wechselten, berücksichtigt. Im Mittelpunkt dieses Beitrages stehen vor allem sozial-integrative Aspekte einer gelingenden schulischen Inklusion. Aus der Perspektive der Schulentwicklung stellt Walter-Klose in seinem zweiten Kapitel von IV einen Leitfaden vor, der den Unterstützungsbedarf der Schülerinnen und Schüler sowie die individuellen schulorganisatorischen Anpassungsnotwendigkeiten in den Fokus der Aufmerksamkeit rückt. Er kann in der Praxis für die Aufnahme von Kindern und Jugendlichen mit Körperbehinderung in die allgemeine Schule sowie zur Reflexion der Anpassung von Schule und Unterricht an das jeweilige Kind verwendet werden und wurde auf Basis der empirischen Arbeiten entwickelt.

Im *fünften Kapitel* berichten sechs Autorinnen und Autoren von unterschiedlichen *praktischen Beispielen*. Vorgestellt werden zum einen Beispiele, in denen allgemeine Schulen im Rahmen eines Schulentwicklungsprozesses inklusive Bildungsangebote eröffnen, erproben oder bereits über viele Jahre hinweg praktisch anbieten. Zum anderen werden Beispiele beschrieben, in denen Förderschulen körperliche und motorische Entwicklung neue Beratungsangebote entwickeln, die Bildungsmöglichkeiten in inklusiven, allgemeinen Schulen initiieren und unterstützen.

Der Band richtet sich insbesondere aufgrund seiner vielfältigen Zugänge zur Thematik der Inklusion gleichermaßen an Wissenschaftlerinnen und Wissenschaftler, an Studierende und Lehramtsanwärter, ebenso an Lehrerinnen und Lehrer, Schulleitungen und in der Schulaufsicht Tätige, die hier zahlreiche theoretische und praktische Anregungen finden. Die Herausgeber und die Autorinnen und Autoren hoffen, mit diesem Band sowohl einen Beitrag zu einer intensiven Fortführung der wissenschaftlichen Diskussion um Inklusion als auch zu einer verstärkten Entwicklung schulischer Inklusionsangebote zu leisten. Unser Dank gilt besonders allen Autorinnen und Autoren für ihre Beiträge zu diesem Band. Für Rückfragen und Diskussionen stehen alle Autorinnen und Autoren gerne zur Verfügung.

Würzburg im August 2014
Reinhard Lelgemann
Philipp Singer
Christian Walter-Klose

I

Körperbehindertenpädagogik und Inklusion

Körperbehindertenpädagogik: Exklusives Bildungsangebot in inklusiven Zeiten – Gedanken zur Geschichte, Gegenwart und nahen Zukunft

Reinhard Lelgemann

Die schulisch orientierte Körperbehindertenpädagogik ist innerhalb der Sonderpädagogik ein kleines Fachgebiet, welches dadurch herausgefordert ist, dass sich die Schülerschaft in allen Schulen unterschiedlich darstellt und in ständigen Veränderungsprozessen befindet, auch wenn die weiterhin größte Einzelgruppe Schülerinnen und Schüler mit einer infantilen Cerebralparese sind (vgl. Hansen, 2012; Lelgemann/Fries, 2009). In der Inklusionsdebatte wird die Schülerschaft vor allem als Gruppe der vornehmlich körperbehinderten Kinder und Jugendlichen wahrgenommen, die scheinbar, außer einem Mobilitätsproblem, nur geringe Lern- und Lebenserschwernisse bewältigen müssen. In vielen Förderschulen dagegen finden sich vor allem mehrfach oder stark beeinträchtige Schülerinnen und Schüler.

In der aktuell geführten Diskussion zur Entwicklung eines inklusiven Bildungssystems kann der Eindruck entstehen, Körperbehindertenpädagogik bzw. spezifische Bildungsangebote für Schülerinnen und Schüler mit einer körperlichen Beeinträchtigung seien selbstverständlich in einem inklusiven Bildungssystem möglich, wenn nur gewisse bauliche Aspekte berücksichtigt werden. Dieser Eindruck wird in der medialen Öffentlichkeit u. a. dadurch begünstigt, dass das Thema Inklusion in sehr hohem Maße durch körperbehinderte Menschen repräsentiert wird, die einen Rollstuhl nutzen oder aufgrund körperlicher Fehlbildungen (z. B. verkürzte Gliedmaßen) vom Erscheinungsbild her auffallen, eine sehr sympathische Ausstrahlung haben, selbstbewusst auftreten, charmant sind, weiterhin aber keine relevanten Erschwernisse zu bewältigen haben.

Im Folgenden wird auf der Basis einiger weniger Hinweise zur Qualität inklusiver Bildungssituationen für Schülerinnen und Schüler mit einer körperlichen oder mehrfachen Beeinträchtigung und sich daraus ergebender Fragen die Entwicklung der Körperbehindertenpädagogik als erziehungswissenschaftlicher Disziplin skizziert. Die Darstellung verweist darauf, wie wenig selbstverständlich die Entwicklung von Bildungsangeboten für Schülerinnen und Schüler mit körperlichen und mehrfachen Beeinträchtigungen sich gestaltete, benennt aktuelle Bedingungen und ermöglicht eine erste Reflexion des Selbstverständnisses sowie der Komplexität des Fachgebietes und der inklusionsspezifischen Besonderheiten und Herausforderungen. Dabei geben die Ausführungen zu den aktuellen Entwicklungen in einigen Bundesländern den Stand zum Ende des Jahres 2013 wieder.

1 Internationale Entwicklungen

Differenzierte empirische Studien zur schulischen Situation körperbehinderter und der hier ebenso angesprochenen mehrfachbehinderten Schülerinnen und Schüler im internationalen Raum liegen inzwischen einige vor, auch wenn diese nicht immer vergleichbar sind oder den gleichen Personenkreis ansprechen, der in Deutschland in die Diskussion einbezogen wird. Walter-Klose hat in seiner vergleichenden Arbeit 81 Studien aus Deutschland, vor allem aber Staaten, die seit mehr als dreißig Jahren integrative Bildungssysteme entwickelt haben, einbeziehen können. Wesentliche Erkenntnisse dieser Studie (ausführliche Darstellung bei Walter-Klose hier im Buch) sind,

- dass in den von ihm ausgewerteten Studien vornehmlich Schülerinnen und Schüler erfasst wurden, die nicht gleichzeitig erhebliche Lernbeeinträchtigungen oder sehr schwere Beeinträchtigungen aufwiesen (Walter-Klose, 2012, S. 310f.). Hieraus kann zumindest abgeleitet werden, dass diese Personengruppe auch nach langjähriger integrativer Schulentwicklung nicht im Fokus der pädagogischen Forschung steht;
- dass unterschiedliche Schulentwicklungsmodelle realisiert wurden, die von einer ständigen Präsenz der Schüler in der Klasse bis hin zu überwiegend räumlich getrennter Unterrichtung in anderen Klassenräumen alle Facetten aufweisen (ebd., S. 324f.);
- dass ein deutlich höheres Maß an integrativer/inklusiver Beschulung als in Deutschland, wenn auch in unterschiedlichen organisatorischen Modellen, möglich ist (ebd., S. 56f.);
- dass Integration/Inklusion leichter realisiert werden kann, wenn die Schüler ein sozial akzeptiertes Verhalten aufweisen und nicht mehrfachbehindert sind (siehe hierzu auch Singer hier im Buch);
- dass Aspekte der medizinischen Unterstützung, also Hilfsmittel und Therapien, kaum als forschungsrelevant angesehen und nur selten erforscht wurden. Dort, wo entsprechende, zumeist kleinere qualitative Forschungsergebnisse vorliegen, verweisen sie auf deutliche Mängel in der Versorgung mit Therapien und Hilfsmitteln (ebd., S. 313ff., S. 342ff., S. 352ff.);
- dass in den Untersuchungen, in denen der Intelligenzquotient der Schülerinnen und Schüler in inklusiven Situationen erfasst wurde, nachgewiesen werden konnte, dass die messbaren schulischen Bildungsergebnisse den potenziell für möglich erachteten nicht entsprachen (ebd., S. 278f.).

Eine weitere von Paulsson und Nygren 2009 in Schweden vorgelegte Studie befragte Schüler, Eltern und Lehrer, um nach dreißig Jahren integrativer Schulentwicklung die Qualität des schulischen Bildungsangebotes vornehmlich körperbehinderter Schülerinnen und Schüler zu erfassen (Paulsson et al., 2011). Es wurde deutlich, dass Schülerinnen und Schüler mit einer Körperbehinderung in allen Regionen Schwedens integrativ/inklusiv unterrichtet werden und sich der weitaus größere Teil der Schüler in diesen Schulen wohlfühlt. Ebenso aber wiesen Schüler und Eltern darauf hin, dass in aller Regel entsprechende bzw. notwendige Hilfsmittel nicht beschafft und eingesetzt wurden und eine therapeutische Begleitung im Schulalltag kaum zur Verfügung stand. Oftmals waren die Schulgebäude auch nach 30 Jahren integrativer Entwicklung nicht barrierefrei und Schülerinnen und Schüler von der Teilnahme an sozialen Aktivitäten, wie Klassenausflügen oder auch nur Pausen auf dem Schulhof, ausgeschlossen. Leider wurde in dieser Studie nicht nach der Qualität der Bildungsangebote für sehr schwer beeinträchtigte Schüler gefragt.

In einer weiteren Studie zum Stand der Integration im italienischen Bildungswesen, die von Ianes und Demo auf einer Tagung in Köln im Jahre 2010 vorgestellt wurde, konnten allerdings auch Erkenntnisse über die Situation sehr schwer behinderter Schüler gewonnen werden (Lehrerbefragung). Hier wurde deutlich, dass in vielen Regionen Italiens Schüler mit einer umfassenden Beeinträchtigung zu sehr hohen Anteilen räumlich getrennt unterrichtet wurden. In diesem Zusammenhang ist es ebenfalls interessant, dass Köpfer (2013) in einer Studie zum Stand der Inklusion in New Brunswick, Kanada, zwar nach der Situation dieser Schülergruppe fragte, sich aber in der Veröffentlichung keine Angaben hierzu finden.

Wer also differenziert nach der Bildungssituation körper- und mehrfachbehinderter Schülerinnen in vielen anderen Staaten fragt, wird feststellen, dass schulische Integration auf vielfältige Weise möglich ist. Er wird aber auch feststellen, dass es immer dann, wenn mehrfache Beeinträchtigungen oder eine größere Abhängigkeit von Personen oder Hilfsmitteln gegeben oder ein höherer therapeutischer Bedarf feststellbar ist, sich die gemeinsame Unterrichts-, nicht nur die gemeinsame Anwesenheitszeit erheblich reduziert. Zudem gibt es Hinweise, dass spezifisches Fachwissen über Therapien, Hilfsmittel oder auch Möglichkeiten Unterstützender Kommunikation nicht mehr oder nur in seltenen Fällen bei den Pädagoginnen und Pädagogen der allgemeinen Schulen zu finden sind. Häufig konzentriert sich die fachliche Expertise auf den weiteren medizinischen Bereich, der nur einen begrenzten Zugang zum pädagogischen Raum hat. Werden die Erkenntnisse der aktuell vorliegenden Forschungsprojekte in Deutschland und im internationalen Raum beachtet, stellt sich deshalb die Frage, wie ein bestmögliches Bildungsangebot (entsprechend Art. 24, 2e der UN-Konvention) von Schülerinnen und Schülern mit dem Förderschwerpunkt körperliche und motorische Entwicklung gestaltet werden kann und welche Hinweise aus der historischen Entwicklung der Körperbehindertenpädagogik möglicherweise hilfreich einzubeziehen sind.

2 Vom Bemühen um Bildungs- und Arbeitsangebote

Die ersten schulischen Bildungsangebote für körperbehinderte Schüler waren auch Angebote, die Schülern und dem Lehrer ein Auskommen ermöglichten. Freiherr von Kurz verwirklichte mit seinem Angebot einerseits die materielle Absicherung der eigenen Familie, hatte aber nach Stadler (2004, S. 58) auch den philanthropischen Anspruch, jungen Menschen, insbesondere jungen Männern, Auskommen und eine grundlegende Bildung zu sichern. Die diakonischen Einrichtungen, die Ende des 19. Jahrhunderts gegründet wurden, öffneten sich dagegen nicht nur für Jungen, sondern auch für Mädchen und für Menschen, die zum damaligen Zeitpunkt als stärker behindert oder gar als Sieche galten. Dass dies keine Selbstverständlichkeit war, kann an den Arbeiten von Würtz und Biesalski erkannt werden. Da die meisten Schüler mit einer Körperbehinderung zu Beginn des letzten Jahrhunderts kein schulisches Bildungsangebot erhielten, können alle damaligen Angebote für körperbehinderte Schüler und Schülerinnen als historisches Neuland betrachtet werden, denn der Bildungsanspruch auch für, aus heutiger Sicht, leichter körperbehinderte junge Menschen wurde bis zu diesem Zeitpunkt gesellschaftlich nicht wahrgenommen bzw. beachtet (vgl. Stadler/Wilken, 2004). Selbst die Selbsthilfebewegung Körperbehinderter, die von Otto Perl gegründet wurde, hatte ihre Probleme mit der Personengruppe der sogenannten Siechen, die auch in diesen Kreisen als bildungsunfähig angesehen und der Rehabilitation nicht würdig erachtet wurden (vgl. Wilken, 2004). Derartige Einstellungen lassen sich auch in den Einrichtungen der Körperbehindertenpädagogik nach dem Zweiten Weltkrieg wiederfinden; sie sind belegbar in der geringen Aufnahmebereitschaft von Rollstuhlfahrern noch Ende der 1950er Jahre, auch wenn dies sicherlich oftmals bauliche Gründe hatte, der zögerlichen Aufnahme von Schülern und Schülerinnen mit einer Lernbeeinträchtigung oder einer starken geistigen Entwicklungsverzögerung in den 70er und zu Beginn der 80er Jahre oder auch von Schülern mit komplexen Beeinträchtigungen noch Mitte der 80er Jahre. Auch in der Einstellung gegenüber nicht sprachlich kommunizierenden Schülern, die noch in den 90er Jahren oftmals generalisierend als kognitiv stark beeinträchtigt galten (Almon, 2000, S. 54) und die sich erst mit Einführung der Unterstützten Kommunikation im Verlaufe der folgenden Jahre veränderte, ist erkennbar, wie langsam sich Bildungsangebote für alle jungen Menschen mit einer körperlichen und mehrfachen Beeinträchtigung durchsetzten.

Spezialisierte Einrichtungen für körper- und mehrfachbehinderte Menschen können im schulischen, ebenso wie im Bereich der weiterbildenden und beruflichen Schulangebote darauf verweisen, dass sie für viele Schülergruppen spezialisierte Angebote entwickelten, die jungen Menschen ermöglichten, ihren Lebensunterhalt selbstständig in einem frei gewählten Beruf zu verdienen, und denen, die dies nicht können, ein so selbstständiges Leben wie möglich zu eröffnen. Dieser Prozess ist an gesellschaftliche Entwicklungen, an Sichtweisen, ebenso aber an medizinische Entwicklungen und Fortschritte in der Rehabilitation gebunden. Engagierte Pädagoginnen und Pädagogen entwickeln auf der Basis dieser Erkenntnisse neue Bildungsangebote. So werden z. B. Menschen mit einer Muskelerkrankung, wie der Muskeldystrophie Typ Duchenne, in der Gegenwart häufig deutlich älter als noch vor zwei Jahrzehnten (vgl. Daut, 2010). Berufsbildende Einrichtungen, wie Berufsbildungswerke, haben deshalb inzwischen ein differenziertes berufsbildendes Angebot für diesen Personenkreis entwickelt (vgl. Weiser, 2010).

Schulen für körperbehinderte junge Menschen haben in ihrer historischen Entwicklung aufzeigen können, dass es möglich ist, für Menschen, die im allgemeinen Schulwesen traditionell kein Bildungsangebot erhielten, ein solches zu verwirklichen. Hierfür wurden im Rahmen einer hoch zu schätzenden kulturellen und ethischen Verantwortlichkeit Ressourcen bereitgestellt, die nicht aufgegeben werden dürfen. Gleichzeitig weisen unsere, hier dargestellten Forschungen darauf hin, dass Eltern und Schüler inklusive schulische Bildungsangebote wünschen (vgl. Singer in diesem Band). Sie machen darauf aufmerksam, dass körper- und mehrfachbehinderte Schülerinnen und Schüler sowie diejenigen mit komplexen Unterstützungsbedürfnissen nicht von inklusiven Entwicklungen ausgeschlossen werden dürfen. Der Wunsch nach einer intensiven und umsichtigen pädagogischen Begleitung und Angebotsstruktur ist damit ebenso verbunden. Deshalb sprechen sich 82 % der in unserer Untersuchung befragten Eltern von Förderschülern dafür aus, die Schulform ›Schule mit dem Förderschwerpunkt körperliche und motorische Entwicklung‹ in der Gegenwart erneut zu wählen (Lelgemann/Lübbeke/Singer/Walter-Klose, 2012, S. 470). Damit wird deutlich, dass die Qualität des schulischen Bildungsangebots den Eltern durchaus bewusst ist und gesichert werden muss. Es geht also nicht nur um rein quantitative Entwicklungen, die inzwischen jährlich dokumentiert nachweisen, in welchem Maße es den Bundesländern gelingt, Schüler ins allgemeine Schulwesen abzugeben; es geht in hohem Maße um eine qualitätsintensive, am jeweiligen Schüler orientierte Weiterentwicklung inklusiver Bildungsangebote.

3 Zur Entwicklung der Schülerschaft und ihrer schulischen Bildungsangebote

Bereits für die erste Einrichtung für verkrüppelte Kinder und Jugendliche des Freiherrn von Kurz, die von fünf Schülern besucht wurde, berichtet Stadler, dass einer der Schüler ein gehörloser Junge war, dessen Beeinträchtigung damals unter einen weiten Begriff der Körperbehinderung fiel (vgl. Stadler, 2004). Trotzdem verstanden sich Bildungseinrichtungen für körperbehinderte junge Menschen in der ersten Hälfte des 20. Jahrhunderts bis etwa in die 70er Jahre hinein vornehmlich als Einrichtungen für mobilitäts- und aktivitätsbeeinträchtigte Schüler und Schülerinnen, die nur geringe mentale Einschränkungen aufwiesen. Wer Fotos aus den ersten dreißig Jahren des letzten Jahrhunderts betrachtet, wird selten Kinder und Jugendliche in rollstuhlähnlichen Wagen finden, oftmals weisen die Schüler verkürzte oder fehlende Gliedmaßen auf. Schüler mit einer Infantilen Cerebralparese in Form einer Athetose, Schüler mit einer Spina Bifida, wenn sie überlebten, besuchten vermutlich zu Beginn des letzten Jahrhunderts selten Schulen für Körperbehinderte. Einige kirchliche Einrichtungen nahmen diese Schülergruppe durchaus auf, doch finden sich auch hier auf vielen Fotos keine Schüler mit motorisch stärkeren Beeinträchtigungen.

Dies änderte sich erst Mitte der 60er Jahre, in denen die Tagesschulangebote expandierten, es selbstverständlich wurde, dass Therapien während des Schultages stattfanden, eine engere Kooperation zwischen medizinischen Mitarbeitern und Sonderpädagogen einsetzte, sich die Fachwissenschaft der Körperbehindertenpädagogik entwickelte und Sonderpädagoginnen und Sonderpädagogen sich deutlicher für eine pädagogische Öffnung der Schülerschaft engagierten. Ende der 70er Jahren wurden zunehmend Schüler mit Lernbeeinträchtigungen aufgenommen, zudem stärker körperbehinderte Schüler, die ebenso mental stärker beeinträchtigt waren sowie Schülerinnen und Schüler mit sehr hohem Unterstützungsbedarf.

Die Veränderung der Schülerschaft lässt sich an den von Haupt (1982a; b) für das Bundesland Rheinland-Pfalz vorgelegten Daten zur Zusammensetzung der Schülerschaft sowie der von Lelgemann und Fries (2009) vorgelegten Studie zur Entwicklung der neu aufgenommenen Schüler in den Jahren 2005 bis 2008 gut darstellen. Während das Verhältnis von Jungen zu Mädchen über die gesamte Zeit gleich blieb und etwa 60 % zu 40 % betrug, veränderten sich die feststellbaren Werte in Bezug auf die Richtlinienbezüge deutlich. Noch in der Untersuchung von Haupt wurden 32,7 %

dem Grund- und Hauptschulzweig, 42,7 % dem Lernbehindertenbereich und nur 18,5 % dem Richtlinienbereich Geistige Entwicklung zugeordnet (Haupt, 1982a, 100). In der Grunderhebung in bayerischen Schulen mit dem Förderschwerpunkt körperliche und motorische Entwicklung im Jahre 2004 ergaben sich dagegen folgende Werte: 25,2 % Grund- und Hauptschulzweig, 25,1 % im Lernbehindertenbereich und 42,5 % im Richtlinienbereich Geistige Entwicklung (vgl. Lelgemann/Fries, 2009).

Die Gruppe der Schülerinnen und Schüler mit einer Infantilen Cerebralparese bleibt, wenn auch auf deutlich niedrigerem Niveau, die größte Einzelgruppe in den Körperbehindertenschulen. Während bei Haupt die Gruppe der Schülerinnen und Schüler mit einer Cerebralen Bewegungsstörung noch 65,9 % ausmachte, lag diese bei 39,9 % in der von Lelgemann und Fries 2004 erfolgten Grunderhebung in bayerischen Förderschulen und bei Hansen in einer im Jahre 2009 erfolgten Erhebung in Nordrhein-Westfalen bei 45 % (vgl. Hansen, 2012). In der bayerischen Untersuchung zeigte sich, dass allein in der Gruppe der zwischen 2004 und 2008 neu aufgenommenen Schüler dieser Anteil bis auf 30 % abnahm. Auch der Anteil der Schüler mit einer Querschnittslähmung/Spina Bifida veränderte sich von 10,3 % hin zu 4 %. Um ein Drittel abgenommen hat zudem der Anteil der Schüler mit einer Muskelerkrankung, der in der Untersuchung von Haupt bei 7,1 % in der 2004 durchgeführten Grunderhebung sowie den vier folgenden Erhebungen bei etwas über 5 % der Gesamtschülergruppe lag.

Insbesondere die über vier Jahre hinweg erhobenen bayerischen Daten der neu aufgenommenen Schülerinnen und Schüler weisen darauf hin, dass seit Mitte der 80er Jahre Schulen mit dem Förderschwerpunkt körperliche und motorische Entwicklung zunehmend auch von Kindern und Jugendlichen besucht und von deren Eltern gewählt werden, die nur eine marginale motorische Beeinträchtigung aufweisen, stattdessen aber häufig eine Geschichte des Scheiterns im allgemeinen Schulsystem und des individuellen Leidens erleben mussten (vgl. Lelgemann/Fries, 2009). Wieder andere Kinder und Jugendliche zeigten ein schwieriges Sozialverhalten oder hatten zusätzlich mentale Beeinträchtigungen, die dazu führten, dass sie die Angebote des Förderschwerpunkts emotionale und soziale Entwicklung nicht nutzen konnten, sie im allgemeinen Schulwesen abgewiesen wurden oder Beeinträchtigungen aufwiesen, auf die das allgemeine Schulwesen nicht oder nur unzureichend vorbereitet war (z. B. Schüler mit einer deutlichen Autismus-Spektrum-Störung). So wird das aus dieser Sicht exklusive Bildungsangebot der kleineren Lerngruppen, der besseren Schüler-Lehrer-Relation, der therapeutischen Grundversorgung und des Ganztagsangebots in Förderschulen körperliche und motorische Entwicklung gesucht und gewählt.

Wurden über viele Jahre hinweg zwischen 16 % und 20 % aller Schülerinnen und Schüler mit dem Förderbedarf körperliche und motorische Entwicklung integrativ unterrichtet, so steigt dieser Prozentsatz inzwischen langsam und lag im Schuljahr 2011/12 bei 24,4 % integriert unterrichteten Schülern mit dem Förderschwerpunkt körperliche und motorische Entwicklung (Kultusministerkonferenz, 2012). Im Bundesland Schleswig-Holstein liegt dieser Prozentsatz bei etwas über 50 % (vgl. Artikel von Dräger/Schubert hier im Buch). Dies liegt auch an einer regional besonderen Entwicklung, die dazu führte, das Förderzentren körperliche und motorische Entwicklung vor allem an der Ostküste des Landes entstanden und Schüler an der Westküste entweder ein Internat oder eine allgemeine Schule besuchten. Zudem sind die Schulen in diesem Bundesland eher klein, werden also von durchschnittlich nur 100 Schülerinnen und Schülern oder weniger besucht, während es in vielen anderen Bundesländern oftmals 150 bis 200 oder mehr Schüler sind.

Die aktuelle Bildungspolitik in den Bundesländern bestätigt derzeit die Existenzberechtigung der Schulen bzw. Förderzentren mit dem Schwerpunkt körperliche und motorische Entwicklung. Dies gilt z. B. auch für das Bundesland Bremen, welches eine inklusive Schulentwicklung in den letzten Jahren sehr stark vorantrieb. Inklusionsorientierte Entwicklungen im Förderschwerpunkt körperliche und motorische Entwicklung gehen eher von einzelnen, wie den in diesem Band exemplarisch vorgestellten Schulen aus.

Unabhängig von wissenschaftlichen Erkenntnissen sowie den hier dokumentierten, vor allem schulinternen Projekten muss auf eine organisatorisch-pragmatische Entwicklung hingewiesen werden, die sich in mehreren Bundesländern zeigt, bisher aber nicht wissenschaftlich dokumentiert ist: Die Bemühungen der Schulverwaltung, mit möglichst geringem Kostenaufwand eine im weitesten Sinne inklusive Versorgung sicherzustellen, führt oftmals dazu, dass Förderschulen aller Schwerpunkte regelmäßig für eine begrenzte Zeit, häufig ein Schuljahr, Sonderpädagoginnen und Sonderpädagogen in allgemeine Schulen, die einzelne Schüler mit einem sonderpädagogischen Förderbedarf unterrichten, abordnen müssen. In der Folge aber werden häufig Pädagoginnen mit spezifischen Fachkompetenzen nicht dort eingesetzt, wo diese nachgefragt werden, und gleichzeitig setzt nicht nur in den Förderschulen eine personelle Fluktuation ein. Diese Praxis widerspricht einerseits der Notwendigkeit stabiler Bindungen für Schülerinnen und Schüler sowohl in Förderschulen als auch in inklusiven

Schulen und sichert andererseits keine spezifisch fachkompetenten Beratungs- bzw. Kooperationspartner in den letztgenannten Schulen. Auch wenn prinzipiell nichts gegen den Wechsel des Arbeitsplatzes gesagt werden kann, so wäre zu wünschen, die spezifischen Fachkompetenzen zielgerichteter einzusetzen und die inklusiv arbeitenden bzw. beratenden Lehrerinnen entsprechend weiter zu qualifizieren.

Umgekehrt wechseln in vielen Bundesländern derzeit Sonderpädagoginnen aus Förderschulen, in denen die Schließung bevorsteht, in die wohl noch längerfristig bestehenden Förderschulen, eben auch die Förderschulen körperliche und motorische Entwicklung. Diese Kolleginnen und Kollegen können engagiert sein, verfügen aber zumeist nicht über das spezifische professionelle Fachwissen, wie z. B. die Kenntnis hilfreicher Sitz- und Stehpositionen und weiterer spezifischer Hilfsmittel. Hier ist zu fordern, dass dieses in Fortbildungsangeboten verpflichtend vermittelt wird und dass die Bereitschaft besteht, diese Angebote zu nutzen. Nur so kann dem hohen professionellen Anspruch der Förderschulen körperliche und motorische Entwicklung, den Eltern und Schüler zu Recht erwarten, langfristig entsprochen werden.

4 Die nahe Zukunft als Gestaltungsaufgabe

Die an anderer Stelle in diesem Band (vgl. Singer) differenziert vorgestellten Untersuchungsergebnisse der 2011 im Rheinland durchgeführten Befragung geben Hinweise darauf, dass unter Eltern allgemeiner Schulen, die sich den Gemeinsamen Unterricht auch für die Klasse ihres nichtbehinderten Kindes und Jugendlichen vorstellen können, derzeit eine gewisse Offenheit vorhanden ist, ausgrenzende Prozesse zu minimieren. Auch bei den Lehrerinnen und Lehrern, die an dieser Befragung teilgenommen haben und an allgemeinen Schulen unterrichten, die wenig oder keine inklusiven Unterrichterfahrungen aufweisen, besteht eine solche Bereitschaft. Dies sind wichtige Erkenntnisse, denn die dort gestellten Fragen waren keine allgemeinen Einstellungsfragen mit Hinweis auf eine allgemeine Gruppe von Menschen mit Beeinträchtigungen, sondern sie bezogen sich auf die konkrete Arbeit in der selbst unterrichteten Klasse oder den Besuch eines Kindes mit einer mehrfachen Beeinträchtigung in der Klasse des eigenen Kindes.

Die Ergebnisse unserer Untersuchung weisen darauf hin, dass die in der öffentlichen Diskussion immer wieder angestellte pauschale Vermutung, Eltern würden ihr Kind umgehend von einer Förderschule abmelden, so undifferenziert keine Gültigkeit hat. Offensichtlich wissen Eltern und Schüler um die besondere, geradezu exklusive Qualität dieses schulischen Bildungsangebotes. Gleichzeitig aber sind jeweils zwei Drittel der Förderschuleltern und der befragten Förderschüler selbst an einer Möglichkeit inklusiven Lernens interessiert. Dies stellt einen Auftrag zur Weiterentwicklung angemessener schulischer Bildungs- und Entwicklungsangebote für Schüler und Schülerinnen mit einem Förderbedarf körperliche und motorische Entwicklung dar.

Die Qualität der innerhalb der Untersuchung beteiligten inklusiven Schulen wird von Schülern, Eltern und Pädagoginnen und Pädagogen betont. Die befragten Lehrkräfte sind sich der in diesen Schulen entwickelten hoch qualifizierten Angebote so bewusst, dass sie um deren Erhalt in einer allgemeinen inklusiven Schulentwicklung mit schlechteren Standards fürchten und sehr umsichtig antworteten, wenn nach der Bereitschaft, neue Schülergruppen aufzunehmen, gefragt wurde. Es wurde aber ebenfalls deutlich, dass die Schulen bei entsprechender Ausstattung auch qualifizierte Angebote für Schüler z. B. mit hohem Unterstützungsbedarf zu entwickeln hofften. Nicht der Förderort war hier die zentrale Frage, sondern die Qualität des pädagogischen und begleitenden Angebotes.

Auf einen weiteren Aspekt soll an dieser Stelle aufmerksam gemacht werden, der für die Diskussion der bildungspolitischen Entwicklung innerhalb der Körperbehindertenpädagogik bedeutsam sein könnte. 44% der 207 Förderschullehrkräfte könnten sich vorstellen, als Lehrkraft im Zwei-Pädagogen-System mitzuarbeiten. Mehr als 60% der Förderpädagoginnen an Schulen mit dem Förderschwerpunkt körperliche und motorische Entwicklung gaben an, dass diese Schulen eine wichtige Aufgabe in der Beratung der sich entwickelnden inklusiven oder auch inklusiveren Schulen haben sollten; bestätigt durch immerhin 50% der an inklusiven Schulen tätigen, hier befragten Lehrkräfte. Gleichzeitig aber waren nur etwa 10% der Sonderpädagoginnen und Sonderpädagogen bereit, dauerhaft in einer beratenden Funktion tätig zu werden. Hier wird ein Spannungsfeld deutlich, das im Gesamtrahmen des weiteren inklusiven Schulentwicklungsprozesses beachtet werden muss. In die anstehenden Diskussionen sollten ebenfalls folgende Entwicklungen einbezogen werden:

- Die Schülerschaft der Förderschulen körperliche und motorische Entwicklung hat sich in den letzten 20 Jahren erheblich verändert. Zu ihr gehören inzwischen viele Schülerinnen und Schüler, deren Förderbedarf vor allem darin besteht, ermutigt zu werden, sich Lernaufgaben zuzutrauen, sich auf eine Gruppe einzulassen und entmutigende und verletzende Erfahrungen, z. B. in schlecht arbeitenden Ursprungsschulen oder auch dem Elternhaus, hinter sich zu lassen.

- Schulleiterinnen und Schulleiter berichten davon, dass Förderschulen körperliche und motorische Entwicklung zunehmend von Eltern aufgesucht werden, die das exklusive Angebot dieser Schulen kennen und dieses für ihr Kind in Anspruch nehmen wollen, weil sie um eigene Erziehungsunsicherheiten wissen, obwohl das Kind keinen oder nur einen geringen für diese Schulform relevanten Förderbedarf aufweist.
- Es ist zu erwarten, dass Eltern von Kindern mit weiteren Förderbedürfnissen weiterhin die verbliebenen Förderschulen aufsuchen werden, wenn inklusive Schulentwicklung nicht auf einem hohen Niveau verwirklicht werden kann. In diesem Zusammenhang muss auf Erfahrungen in Großbritannien verwiesen werden, wo in den letzten zwei Jahrzehnten spezielle Schulen für Schülerinnen und Schüler mit einer Autismus-Spektrum-Störung, insbesondere dem Asperger-Syndrom, entstanden sind.

Die bildungspolitische Diskussion zur inklusiven Schulentwicklung verläuft bezogen auf den Personenkreis der hier angesprochenen Schüler und Schülerinnen in den Bundesländern seit etwa vier Jahren ausgesprochen eigentümlich. Einerseits wird die Position vertreten, dass alle Kinder inklusiv unterrichtet werden müssen bzw. eine Möglichkeit zur Wahl einer inklusiven Schule haben sollten. Dies geschieht teilweise durch klare gesetzliche Vorgaben, teilweise aber auch durch eher unklare Verordnungen zur Schulgröße oder zum Elternwahlrecht. Die Schulen mit dem Förderschwerpunkt körperliche und motorische Entwicklung stehen in allen Bundesländern dagegen derzeit nicht zur Disposition. Diese Position wird z. B. durch Feuser (2012) oder auch Wagner (2013) mit Bezug auf die Gruppe der Schüler mit komplexem Unterstützungsbedarf kritisiert, und es wird darauf hingewiesen, dass Inklusion keine Schülergruppe ausschließen darf. Wie können sich Schulen mit dem Förderschwerpunkt körperliche und motorische Entwicklung und die dort tätigen Lehrkräfte hier positionieren?

- Das recht hohe Interesse an einer Öffnung hin zu inklusiven Lernerfahrungen, wie es z. B. in der Untersuchung im Rheinland dokumentiert werden konnte, muss ernst genommen und auf möglichst hohem qualitativen Niveau entwickelt werden.

- Gleichzeitig muss das Interesse der Elternschaft und der Schüler an Förderschulen körperliche und motorische Entwicklung (in der bereits benannten Untersuchung waren dies 25 %) am Erhalt dieses spezifischen Bildungsangebotes unter den gegebenen Bedingungen ernst genommen und durch entsprechende Maßnahmen der Bildungspolitik abgesichert werden. Eine schleichende Verschlechterung des Angebotes darf, auch durch die oben beschriebenen Entwicklungen auf der Ebene der Schulverwaltung, nicht erfolgen.
- Die in diesem Band vorgestellten Forschungsergebnisse (siehe Artikel von Singer und Walter-Klose hier im Buch) belegen, dass es keine Priorisierung einzelner Modelle geben kann. Vorstellbar sind z. B.:
  - Begleitung von Einzelintegrationen,
  - Beratung von allgemeinen Schulen, die sich für inklusive Bildungsprozesse öffnen wollen,
  - die Verlagerung bzw. der Tausch von Schulklassen zwischen Förderschulen und allgemeinen Schulen,
  - die Bildung von Schwerpunktschulen oder die enge räumliche und inhaltliche Kooperation mit allgemeinen Schulen
  - sowie eine deutliche Flexibilisierung der Aufenthaltszeiten in Förderschulen, die aber auch beinhalten kann, dass Schüler durchgängig eine Förderschule besuchen.
- Eine Profilierung im Beratungsbereich, die über die individuelle Beratung hinaus auch die Systemberatung sich öffnender allgemeiner Schulen umfassen sollte (siehe hierzu den in diesem Band veröffentlichten Leitfaden), erscheint ebenfalls sinnvoll. Fortbildungsangebote für diese spezifischen Beratungen sollten jeweils landesweit oder auch in Kooperation mehrerer Bundesländer, ggf. mit den entsprechenden Lehrstühlen der Universitäten organisiert werden.
- Die Frage der therapeutischen Versorgung der Förderschulen und der entstehenden inklusiven Schulen darf nicht an das medizinische System delegiert werden, auch wenn dies in einigen Bundesländern bereits geschieht. Die gleichwertige pädagogisch-therapeutische Zusammenarbeit in den Förderschulen und Schulen, unabhängig von Einzelabrechnungen und vorzulegenden Verordnungen, stellt eine Errungenschaft dar, die in den 60er Jahren bundesweit gelang. Sie ermöglichte, dass viele Schüler und Schülerinnen mit dem Förderbedarf körperliche und motorische Entwicklung auch tatsächlich handelnd lernen konnten und können, weil dialogisches Arbeiten zwischen Therapeutinnen und Förderpädagoginnen im Schulalltag möglich ist. Sie darf nicht aufgegeben werden, sondern sollte in allen Bundesländern erneut als Element im

Bildungsprozess dieser Schülergruppe wieder ein- oder weitergeführt werden.

5 Zum Selbstverständnis der schulischen Körperbehindertenpädagogik

Körperbehindertenpädagogik als pädagogische Disziplin hat eine spezifische Geschichte, die als engagierter Entwicklungsprozess beschrieben werden kann, der, obwohl nicht frei von Fehlurteilen über Bildungsmöglichkeiten einzelner Schülergruppen, letztlich zu immer mehr Bildungsangeboten für alle Schülerinnen und Schüler führte. Diese Situation entspricht damit dem in Satz 1 des Art. 24 formulierten Bildungsrechts der Konvention über die Rechte von Menschen mit Behinderung. Es ist den in den unterschiedlichen Bildungseinrichtungen tätigen Lehrenden gelungen, körperbehindertenpädagogische Einrichtungen in allen Bundesländern für alle Schülergruppen zu öffnen und engagiert unterschiedlichste Bildungsangebote zu entwickeln. Sie haben damit auch ein advokatorisches Mandat im Interesse aller Schülerinnen und Schüler, auch derjenigen, die vor vierzig Jahren noch häufig als »bildungsunfähig« galten, wahrgenommen.

Für die kommenden Entwicklungen wird es von zentraler Bedeutung sein, die vielfältigen und positiven Erfahrungen zu sichern und sich zu fragen, welche Strukturen gemeinsam mit allen Beteiligten bzw. deren Angehörigen weiterentwickelt und welche Strukturen auch aufgegeben werden können. So wird die Möglichkeit des Arbeitsortswechsels oder des Wechsels des bekannten Teams viele Kolleginnen und Kollegen in den Schulen verunsichern, denn das vertraute Team gibt Halt und ermöglicht in positiven Fällen auch die Sicherung und Weiterentwicklung professioneller Qualität und Kompetenz. Doch darf dieser Gedanke die Weiterentwicklung hin zu inklusiveren Lern- und Sozialformen beeinflussen? Eigentlich nur dann, wenn wesentliche Elemente fachlicher Professionalität verlorengehen könnten. Fürsorge und Sorge sollten als Argument nicht gebraucht werden, um einen Status quo für alle zu erhalten, sondern um hohe Qualität zu sichern und einzufordern und gleichzeitig inklusive oder auch inklusivere Bildungsmöglichkeiten zu eröffnen. Sorge für das Kind mit einem Förderbedarf körperliche und motorische Entwicklung, dessen Eltern sich die inklusive Beschulung wünschen, könnte dann bedeuten, auf wichtige Unterstützungsbedürfnisse hinzuweisen, vielleicht die schrittweise Adaption des Gebäudes einzufordern und eine Kollegin oder einen Kollegen der allgemeinen Schule so anzuleiten, dass sie bzw. er sich einführendes Wissen über eine Beeinträchtigungsform erarbeitet und ein Bindeglied zwischen sonderpädagogischer Begleitung und den anderen Kolleginnen darstellt. Dies ist auch deshalb notwendig, damit die Eltern oder sogar das einzelne Kind nicht selbst immer neu auf Unterstützungsbedürfnisse aufmerksam machen müssen.

Inklusion bedeutet schließlich nicht, dass besondere Unterstützungsbedürfnisse nicht mehr benannt werden dürfen, sondern, dass diese, institutionell abgesichert, bereits im Vorfeld zur Kenntnis genommen und bedacht werden und dass nur in den Situationen, in denen besondere Gegebenheiten vorliegen, weitere spezifische Angebote zur Verfügung gestellt werden. Sorge, Fürsorge oder auch eine advokatorische Ethik sind in diesem Sinne immer unterstützend, können und müssen aber auch einfordernd sein, z. B. gegenüber einem Schul- bzw. Kostenträger.

Bei allen anstehenden Entwicklungen wird es darum gehen, Strukturen zu entwickeln, die im Rahmen des allgemeinen Schulsystems allen Schülerinnen und Schülern, hier insbesondere denen mit einem Förderbedarf körperliche und motorische Entwicklung und insbesondere auch denen mit einem komplexen Unterstützungsbedarf, konkrete, subjektiv positiv erlebte Bildungs- und Entwicklungsangebote ermöglichen. Wobei »positiv erlebte Bildungsangebote« hier nicht anstrengungsfreie Anforderungen meint. Diese Angebote umfassen, wie es Eltern, Schüler und Lehrkräfte in unserer Untersuchung ausgedrückt haben, vielfältige Bedingungen, zu denen nicht zuletzt auch eine hochwertige, in den Schulen angesiedelte professionelle, sonderpädagogische Fachkompetenz und gleichermaßen therapeutische und pflegerische Versorgung gehören. Sie umfassen neben der Gestaltung bildungsermöglichender Lernangebote auch die Beachtung der sozialen Situation der Lerngruppen und der individuellen Situation des einzelnen Kindes und Jugendlichen in allen schulischen Bildungsorten, wie es die UN-Konvention über die Rechte von Menschen mit Behinderungen ausdrücklich fordert. Die Eröffnung inklusiver Bildungs- und Entwicklungsmöglichkeiten muss in Zukunft nicht nur für die Schülerinnen und Schüler möglich sein, die vornehmlich körperbehindert, selbstbewusst, charmant und »locker drauf sind«, wie es derzeit häufig in der Werbung dargestellt wird, sondern auch für Schülerinnen und Schüler, die sich ihrer Fähigkeiten eher unsicher sind, die vielleicht entwertende Erfahrungen machen mussten und die sich oder deren Eltern sich nicht trauen, notwendige Unterstützungsleistungen ausdauernd und regelmäßig einzufordern.

Es ist zu wünschen, dass zum Selbstverständnis der in den Einrichtungen der Körperbehindertenpädagogik Tätigen, zu denen auch die verantwortlich Tätigen in der Leitung kommunaler oder privater Kostenträger zu zählen sind, in Zukunft gehört, aktiv immer mehr inklusive Bildungsangebote zu entwickeln, ohne die Standards der gegebenen hohen Professionalität abzubauen, die offensichtlich durchgängig von Eltern und Schülern geschätzt werden.

Literatur

Almon, Martin: Leute sollen nicht denken, ich wäre blöd. In: Dröge, Birgit/Fucks, Sonja/Kientop, Katja u. a.: Ich fühle mich wie dieser Fluss. Porträts »nichtsprechender« Menschen. Oberhausen: Athena-Verlag, 2000, S. 54–55

Bundesgesetzblatt: Gesetz zu dem Übereinkommen der Vereinten Nationen vom 13. Dezember 2006 über die Rechte von Menschen mit Behinderungen sowie zu dem Fakultativprotokoll vom 13. Dezember 2006 zum Übereinkommen der Vereinten Nationen über die Rechte von Menschen mit Behinderungen. Berlin, 2008, S. 1419–1456

Daut, Volker: Zur Notwendigkeit der Entwicklung beruflicher Bildungsangebote für Menschen mit progredienten Erkrankungen. In: Daut, Volker/Kienle, Dorothee/Lelgemann, Reinhard/Rimroth, Annette (Hrsg.): Teilhabe und Partizipation verwirklichen. Oberhausen: Athena-Verlag, 2010, S. 26–38

Feuser, Georg: Eine zukunftsfähige »Inklusive Bildung« – keine Sache der Beliebigkeit, nicht nur in Bremen! In: Zeitschrift für Heilpädagogik 63, 2012, S. 492–502

Hansen, Gerd: Aktuelle Daten zur Beschreibung der Schülerschaft an Förderschulen mit dem Förderschwerpunkt körperliche und motorische Entwicklung in Nordrhein-Westfalen. In: Vierteljahreszeitschrift für Heilpädagogik und Ihre Nachbargebiete 2, 2012, S. 124–135

Haupt, Ursula: Veränderungen der Schülerschaft in Körperbehindertenschulen – Notwendigkeit der Entwicklung von neuen Konzepten. In: Sonderpädagogik 12, 1982a, S. 97–102

Haupt, Ursula: Veränderungen der Schülerschaft in Körperbehindertenschulen – Notwendigkeit der Entwicklung von neuen Konzepten. In: Sonderpädagogik 12, 1982b, S. 174–180

Ianes, Dario/Demo, Heidrun: Die Qualität des italienischen Inklusions-orientierten Schulsystems nach der Beschreibung von Lehrern und Schulteams. Didaktische Methoden, soziale und Lernprozesse. Vortrag. Nicht veröffentlichte Power Point Präsentation, 2010

Köpfer, Andreas: Inclusion in Canada. Analyse inclusiver Unterrichtsprozesse, Unterstützungsstrukturen und Rollen am Beispiel kanadischer Schulen in den Provinzen New Brunswick, Prince Edward und Québec. Bad Heilbrunn: Klinkhardt, 2013

Kultusministerkonferenz: Sonderpädagogische Förderung in allgemeinen Schulen (ohne Förderschulen) 2011/2012. Im Internet unter http://www.kmk.org/fileadmin/pdf/Statistik/Aus_SoPae_Int_2011.pdf [15.12.2013]

Kultusministerkonferenz: Sonderpädagogische Förderung in Förderschulen (Sonderschulen) 2011/2012. Im Internet unter http://www.kmk.org/fileadmin/pdf/Statistik/Aus_Sopae_2011.pdf [15.12.2013]

Lelgemann, Reinhard/Fries, Alfred: Die Entwicklung der Schülerschaft an Förderzentren Körperliche und Motorische Entwicklung in Bayern – Ergebnisse einer Längsschnittuntersuchung und weiterer Untersuchungen in den Jahren 2004 bis 2008. In: Zeitschrift für Heilpädagogik 60, 2009, S. 213–223

Lelgemann, Reinhard/Lübbeke, Jelena/Singer, Philipp/Walter-Klose, Christian: Qualitätsbedingungen schulischer Inklusion für Kinder und Jugendliche mit dem Förderschwerpunkt Körperliche und Motorische Entwicklung. In: Zeitschrift für Heilpädagogik 63, 2012, S. 465–473

Paulsson, Karen/Nygren, Göran/Lübbeke, Jelena/Lelgemann, Reinhard: Zur aktuellen Situation körperbehinderter Schülerinnen und Schüler in Schweden. In: Zeitschrift für Inklusion, Germany, 029 (01), 2012

Stadler, Hans: Die Unterrichts- und Beschäftigungsanstalt für krüppelhafte Kinder des Edlen von Kurz in München. In.: Stadler, Hans/Wilken, Udo (Hrsg.): Pädagogik bei Körperbehinderung. Band 4 der Studientexte zur Geschichte der Behindertenpädagogik. Weinheim: Beltz, 2004, S. 46–81

Stadler, Hans/Wilken, Udo: Pädagogik bei Körperbehinderung. Band 4 der Studientexte zur Geschichte der Behindertenpädagogik. Weinheim: Beltz, 2004

Wagner, Michael: Sind sie der Rest? Kinder und Jugendliche mit schwerer Behinderung in einem inklusiven Schulsystem. In: Zeitschrift für Heilpädagogik 64, 2013, S. 496–501

Walter-Klose, Christian: Kinder und Jugendliche mit Körperbehinderung im gemeinsamen Unterricht. Befunde aus nationaler und internationaler Bildungsforschung und ihre Bedeutung für Inklusion und Schulentwicklung. Oberhausen: Athena-Verlag, 2012

Weiser, Manfred: Teilhabe durch Innovation. Das virtuelle Berufsbildungswerk. In: Daut, Volker/Kienle, Dorothee/Lelgemann, Reinhard/Rimroth, Annette (Hrsg.): Teilhabe und Partizipation verwirklichen. Oberhausen: Athena-Verlag, 2010, S. 213–224

Wilken, Udo: Selbsthilfevereinigungen der Körperbehinderten. In: Stadler, Hans/Wilken, Udo (Hrsg.): Pädagogik bei Körperbehinderung. Band 4 der Studientexte zur Geschichte der Behindertenpädagogik. Weinheim: Beltz, 2004, S. 249–292

II

Theorie und Praxis der Inklusion

Theoretischer Anspruch und praktische Wirklichkeit des inklusiven Ansatzes im pädagogischen Diskurs. Zu Konsequenzen der normativen Einseitigkeit und des Umgangs mit Fremdheit

Philipp Singer

Der Begriff der Inklusion (lat. *inclusio*: Einschließung, Einsperrung; *includere*: einschließen, einsperren, einengen, zurückhalten) findet im deutschsprachigen Raum ungefähr seit der Jahrtausendwende Verwendung. Einhergehend mit der in Deutschland im Jahr 2009 in Kraft getretenen UN-Konvention über die Rechte von Menschen mit Behinderung ist seine Bekanntheit und Bedeutung in den Disziplinen der Integrations- und Sonderpädagogik sowie in deren Berufsfeldern kontinuierlich angewachsen. Zunehmend findet er auch in gesellschafts- und bildungspolitischen Debatten Eingang und Berücksichtigung in der Gesetzgebung. Inklusion ist somit kein inhaltsleerer Begriff, sondern die mit diesem Begriff verbundene Diskussion führt zu teilweise gravierenden Veränderungen in diesen Bereichen. Die Sonderpädagogik als eine wissenschaftliche Disziplin ist hiervon auf paradoxe Weise betroffen. Einerseits stellen Positionen, die eine radikale Auslegung des Inklusionsbegriffes vertreten, ihre Existenzberechtigung in Frage. Andererseits hat der Begriff der Inklusion in der Sonderpädagogik selbst Hochkonjunktur, er ist inzwischen ein sehr dominanter Grundbegriff, der aus dieser Disziplin nicht mehr wegzudenken ist. Dennoch hat sie es in der Breite bisher versäumt, eine vertiefte Diskussion über die theoretischen Grundlagen und Prämissen des inklusiven Ansatzes zu führen. Sonderpädagogik als Wissenschaft hat deshalb die unmissverständliche und dringliche Aufgabe, die theoretischen Grundlagen dieses Begriffes zu klären, diese in der Breite zu erörtern und weiterzuentwickeln.

Diese Ausführungen verstehen sich als ein Beitrag hierzu. Die These ist, dass der inklusive Ansatz – insbesondere bei Hinz als einem der einflussreichsten Vertreter der Inklusion im deutschsprachigen Raum – in seinen theoretischen Prämissen ausschließlich normativ ausgerichtet ist. Gesetze und Normen haben für das menschliche Zusammenleben ihren unbestreitbaren Wert. Der Problematik der Ausgrenzung behinderter Menschen ist mit einem einseitig normativen Blickwinkel allerdings weder beizukommen noch verschwindet diese Problematik dadurch, dass Schwierigkeiten und Probleme nicht mehr benannt werden. Im Gegenteil könnte eine bloß normative Sichtweise auf Inklusion zu ungewollten und teils sehr problematischen Konsequenzen führen, insbesondere für schwerer körperlich und geistig behinderte Menschen. Inklusion ist daher nicht nur als formales, sondern zuallererst als intersubjektives und konflikthaftes Geschehen der Erfahrung zu thematisieren.[2]

Der Beitrag zeigt, ausgehend von dem angesprochenen Spannungsfeld, dass der inklusive Ansatz in seinen Zielen, der Legitimation und dem theo-

---

2   In diesem Beitrag wird bewusst auf die inzwischen zumeist verwendete Bezeichnung »Menschen mit Behinderung« verzichtet. Diese Bezeichnung betont einseitig das – potenziell zu beseitigende – »Haben« einer Behinderung und nicht das »Behindert-Sein«: »Es begegnet uns kein kranker Geist in einem ansonsten gesunden Körper. Der andere ist seine Behinderung, er hat sie nicht lediglich. Dabei ist die Behinderung eine mit unserer Leiblichkeit gegebene Möglichkeit und nicht lediglich ein von außen einfallendes Schicksal« (Meyer-Drawe, 1999, S. 35). Zwar ist auch die hier verwendete Bezeichnung »behinderte Menschen« nicht unproblematisch. Hiermit soll jedoch die Tatsache zum Ausdruck kommen, dass eine Behinderung weder eine bloße natürliche Gegebenheit noch ein bloßes soziales Konstrukt bedeutet (vgl. hierzu auch Lelgemann, 2010, S. 11).

retischen Zugang einen normgebenden Ansatz darstellt. Diese Systematik bietet den Vorteil, den inklusiven Ansatz in einzelnen Punkten kritisch hinterfragen zu können, ohne den Ansatz insgesamt in Frage zu stellen, das heißt, ohne die Anerkennung behinderter Menschen anzuzweifeln.

Bei diesen Befunden wird aber nicht stehengeblieben. Anhand eines ersten Exkurses zu Ergebnissen eines empirischen Forschungsprojektes (vgl. Lelgemann/Lübbeke/Singer/Walter-Klose 2012a; 2012b) wird auf ein Missverhältnis zwischen dem theoretischen Anspruch und der praktischen Wirklichkeit des inklusiven Ansatzes aufmerksam gemacht. Es wird sich herausstellen, dass die Realisierung schulischer Inklusion zwar an manchen Schulen für viele Schüler des Förderschwerpunktes körperliche und motorische Entwicklung bereits gut gelingt.[3] In der Breite treten jedoch größere Schwierigkeiten auf, die nicht allein der Tatsache fehlender baulicher Rahmenbedingungen zuzuschreiben sind, sondern häufig mit ausgrenzendem Verhalten durch Mitschüler und Lehrkräfte zu tun haben und die deshalb im Kern die Frage nach dem Umgang mit Behinderungen betreffen.

Anschließend wird daher nach dem Weg gefragt, den der inklusive Ansatz für den Umgang mit Behinderung oder Heterogenität vorschlägt, um diesen Ausgrenzungen entgegenzuwirken. Dieser theoretische Weg führt, wie bereits in der Integration, über den Leitsatz der »Normalität der Verschiedenheit«, der im inklusiven Ansatz allerdings einen folgenschweren Bedeutungswandel erfährt. Der Begriff der Inklusion unterscheidet sich daher nicht nur in seinen praktischen Konsequenzen, sondern auch auf der theoretischen Ebene grundlegend vom Begriff der Integration. Anhand eines zweiten Exkurses werden diesen theoretischen Grundannahmen Beispiele aus der Schulpraxis entgegengestellt. Die sich hier offenbarenden Differenzen zwischen Theorie und Praxis resultieren vorwiegend aus der einseitig normativen Ausrichtung des inklusiven Ansatzes.

In Bezugnahme auf den deutschen Philosophen Bernhard Waldenfels werden abschließend mögliche Konsequenzen und Gefahren skizziert, die sich aus den theoretischen Annahmen des inklusiven Ansatzes vor allem für schwerer körperlich und geistig behinderte Menschen ergeben könnten. Zugleich zeigen diese Gedanken, welche Fragen mit dem geläufigen Inklusionsverständnis offenbleiben und welche Fragen mit dieser Sichtweise erst gar nicht mehr gestellt werden, weil sie sich nicht mehr stellen lassen. Sie versprechen eine wesentlich differenziertere Perspektive auf Inklusion, als es mit dem normativen Ansatz von Andreas Hinz der Fall ist.

---

3 Im Sinne der besseren Lesbarkeit wird nur von »Schülern« gesprochen. Gemeint sind immer beide Geschlechter, also Schülerinnen und Schüler.

1 Inklusion im Spannungsfeld von Politik und Pädagogik

Mit dem Begriff der Inklusion verbindet sich, kurzum, die Hoffnung auf Beseitigung jeglicher gesellschaftlicher Ausgrenzungen, Diskriminierungen und Marginalisierungen nicht nur von benachteiligten Gruppen, sondern aller Menschen – weltweit (vgl. Hinz, 2006a, S. 98). Mit Inklusion geht es um das vollständige, und in diesem Sinne, totalitäre, Einbezogensein in einer allerdings nicht näher definierten Gesellschaft, in der alle Menschen selbstverständlich anerkannt sind (vgl. ebd.). Inklusion sei, so Hinz, eine gesellschaftliche Leitvorstellung und

> »erstreckt sich auf alle Lebensbereiche, wo sie gestufte, differenzierte Strukturen als selektiv und damit problematisch kritisiert und volle Teilhabe für alle Menschen fordert.«

Ihr Fokus läge dabei nicht nur auf Behinderungen, vielmehr flössen

> »alle Dimensionen von Verschiedenheit in die Betrachtung ein: Fähigkeiten, Geschlechterrollen, ethnische Herkünfte, Nationalitäten, Erstsprachen, Rassen, soziale Klassen bzw. Milieus, Religionen und Weltanschauungen, sexuelle Orientierungen, körperliche Bedingungen und anderes mehr.« (ebd.)

Angesichts dieses universalen Anspruches konstatierte Hinz bereits vor acht Jahren, die deutsche Diskussion um Inklusion konzentriere sich bisher stark auf den schulischen Bereich (vgl. ebd.). An dieser Verkürzung der Diskussion hat sich seither wenig geändert. Die Zielvorstellung bildet für viele Inklusionsvertreter die »Schule für alle«, in der Heterogenität begrüßt und willkommen geheißen wird (vgl. u. a. Hinz, 2002, S. 360). Förderschulen werden unter dem Hinweis auf deren angenommene stigmatisierende, ausgrenzende und Lernfortschritte verhindernde Wirkung von diesen Vertretern mehrheitlich abgelehnt.[4]

Der inklusive Ansatz besitzt im schulischen Bereich grundsätzlich ein großes und bedeutendes Potenzial zur Wiederbelebung der Debatte um die Chancen(un)gerechtigkeit des deutschen Bildungswesens. Mit dem Inklusionsbegriff bietet sich die Chance, die soziale Ungleichheit reproduzie-

---

[4] Die Alternativlosigkeit, mit der die Forderung nach einer »Schule für alle« erhoben wird, ist auch durch die in diesem Buch beschriebenen Forschungsergebnisse (vgl. Singer) in Zweifel zu ziehen.

rende Funktion des deutschen Bildungswesens im Sinne aller Schüler zu verändern. Vor dem Hintergrund der seit Jahrzehnten währenden Debatte um die Mehrgliedrigkeit des deutschen Schulsystems, die in dieser Hinsicht wenig an Reformen hervorgebracht hat, erscheint die als alternativlos dargestellte Forderung nach einer »Schule für alle« allerdings etwas simplifizierend. Mit Tenorth sei die Frage aufgeworfen, »woher der frische Mut stammt, unter der Fahne der Inklusion jetzt alle Probleme bewältigen zu können, die sich nach historischer Erfahrung bei allen Reformen als resistent erwiesen haben« (Tenorth, 2011, S. 19). Die anvisierten Veränderungen sind ausdrücklich wünschenswert, auch der »Mut«, mit dem diese Forderungen erhoben werden, verdient Achtung. Die Missachtung oder das Ignorieren historischer, gesellschaftlicher und politischer Gegebenheiten und Zusammenhänge könnte allerdings dazu führen, dass das kritische Potenzial des inklusiven Ansatzes ad absurdum geführt wird. Allein durch das Äußern von Wünschen lassen sich keine Antworten auf die Frage nach den Ursachen und Bedingungen (soziokulturell, ökonomisch, politisch etc.) gesellschaftlicher Ausgrenzungen finden.

Inklusion avanciert in (sonder-)pädagogischen Handlungsfeldern und zunehmend auch im bildungspolitischen Kontext zu einem die Diskussionen auf polarisierende und irritierende Weise bestimmenden Begriff (vgl. ebd., S. 1). Tenorth vergleicht den Begriff der Inklusion daher auch mit dem der Integration in der Hochphase der Gesamtschuldiskussion. Ähnlich wie damals, so Tenorth,

> »versammelt der Begriff der Inklusion die größten moralisch-politischen Ansprüche und die höchsten pädagogischen Versprechen, und wie in der Gesamtschuldebatte formieren sich hinter diesem Begriff – oder gegen ihn, dann meist etwas leiser – die unterschiedlichen bildungspolitischen Fraktionen.« (ebd., S. 1)

Konjunktur hat der Begriff der Inklusion aber nicht nur im pädagogisch-institutionellen und bildungspolitischen Bereich. In der Disziplin der Sonderpädagogik selbst kommen theoretische Fragestellungen heutzutage kaum mehr ohne eine Bezug- wenn nicht gar Stellungnahme zur Inklusion aus. Einerseits zeugt diese Tatsache von einem gewissen Wandel oder zumindest einem veränderten Bewusstsein sowohl innerhalb der wissenschaftlichen Disziplin als auch in den vielfältigen sonderpädagogischen Handlungsfeldern vor Ort. Das ist sehr erfreulich, wenn behinderte Menschen hierdurch weniger ausgegrenzt und ihre Rechte gewahrt werden. Andererseits kann man sich des Eindrucks nicht erwehren, dass der Begriff der Inklusion die Disziplin der Sonderpädagogik in einer Weise vereinnahmt, dass sämtliche Fragestellungen, wie beispielsweise zur Bildung, Erziehung, Didaktik, Diagnostik, Förderung oder Ethik, nur noch aus einem bestimmten inklusiven Blickwinkel heraus erfolgen sollen. Durch diese einseitige Betrachtung besteht die Gefahr, dass andere Perspektiven und Möglichkeiten von vornherein ausgeschlossen, Fragen und Antworten in eine Richtung gedrängt oder zentrale pädagogische Grundbegriffe, wie der der Bildung, aus dem Diskurs verabschiedet werden (vgl. hierzu auch Ackermann, 2012).

Die Vereinnahmung der sonderpädagogischen Disziplin durch den Begriff der Inklusion führt weiterhin dazu, dass kritische Einwände und relativierende Thesen sowohl im wissenschaftlichen Bereich als auch in der öffentlichen Diskussion nur am Rande vernommen werden. Gravierender noch ist aber die Tatsache, dass derartige Einwände nicht getätigt werden können, ohne sich eines »Rassismusverdachtes« (vgl. Kobi, 2006, S. 32) auszusetzen, so, als würden mit kritischen Einwänden gegenüber der Inklusion die Rechte und die Anerkennung von behinderten Menschen in Frage gestellt. Beiträge, die sich in kritischer Bezugnahme zur Inklusion äußern, kommen nicht ohne den Hinweis aus, Inklusion in ihrer (menschen-)rechtlichen Dimension nicht in Frage zu stellen. Diese moralisch aufgeladene Situation, in der es häufig nur ein Entweder-Oder zu geben scheint, führt dazu, dass die Rede von und über Inklusion undifferenziert erfolgt und unkritisch wird. Oder wie es Tenorth ausdrückt: »Das Gelände ist erneut vermint, Abweichung wird so wenig toleriert wie Distanz – man muss sich offenbar eindeutig entscheiden« (Tenorth, 2011, S. 1). Kritische Sichtweisen, die stets auch einen Beitrag zur Weiterentwicklung inklusiver Theorieentwicklung leisten können, werden durch diese Moralisierung und Ideologisierung erschwert. Eine vertiefte und kritische Diskussion der inklusiven Thesen muss möglich sein, wenn sich der inklusive Ansatz nicht in die Nähe einer Ideologie begeben will.

Der hochgegriffene Anspruch, Inklusion als *die* gesellschaftliche Leitvorstellung für alle Dimensionen von Verschiedenheit heranzuziehen und sie als einen allgemeinpädagogischen Ansatz zu verorten (vgl. Hinz, 2006a), lässt eine breitere theoretische Auseinandersetzung mit diesem Ansatz vermuten. Zwar ist die Literatur zur Inklusion inzwischen stark angewachsen, allerdings findet kaum eine breitere grundlagentheoretische Diskussion der inklusiven Thesen statt. Inklusion wird fast ausschließlich im Hinblick auf ihre praktische Realisierung in unterschiedlichen Bildungseinrichtungen oder lebenspraktischen Handlungsfeldern thematisiert. Ihre theoretischen Prämissen werden hierbei zumeist unhinterfragt als richtig vorausgesetzt. Zunehmend finden sich auch empirische Untersuchungen vor allem zur inklusiven Schulentwicklung. Diese Beiträge aus der Perspektive der institutionellen Praxis oder aus empirisch-wissenschaftlicher Sicht haben eine große Bedeutung (vgl. auch die Beiträge in diesem Buch). Hierdurch werden wesentliche Erkenntnisse gewonnen und Erfahrungen weitergegeben, die sich dem theoretischen Blick eventuell versperren oder letzteren auch kritisch verändern lassen. Wenn es sich bei der Inklusion jedoch auch um einen wissenschaftlichen Ansatz handeln soll, und somit um mehr als eine bloße politische oder bürgerrechtliche Forderung, ist es notwendig, diesen Ansatz auch theoretisch zu fundieren und zu diskutieren.

2 Zur Zielsetzung und Legitimation des inklusiven Ansatzes

Zielsetzung des inklusiven Ansatzes

Die mit dem Begriff der Inklusion verbundenen theoretischen, praktischen und politischen Vorstellungen sind in sich nicht immer deckungsgleich oder widersprechen sich teilweise. In allen drei Bereichen wird der Begriff der Inklusion jedoch fast immer unter Bezugnahme auf den der Integration diskutiert. Dies ist insofern verständlich, da es den Begriff der Inklusion ohne den der Integration nicht gäbe; es scheint nicht möglich zu sein, ein Verständnis vom Begriff der Inklusion zu erhalten, ohne auf den der Integration zu rekurrieren.

Neben einer synonymen Begriffsverwendung von Integration/Inklusion wird Inklusion auch als optimierte und erweiterte Integration (vgl. Sander, 2004, S. 12) oder als ein der Integration entgegengesetzter Begriff verstanden (vgl. hierzu u. a. Bürli, 2009, S. 32ff.; zu einer Erörterung der Begriffe Integration und Inklusion im Kontext Schule vgl. auch den Beitrag von Walter-Klose in diesem Buch). In einem grundsätzlichen Sinne, wie Fornefeld den Unterschied kenntlich macht, verweist das Wort Inklusion auf den gesellschaftlichen Einschluss behinderter Menschen als Tatsache und nicht, wie das Wort Integration, auf die Notwendigkeit (vgl. Fornefeld, 2008, S. 114).

Unter der Voraussetzung, dass Integration als eine Variante sonderpädagogischer Förderung unter anderen angesehen wird, so die Argumentation Hinz', »bedeutet Inklusion eine massive Infragestellung und Veränderung des Bisherigen« (Hinz, 2006a, S. 98). Hinz macht in seiner Kritik an der Integration deutlich, dass diese sich lediglich auf die Entwicklung der integrativen Praxis bezieht. Integration habe sich nicht im Sinne des »integrationspädagogischen Integrationsverständnisses«, sondern im Sinne des stigmatisierenden und ausgrenzenden »sonderpädagogischen Integrationsverständnisses« entwickelt (vgl. u. a. Hinz, 2004). Die »inklusionistische Kritik« an der Integration klage daher lediglich ein, was ursprüngliches Anliegen von Theorie und Praxis der Integration gewesen sei (vgl. Hinz, 2002, S. 354).

Gegenüber der bisherigen praktischen Realisierung und in Abgrenzung zum sonderpädagogischen Verständnis der Integration stelle Inklusion demnach das vorrangige Konzept gegenüber dem der Integration dar. An der (sonderpädagogischen) Konzeption und Realisierung der Integration kritisiert Hinz unter Bezugnahme auf die angloamerikanische Diskussion insbesondere die folgenden drei Punkte: »[d]ie Fixierung auf die administrative Ebene, das Festhalten an einer Zwei-Gruppen-Theorie [»Behinderte«/»Nichtbehinderte«] und die administrative Etikettierung mit entsprechenden individuellen Curricula« (ebd., S. 356).

Mit der Kritik an der »Fixierung auf die administrative Ebene« wird die integrative Praxis dahingehend angegriffen, dass Kinder nach dem sogenannten »Readiness-Modell«[5] je nach Grad ihrer Schädigung entweder in den Gemeinsamen Unterricht integriert oder in die Sonderschule auseletiert würden (vgl. Hinz, 2004, S. 44). Inklusion als Konzept hingegen, so Hinz, lege ihren Schwerpunkt deutlich anders (vgl. Hinz, 2002, S. 356). Aus der Perspektive der Inklusion gehe es nicht mehr »um die Einbeziehung einer Gruppe von Menschen mit Schädigungen in eine Gruppe Nichtgeschädigter« (ebd., S. 355), sondern das »Einbezogensein als vollwertiges Mitglied der Gemeinschaft ist zentral, unabhängig von Fähigkeiten und Unfähigkeiten« (ebd., S. 356). Die Zielsetzung läge »in einem Miteinander unterschiedlichster Mehr- und Minderheiten – darunter auch die Minderheit der Menschen mit Behinderungen« (ebd., S. 355). »Inklusion«, so Hinz an anderer Stelle, »vertritt die Vision einer inklusiven Gesellschaft« (Hinz, 2004, S. 46). Sie geht aus

---

5 Das der Integration zugrunde liegende »Readiness-Modell« vertrete nach Hinz ein Konzept »mit der schlichten Gleichung: Je fitter, desto integrierbarer, je schwächer, desto weniger integrierbar« (Hinz, 2002, S. 356).

»vom selbstverständlichen Vorhandensein aller, die gleich und unterschiedlich sind und die einen Anspruch haben, als Gleichgestellte partizipieren zu können und anerkannt zu werden. Hier ist eine fixierte, für allgemein erklärte Normalität nicht mehr vorhanden [...]. [E]s geht eben nicht um das Hineinlassen bestimmter abweichender Kinder, sondern um die selbstverständliche Anerkennung aller.« (Boban/Hinz, 2003a, S. 41)

Jeder Mensch hat also »automatisch den Anspruch darauf, als vollwertiges Mitglied anerkannt und als wertvoller Teil der Gemeinschaft willkommen geheißen zu werden« (ebd., S. 39). Das übergeordnete Ziel des inklusiven Ansatzes besteht demnach in einer uneingeschränkten Willkommenskultur, dem Einbezogensein auch von behinderten Menschen in alle Gesellschaftsbereiche, sowie in der selbstverständlichen Anerkennung sämtlicher Mehr- und Minderheiten.

Es erscheint fragwürdig, ob diese berechtigten Wunschvorstellungen – auch im Vergleich zum sogenannten »sonderpädagogischen Integrationsverständnis« – etwas Neues bedeuten oder nicht vielmehr bereits »eindeutig als Teil der allgemeinen Menschenrechte erkennbar« (Tenorth, 2011, S. 13) sind. Tenorths Einschätzung zu dieser Frage fällt relativ eindeutig aus: »Dabei werden in ethisch-moralischer Perspektive Selbstverständlichkeiten formuliert, die hier nicht weiter elaboriert werden müssen, sowie Fragen, die das menschliche Zusammenleben insgesamt betreffen« (ebd., S. 13f.). Auch in der aus inklusiver Perspektive als nachrangig dargestellten integrativen Praxis müssen Institutionen und Einstellungen so verändert werden, damit die integrative Situation für alle Beteiligten zufriedenstellend verlaufen kann. Die bisherigen integrativen Prozesse als einseitige Anpassung zu brandmarken, wird weder dem Geschehen selbst noch den langjährig dort Tätigen gerecht.

Neu ist hingegen die Vehemenz, mit der diese Ziele vorgetragen werden. Sie ist grundsätzlich wichtig und angebracht, wenn hierdurch mehr Teilhabe für behinderte Menschen erreicht wird. Allerdings besteht die Gefahr, dass mit der Forderung nach einem totalen Einbezogensein aller Menschen in alle gesellschaftlichen Systeme über das Ziel hinaus geschossen wird. Es scheint, als würde dem Einzelnen keine Chance mehr auf eine bewusst gewählte Exklusion aus bestimmten Bereichen oder Lebensformen gelassen, indem von vornherein alle Menschen inkludiert sein sollen. Auch Ackermann gelangt zu diesem Schluss: »Bei der gegenwärtigen Diskussion wird offensichtlich von einem Inklusions-Verständnis ausgegangen, das mit seinem Total-Anspruch unversehens auch totalisierende Züge annehmen kann. Jeder soll drin sein, niemand soll draußen bleiben« (Ackermann, 2010, S. 241). In diesem Zusammenhang bleibt fraglich, worin hier alle Menschen inkludiert sein sollen und welche Maßstäbe dieser universalen Ordnung zugrunde gelegt werden. Was passiert mit denen, die nicht in dieser Ordnung zu leben trachten? Auch angesichts aller bestehenden Unterschiede tritt die auf moralisierende Weise erhobene Forderung nach dem Ziel einer nicht ausgrenzenden und alle Menschen einbeziehenden Gesellschaft als utopisch in Erscheinung. Eine Utopie wird dann aber unmenschlich, wenn sie vom Ausschluss derer lebt, die trotz aller Bemühungen fremd bleiben oder nicht in dieser Ordnung leben wollen. Die Worte Kobis sind denn auch als Warnung zu begreifen:

> »Inklusion ist noch einmal eine der ›Großen Erzählungen‹ vom Zusammensein Aller in Allem, wie sie im 20. Jahrhundert in verschiedenen Farbvarianten vorgetragen wurden: Als Utopien beflügelnd –, in erzwungenen Realitäten zerstörerisch!« (Kobi, 2006, S. 29)

Begründung und Legitimation des inklusiven Ansatzes

Die Realisierung dieser Ziele wird vorwiegend mit Bezugnahme auf die Bürgerrechte begründet, und diese finden hierin zugleich ihre Legitimation. Der Ansatz der Inklusion begreife sich, so Hinz, »als allgemeinpädagogischer Ansatz, der auf der Basis von Bürgerrechten argumentiert« (Hinz, 2006a, S. 98). Auch Ahrbeck gelangt zu dem Schluss, »dass sich die Inklusionsbewegung, zumindest in Teilen, in ihrem Selbstverständnis an der Bürgerrechtsbewegung orientiert und sie zu ihrer Legitimation heranzieht« (Ahrbeck, 2011, S. 29).

In letzter Zeit wird zur Legitimation des inklusiven Ansatzes immer öfter die in Deutschland im Jahr 2009 in Kraft getretene UN-Behindertenrechtskonvention herangezogen. Diese wichtige Konvention hat dem inklusiven Ansatz als gesellschaftliche und pädagogische Leitvorstellung einen enormen Bedeutungsschub verschafft. Mit ihr verbinde sich, so Tenorth, die »in der mit den Menschenrechten heute als einklagbare Pflichtvorgabe verbundene Erwartung der Umsetzung und Einlösung alter Versprechen« (Tenorth, 2011, S. 13). Die UN-Konvention bringt das Leitbild einer inklusiven Gesellschaft zum Ausdruck. Schon in der Präambel der Konvention wird auf die Bedeutung der »uneingeschränkten Teilhabe« für behinderte Menschen hingewiesen (vgl. United Nations, 2008, Präambel). »[D]ie volle und wirksame Teilhabe an der Gesellschaft und Einbeziehung in die Gesellschaft« (ebd., Art. 3c) wird auch in Artikel 3 als ein Grundsatz dieses Übereinkommens benannt.

Der inklusive Ansatz bezieht sich in seiner Legitimation also vorwiegend auf Bürgerrechte und die UN-Behindertenrechtskonvention. Dies ist insoweit unproblematisch, wenn sich der Anspruch der Inklusion auf Veränderungen im rechtlichen oder (gesellschafts-)politischen Raum beschränkt. Hinz zieht Inklusion aber zugleich als Leitvorstellung für gesellschaftliches und pädagogisches Handeln und Denken heran und verortet sie als allgemeinpädagogischen Ansatz (vgl. auch Sulzer, 2013, S. 20). Dem inklusiven Ansatz kommt ein bedeutendes und kritisches Potenzial bei Veränderungen in gesellschaftspolitischen Kontexten und damit bei der Realisierung einer größeren Teilhabe behinderter Menschen in allen Lebensbereichen zu. Auch pädagogisches Handeln kommt gewiss nicht ohne normative Vorstellungen aus. Äußerst fragwürdig ist indes, pädagogisches Handeln sowie pädagogische Professionalität *allein* aus der Perspektive von allgemeinen oder universalen Normen zu betrachten und dieses nur normativ oder rechtlich zu legitimieren. Andere Menschen und Begegnungen mit ihnen kämen nur noch als Anwendungsfälle von bestimmten Normen in den Blick. Bedeutet pädagogisch zu handeln oder eine Begegnung mit anderen Menschen wirklich ein Geschehen, in dem man sich lediglich an universalen Normen und Gesetzen zu orientieren braucht?

Der Begriff der Inklusion findet in der pädagogischen Diskussion also in einem doppelten Sinne normative Verwendung: Zum einen beschreibt er einen Zustand, der erst noch erreicht werden soll; zum anderen erfolgt seine Legitimation selbst normativ im Sinne einer Rechtsnorm.

Exkurs: Anspruch und Wirklichkeit inklusiver Schulentwicklung im Förderschwerpunkt körperliche und motorische Entwicklung (kmE)

Wie sieht es aktuell mit der Realisierung der Ziele des inklusiven Ansatzes im Förderschwerpunkt kmE aus? Wird die »Schule für alle« überhaupt von allen Schülern dieses Förderschwerpunktes und deren Eltern gewünscht? Diese beiden Teilfragen untersuchte das im Zeitraum von 2010 bis 2012 im Raum Köln durchgeführte Forschungsprojekt »Ermittlung von Qualitätsbedingungen für den Ausbau gemeinsamer Beschulung (schulische Inklusion) und Sicherung des bestmöglichen Bildungsangebots (§24, 2e der UN-Konvention) von Schülern mit dem Förderbedarf körperliche und motorische Entwicklung« (vgl. Lelgemann/Lübbeke/Singer/Walter-Klose, 2012a; b; sowie Singer in diesem Buch). Anhand von 84 qualitativen Leitfadeninterviews und einer standardisierten Befragung von 4011 Schülern mit und ohne Körperbehinderung in Förderschulen und allgemeinen

Schulen, deren Eltern, Lehrkräfte und Schulleitungen konnten hierzu fünf Erkenntnisse gewonnen werden. Diese weisen zugleich auf die sehr heterogene Schülerschaft des Förderschwerpunktes kmE hin (vgl. hierzu auch Lelgemann, 2010, S. 48ff.):

- *Schulische Inklusion wird von vielen Eltern und Schülern gewünscht*: Jeweils etwas mehr als ein Drittel der befragten Eltern und Schüler an Förderschulen kmE äußern den Wunsch nach einem inklusiven Schulangebot. In etwa genau so viele Eltern und Schüler sind sich in dieser Frage unsicher und machen ein solches Angebot von der Erfüllung benötigter Bedingungen abhängig.
- *Schulische Inklusion wird nicht gewünscht*: Ein Viertel der Eltern und ein Fünftel der Schüler sprechen sich klar gegen ein inklusives Schulangebot bzw. für den Verbleib an der Förderschule aus.
- *Schulische Inklusion kann gelingen*: Die Ergebnisse des Kölner Forschungsprojektes geben Aufschluss darüber, dass schulische Inklusion für einige Schüler dieses Förderschwerpunktes gut oder sehr gut gelingen kann, wenn einerseits bestimmte Bedingungen in unterschiedlichen Bereichen erfüllt sind, andererseits die Behinderung derzeit aber nicht zu komplex ist.[6]
- *Schulische Inklusion kommt nicht zustande*: Die Ergebnisse weisen auch auf die Tatsache hin, dass für Schüler mit einem erhöhten Unterstützungs- und Pflegebedarf die Realisierung dieses schulischen Angebotes die Ausnahme darstellt. Kaum eine allgemeine Schule sieht sich derzeit in der Lage, die für diese Schülergruppe benötigten fachlichen, baulichen und personellen Voraussetzungen zu schaffen.
- *Schulische Inklusion gelingt nicht*: Weiterhin zeigen die Forschungsergebnisse, dass schulische Inklusion für manche Schüler zu einer so großen Belastung werden kann, dass diese Situation beendet werden muss und der Wechsel an eine Förderschule eingeleitet wird.

Angesichts dieser Erkenntnisse liegt die Wirklichkeit inklusiver Schulentwicklung im Förderschwerpunkt kmE noch weit entfernt vom Anspruch des inklusiven Ansatzes nach Hinz. An den am Projekt beteiligten inklusiv arbeitenden Schulen wird das Ziel des inklusiven Ansatzes, ein »willkommen heißender Umgang mit Verschiedenheit«, anderseits durchaus rea-

---

6 Diese Bedingungen sind bei Singer in diesem Buch sowie im Forschungsbericht bei Lelgemann/Lübbeke/Singer/Walter-Klose (2012a) ausführlicher beschrieben (vgl. auch ebd., 2012b).

lisiert. Diese Schulen leisten hervorragende Arbeit, obwohl nicht erwiesen ist, dass sie sich an den theoretischen Prämissen von Hinz ausrichten.

Die Biographien der Schüler, bei denen es zu einem Abbruch der inklusiven Schulsituation kam (im Folgenden als Wechsler bezeichnet), zeugen zum großen Teil von sehr belastenden Situationen, die nicht selten in psychiatrischen Auffälligkeiten oder Erkrankungen mündeten (u. a. Schulangst, allgemeine Angstzustände, Schlafstörungen, aggressive Verhaltensweisen, Rückzug). Die Gründe hierfür sind vielfältig, und fast immer tat sich ein Konglomerat an Gründen auf, das zu einem Abbruch der inklusiven Schulsituation geführt hat (vgl. Lelgemann/Lübbeke/Singer/Walter-Klose, 2012a, S. 51ff.; vgl. Walter-Klose, 2012). Neben fehlenden personellen und fachlichen Ressourcen sowie einer nicht angepassten Lern- und Leistungssituation an den vormaligen, allgemeinen Schulen tritt ein Grund besonders auffällig in Erscheinung. Auf diesen wird hier nicht nur deswegen hingewiesen, da er als häufigste Ursache für einen Abbruch der inklusiven Schulsituation benannt wurde, sondern weil er auch den vom inklusiven Ansatz beschworenen Umgang mit Vielfalt oder Verschiedenheit betrifft:

> »Wir haben durchaus auch Schüler, die aus dem allgemeinen System gewechselt sind, weil sie da gemobbt wurden und das wird zunehmend zum Problem. Ich denke, das ist fast schon eine Zeiterscheinung, aber es trifft die Schüler mit irgendwelchen Einschränkungen besonders.« (Schulleitung Förderschule)

Die Wechsler und ihre Eltern selbst berichten im Zusammenhang mit dem Abbruch der inklusiven Schulsituation überwiegend von Ausgrenzungen und Hänseleien, die bis hin zu mobbingähnlichen Situationen und teilweise gewalttätigen körperlichen Übergriffen reichten. Die folgenden Beispiele unterschiedlicher Schüler geben einen Einblick in die Vielfältigkeit dieser ausgrenzenden Situationen (vgl. hierzu Lelgemann/Lübbeke/Singer/Walter-Klose, 2012a):

> »Gesamtschule ging die Hanna dann. Da ist sie gemobbt worden, fing dann so langsam an, dass die Mitschüler weggelaufen sind, weil die wussten, die kann nicht so schnell hinterher. Also all solche Sachen, so Kleinigkeiten halt [...]. Ich bin einfach vom Bauchgefühl gegangen und hab gedacht, die braucht einen geschützten Rahmen, die muss da raus, weil sonst geht die kaputt. Weil die wollte mittlerweile dann auch gar nicht mehr zu Schule gehen, weil das Mobbing immer stärker wurde.« (Mutter)

> »Dazu kam natürlich die leichte körperliche Behinderung, aber deshalb hatte sie eine Sonderstellung und wurde entweder total verwöhnt oder eben gemobbt. Es gab nichts zwischendrin [...]. Es gab immer Kinder, die auf ihre

körperliche Behinderung, weil man die gesehen hat, da sie ja amputierte Finger hat, geguckt haben. *[...]*. Im Grunde traf bei dem Körperlichen alles zusammen: Das eine Extrem, dass sie klein und zierlich ist und von den anderen verwöhnt wurde und von denen, die sie aus Nachbarklassen oder von der Schule her kannten, wurde sie eben gehänselt. Beim Töpfern, beim Zeichnen, verschiedene Kleinigkeiten, die man so nicht bedenkt und nicht beachtet.« (Mutter)

»Er brauchte immer so ein bisschen ne Extrawurst, nochmal ne Extraansage und das hat natürlich dazu geführt, dass die Kinder dann so: Mhh, Mark, der doofe Mark, der doofe Mark. Und dann hat sich das hochgeschaukelt. So was hat ja einen Eigenmechanismus, der dann ganz schnell hochgeht und dann wurde das immer schlimmer, bis zu körperlichen Attacken. Also, dass die Kinder sich wirklich dann, irgendwann haben die ihn gehänselt und geärgert ohne Ende. Und dann hat sich das völlig verselbstständigt im Grunde, dass da auch von den Erwachsenen jetzt keiner mehr Einfluss großartig drauf hatte *[...]*. Und das war wie so eine Spirale nach unten und man kann sich in seinen wildesten Fantasien nicht vorstellen, was da abging nachher. *[...]* Es ist natürlich nachher, man merkt, wie das Kind einfach zusammen bricht. Er ist noch stark gewesen ne lange Zeit und hat immer wieder versucht, ich schaffe das und ich will das und so und nachher ist er dann völlig zusammen gebrochen. Also, das waren Heulkrämpfe, ich hätte den auf allen Vieren dahinschleifen müssen. Dann hab ich den wirklich aus der Schule rausgenommen. Ich hab gesagt, das ist mir völlig egal, sollen sie doch die Bullen rufen, ist mir wurscht. Der geht jetzt nicht mehr, bis das durch ist, das Verfahren und der eben die Schule wechseln kann.« (Mutter)

»Ist natürlich auch schwierig, klar. Wenn Kindergeburtstag ist oder ähnliches, das ist schon doof. Vielleicht erzählt man sich in der Klasse noch, ah, war ja gestern toll bei dir, und denkt dann, ja toll, ich war nicht dabei. Ja, das ist einfach so.« (Vater)

»Es fühlte sich wirklich wie so ein Angekommen-Sein *[an der Förderschule; P. S.]* an, nachdem wirklich die ersten vier Jahre Schule die absolute Qual darstellten, also angefangen beim Unverständnis von Lehrern bis hin zu wirklich, heute würde man vermutlich, Mobbing der Schüler sagen.« (Schülerin)

»*[...]* weil er ja schon ziemlich gemobbt worden ist, aber nicht von den Kindern, sondern von den Lehrern *[...]*. Sie hatte so Sachen losgelassen: 28 Kinder und dann noch ein Rollstuhl in der Klasse, das wäre ihr zu viel. Das hat die ihm auch zu verstehen gegeben *[...]*. Und die hat ihm auch zu verstehen gegeben, dass er nicht mit auf Klassenfahrt dürfe. *[...]* Sie hat auch noch nicht mal mit uns zusammen gearbeitet. Also, dass sie abends mal angerufen und gefragt hätte: Wie mache ich das am besten? Sie hat das von vornherein abgelehnt. ›Dieses Kind will ich nicht haben‹ und hat dann auch entsprechend dafür gesorgt *[...]*, das war eigentlich mehr das Mobbing von den Lehrern.« (Mutter)

»[...] da ist die ganz schwer am Hals operiert worden, ich glaub, das war die vierte Klasse, da durfte sie gar nicht zur Schule kommen, weil der Rektor Angst hatte, dass ihr was passiert, dass sie die Treppe runter fällt oder wegen solcher Sachen [...]. Ja, das war so ein bisschen diskriminierend. Man hätte ja auch einen anderen Weg finden können. Dass man sagt, die Hanna gehört zu uns, die hat ne lange schwerwiegende Erkrankung. Wir ziehen um, wir ziehen einfach in ne andere Klasse, erste Etage oder Parterre. Das wäre ja auch gegangen. Aber das war irgendwie einfacher, das Kind auszuschließen [...].« (Mutter)

Diese Kinder und Jugendlichen haben einen Anspruch auf eine »selbstverständliche Anerkennung« und darauf, »als vollwertiges Mitglied anerkannt und als wertvoller Teil der Gemeinschaft willkommen geheißen zu werden« (Boban/Hinz, 2003a, S. 39), wie Boban und Hinz richtig feststellen. Die schulische Realität zeigt sich jedoch weit entfernt vom Wunsch des inklusiven Ansatzes, Unterschiede zwischen Kindern nicht zu beklagen, sondern freudig zu begrüßen und willkommen zu heißen (vgl. Prengel, 2010, S. 20) – auffällig oft steht in diesen Beispielen die körperliche Behinderung im Fokus des ausgrenzenden und diskriminierenden Verhaltens. Es handelt sich bei diesen Schulen um keine sogenannten »Schulen für alle«, sondern meistens um einzelintegrative Situationen in allgemeinen Schulen ohne bewusstes Konzept für schulische Inklusion. Aber auch an inklusiven Schulen stellt sich ein positives soziales Klima nicht einfach durch ein freudiges Willkommenheißen von Unterschieden ein. Zwar begrüßen die am Kölner Forschungsprojekt beteiligten inklusiven Schulen Unterschiede grundsätzlich. Derartige ausgrenzende Verhaltensweisen kommen hier aber gerade deswegen kaum vor, weil sie dieser Problematik – auch präventiv – offen und ehrlich begegnen. Der in den Beispielen problematisierte Umgang mit den Behinderungen der Schüler verschwindet nicht dadurch, dass er im Dunkeln bleibt oder durch Aussagen wie »Wir alle sind behindert« nivelliert wird. Im Gegenteil: Die Beispiele zeigen, dass das Verheimlichen oder Übergehen von real bestehenden Unterschieden erst recht zu einem ausgrenzenden Umgang führt. Denjenigen Vertretern der Inklusion, die deren Probleme einfach ignorieren, kann man komplette Unkenntnis der sozialen Verhältnisse und der belastenden Situationen vorwerfen, in denen diese Kinder leben.

Nicht nur im Bereich Schule, sondern auch in anderen gesellschaftlich relevanten Bereichen, wie beispielsweise auf dem Arbeitsmarkt, besteht nach wie vor eine große Kluft zwischen Anspruch und Wirklichkeit der (gesellschaftlichen) Inklusion. Zu einem Großteil ist diese Kluft der Tatsache des jahrhundertelangen isolierenden Umgangs mit behinderten Menschen geschuldet, der beispielsweise bis hin zur Aussetzung und Tötung von Neugeborenen reichen konnte und in den Konsequenzen des Begriffes des lebensunwerten Lebens seinen traurigen und barbarischen Niederschlag gefunden hat. Im Kern geht es damals wie heute darum, wie wir mit Mitmenschen umgehen, die uns als Andere auf besondere Weise fremd sind (vgl. Mayer-Drawe, 1993, S. 30). Welche Antworten gibt der inklusive Ansatz darauf, wie dieser Umgang aussehen soll? Der theoretische Zugang des inklusiven Ansatzes beantwortet diese Frage.

3 Normalität der Verschiedenheit – Der theoretische Zugang des inklusiven Ansatzes

Inklusion – theoretisch nichts Neues?

Mit der Inklusion, so Hinz – der als einer der wenigen in den letzten Jahren den Versuch einer theoretischen Fundierung oder zumindest Einordnung des Inklusionsbegriffes unternommen hat –, wird eingeklagt, »was ursprüngliches Anliegen von Theorie und Praxis der Integration war« (Hinz, 2002, S. 354). In Relation und in Abgrenzung zum »sonderpädagogischen Integrationsverständnis«, das aus der Sicht Hinz' die spezifischen Chancen von Heterogenität ignoriere (vgl. Hinz, 2004, S. 58), beanspruche Inklusion im Sinne des Integrationsverständnisses der Integrationspädagogik jedoch »in der Tat einen grundsätzlichen Wandel der grundlegenden theoretischen Sichtweisen und damit einen Paradigmenwechsel« (Hinz, 2002, S. 355). Bereits in der Integrationstheorie, die ihre theoretische Grundlegung in der »Pädagogik der Vielfalt« (Hinz; Prengel; Preuss-Lausitz) fände, hätten mehr Dimensionen von Verschiedenheit Berücksichtigung gefunden als nur die Dimension Behinderung, »Menschen mit unterschiedlicher Muttersprache, aus unterschiedlichen sozialen Milieus und mit anderen Differenzen« (Hinz, 2003, S. 333; vgl. Hinz, 2004). Spätestens mit der Inklusion sollen nun alle Dimensionen von Verschiedenheit berücksichtigt und einbezogen sein:

> »Fähigkeiten, Geschlechterrollen, ethnische Herkünfte, Nationalitäten, Erstsprachen, Rassen, soziale Klassen bzw. Milieus, Religionen und Weltanschauungen, sexuelle Orientierungen, körperliche Bedingungen und anderes mehr.« (Hinz, 2006a, S. 98)

Hinz schlussfolgert hieraus, dass der Begriff der Inklusion in theoretischer Hinsicht »nichts wirklich Neues bringt« (Hinz, 2004, S. 69; vgl. Hinz, 2003, S. 324). Wenn diese Feststellung aber zutrifft: Würde dies nicht eine völlige Absage an einen wissenschaftlichen Anspruch des Inklusionsbegriffes bedeuten? Ein »allgemeinpädagogischer Ansatz« oder eine pädagogische Theorie besteht nicht einfach daraus, dass sich lediglich eine gesellschaftliche Forderung erhebt, dass die Dinge anders zu sein hätten, als sie sind, und man darauf sogar ein verbrieftes Recht hätte, sondern es bedarf hierzu einer soliden theoretischen Untermauerung. Kann es Anspruch einer wissenschaftlichen Disziplin sein, einen Begriff, der der Praxis entstamme (vgl. u. a. Hinz, 2003, S. 330ff.), systematisch in ihr Gedankengebäude zu übernehmen, ohne dass diesem Begriff eigene theoretische Grundlagen zukämen? Der Disziplin der Sonderpädagogik muss daran gelegen sein, ihre Grundbegriffe zu klären. Entweder muss der Inklusionsbegriff grundlagentheoretisch verortet oder der Integrationsbegriff so weiterentwickelt werden, dass dieser gegen die Anfeindungen Hinz' gestärkt wird.

Nicht nur in der Sonderpädagogik, sondern auch in der Integrationspädagogik selbst – sofern diese strikte Trennung in der Form überhaupt möglich erscheint – kommt es durch die Differenz des theoretischen (Nicht-)Anspruchs und der vorwiegend praktischen Perspektive auf Inklusion zu Unklarheiten. Wenn, wie Hinz äußert, Inklusion als theoretischer Reflex auf die Probleme der Praxisentwicklung der Integration verstanden werden könne (vgl. Hinz, 2003, S. 331), um aber später festzustellen, es gehe mit der Inklusion um die Praxis und nicht um den theoretischen Diskurs (vgl. ebd., S. 332), tut sich hier nicht nur ein gewisser innerer Widerspruch auf. Es stellt sich dann vor allem die Frage, auf welchen argumentativ-theoretischen Grundlagen dieser theoretische Reflex (Inklusion) dann fußen soll. Werden, ganz grundsätzlich, die Grundlagen der Kritik im Unklaren belassen, oder fehlen sie gar völlig, dann ist nicht nur die Kritik selbst nicht mehr einzuordnen, sondern die Aussagen rücken hierdurch in die Nähe einer bloßen Ideologie. Vertreter des inklusiven Ansatzes müssen sich daher die Frage gefallen lassen, wie es methodisch zu begründen ist, einen Begriff einzuführen, mit dem etwas oder ein Zustand (Praxis der Integration) kritisiert werden soll, ohne dass dieser Begriff eigene Grundlagen hat.

Kritik an der »Zwei-Gruppen-Theorie«

Mit der Kritik an der »Fixierung auf die administrative Ebene« konnte die Zielsetzung des inklusiven Ansatzes bestimmt werden. Die Kritik der

»Zwei-Gruppen-Theorie« bringt den theoretischen Zugang des inklusiven Ansatzes zum Ausdruck. Mit ihr zeigt sich der vom inklusiven Ansatz beschriebene Weg zum Ziel eines totalen Einbezogenseins *aller* Menschen in eine inklusive Gemeinschaft. Die sich aus dieser Kritik ergebende Sichtweise müsste bereits im integrationspädagogischen Verständnis des Integrationsbegriffes, also in der »Pädagogik der Vielfalt« als der der Integrationspädagogik inhärenten Bezugstheorie, enthalten sein. Andernfalls, so die Konsequenz, würde der Begriff der Inklusion, entgegen Hinz' Annahmen, auch auf einer theoretischen Ebene »etwas Neues« bedeuten.

Worin nun besteht die Kritik des inklusiven Ansatzes an der sogenannten »Zwei-Gruppen-Theorie«, und welche Sichtweise wird demgegenüber selbst eingenommen? Wohlgemerkt, es geht hier lediglich um die theoretischen Aussagen und nicht um die von Hinz hieraus gezogenen praktischen Konsequenzen. Kurzum: Mit der Kritik an der Zwei-Gruppen-Theorie werden jegliche kategorialen Zuordnungen wie »behindert – nichtbehindert«, »ausländisch – deutsch«, »weiblich – männlich« etc. aufgrund ihrer diskriminierenden Wirkung in Frage gestellt und abgelehnt (vgl. u. a. Hinz, 2000; 2004, S. 60). Die der integrativen Praxisentwicklung und dem »sonderpädagogischen Integrationsverständnis« inhärente Kategorie »behindert – nichtbehindert« sei dafür verantwortlich, dass Kinder mit Beeinträchtigungen »weiterhin primär als ›andere‹ Kinder wahrgenommen werden« (Hinz, 2006b, S. 257). Die Integration habe, so Hinz, »dieses Anderssein nicht im Sinne einer Dialektik von Gleichheit und Differenz aller Schüler überwunden [...]. Das Kind ist und bleibt vor allem anders, unabhängig davon, wie man dieses Anderssein ausdrückt« (Hinz, 2002, S. 357).

Demgegenüber verstehe sich das Konzept der Inklusion als eine allgemeine Pädagogik, »die es mit einer einzigen, untrennbar heterogenen Gruppe zu tun hat. In ihr sind unterschiedlichste Dimensionen von Heterogenität vorhanden« (ebd.). Aus der Sichtweise des inklusiven Ansatzes gibt es konsequenterweise nur noch eine einzige (inklusive) Gruppe. Andernfalls stünde man wieder vor dem Problem, dass einzelne Gruppen erst einbezogen werden müssten. Die Konzeption der Inklusion gehe »von einem dialektischen Verhältnis von Gleichheit und Differenz aus und folgert daraus das Primat von Gemeinsamkeiten bei individueller Verschiedenheit« (Hinz, 2004, S. 60). Es gibt demnach zwar noch *individuelle* Verschiedenheiten zwischen Menschen, aber diese fallen alle unter das Primat der Gemeinsamkeit; sie sind alle aufgehoben in *einer* heterogenen oder inklusiven Gruppe, in der es keine anderen kollektiven Gruppen und Gruppenzugehörigkeiten mehr gibt. Auch behinderte Menschen werden »nicht mehr als eindeutig abgrenzbare Gruppe gesehen« (Hinz, 2003, S. 332): »Behinderung gilt nur noch als eine Form der Besonderheit, die im Rahmen einer fast unendlichen Vielfalt des Menschen auftritt«, so Ahrbeck in kritischer Hinsicht (2011, S. 8). Die Grenzen zwischen Normalität und Behinderung bzw. allen anderen Dimensionen von Verschiedenheit sowie zwischen diesen einzelnen Dimensionen verwischen sich (vgl. auch Feyerer, 2003). Um das Ziel eines Einbezogenseins aller Menschen in eine inklusive Ordnung zu erreichen, liegt der Fokus des inklusiven Ansatzes allerdings nicht nur darauf, dass Grenzen sich verwischen. Die Grenzen zwischen einzelnen Gruppen müssten vielmehr überwunden werden, um vom Ziel einer einzigen heterogenen oder inklusiven Gruppe ausgehen zu können; die inklusive Ordnung hätte keine inneren und äußeren Grenzen mehr, die mit der Annahme mehrerer Gruppen weiterhin bestünden.

Inklusion – auch theoretisch etwas Neues!

Diese Kritik an der »Zwei-Gruppen-Theorie« und die hieraus entwickelte Sichtweise von Hinz macht den Kernpunkt des inklusiven Ansatzes auf der theoretischen Ebene aus. Wenn Hinz davon ausgeht, Integrationspädagogen hätten »die Kernpunkte des Inklusionsansatzes [...] – vielleicht nicht so explizit – immer schon theoretisch vertreten, zumindest aber mitgedacht« (Hinz, 2003, S. 334), müsste sich die Infragestellung der »Zwei-Gruppen-Theorie« bereits in der sogenannten »Pädagogik der Vielfalt« (Prengel; Hinz; Preuss-Lausitz) als der von Hinz zitierten deutschen Variante inklusiver Theorieentwicklung (vgl. Hinz, 2004, S. 55) finden lassen. Ausdrücklich bezieht sich Hinz hierbei auch auf den Ansatz Prengels. Es stimmt, wenn er schreibt: »Die Theorie der deutschsprachigen Integrationspädagogik zeigt von Anfang an ein aus heutiger Sicht inklusives Verständnis der Integration, sie hat immer schon unterschiedliche Dimensionen von Heterogenität thematisiert« (ebd.). Die Thematisierung unterschiedlicher Dimensionen von Verschiedenheit findet sich auch bei Prengel (vgl. Prengel, 1993). Um vom Ziel einer inklusiven Ordnung sprechen zu können, ist aus inklusiver Sicht aber gerade der Umgang mit dieser Heterogenität entscheidend, weil es im inklusiven Ansatz zu einer Auflösung kollektiver Gruppenzugehörigkeiten zugunsten einer einzigen heterogenen Gruppe kommt, in der lediglich noch individuelle Unterschiede vorhanden sind. Hinz gelangt jedoch im Zusammenhang mit Prengels »Pädagogik der Vielfalt« zu folgendem Schluss: »Auch wenn sich aus heutiger Perspektive die bipolare Konstruktion jeweils zweier

Gruppierungen kritisieren lässt – von heute aus gesehen ist es ebenfalls ein Ansatz mit inklusiver Stoßrichtung« (Hinz, 2004, S. 54). Zwar will Hinz den Ansatz Prengels hier nur noch als Ansatz mit »inklusiver Stoßrichtung« verstanden wissen: Dass der Begriff der Inklusion gegenüber der Integrationstheorie bzw. der »Pädagogik der Vielfalt« theoretisch nichts Neues bringe, ist aber falsch. Diese Aussage von Hinz verkennt, dass das Ziel einer inklusiven Ordnung eben genau über den Weg der Kritik und Ablehnung der Konstruktion zweier oder mehrerer Gruppen führt.

Nicht zuletzt, um von hier aus auch hegemoniale Zustände zwischen einzelnen Gruppen kritisieren zu können, hebt Prengel selbst die Notwendigkeit kollektiver kategorialer Zuordnungen hervor:

> »Im Spektrum der Positionen Inklusiver Pädagogik wird Individualität favorisiert, und kollektive kategoriale Zuordnungen werden in ihren etikettierenden und diskriminierenden Wirkungen wahrgenommen. Obwohl jedes Kind in der heterogenen Kindergruppe mit seiner besonderen Biographie einzigartig ist, braucht Inklusive Pädagogik auch Erkenntnisperspektiven, die sich auf Gruppen beziehen.« (Prengel, 2010, S. 45f.)

Ihrer Schlussfolgerung im Hinblick auf den inklusiven Ansatz ist uneingeschränkt zuzustimmen:

> »Das Fehlen einer kollektiven Kategorienbildung käme einem Verzicht der Aufmerksamkeit für kollektive Traditionen, für die Entwicklung von gruppenbezogenem Fachwissen, für den zielgruppenbezogenen professionellen Austausch sowie für generalisierungsfähige Forschungen gleich.« (ebd.)

Wie sie selbst sagt, habe in der »Pädagogik der Vielfalt [...] darum neben der Anerkennung der Verschiedenheit zwischen Einzelnen auch die Anerkennung kollektiver Verschiedenheit zwischen Gruppen Platz« (Prengel, 1993, S. 188). Der vor zwei Jahrzehnten geäußerte Gedanke Prengels, integrative Pädagogik habe noch wenig Bewusstsein für kollektive Heterogenität (vgl. ebd., S. 170), ist in der inklusiven Pädagogik völlig verlorengegangen. Noch mehr: Der Kern des inklusiven Ansatzes besteht aufgrund des Vorrangs einer einzigen heterogenen Gruppe geradezu in der Auflösung und Überwindung gruppenspezifischer Verschiedenheit. Hierdurch ändert sich aber der theoretische Kern – und damit vor allem auch die Sichtweise auf Behinderung – gegenüber dem Integrationsbegriff im inklusiven Ansatz grundlegend.

»Es ist normal, verschieden zu sein« – Die Theorie auf den Punkt gebracht

Gerade in der Kritik an der »Zwei-Gruppen-Theorie« bzw. in der Ablehnung kategorialer Zuordnungen, die im Übrigen keine bloßen Zuordnungen darstellen, sondern zutiefst mit leiblichen Momenten des Wahrnehmungs- und Erfahrungsgeschehens sowie historisch-kulturellen Gegebenheiten verknüpft sind, zeigt sich eine radikal veränderte Sichtweise auf das Phänomen der Behinderung und damit auch auf den Umgang mit Behinderung. Ihren Ausdruck findet diese Sichtweise in der normativ-appellativen Aussage Hinz', »Heterogenität ist Normalität – und dies gilt heute mehr denn je« (Hinz, 2002, S. 357), oder im sinngleichen und allgemein bekannten Slogan der Inklusion: »Es ist normal, verschieden zu sein.« In diesem Postulat findet sich die eben beschriebene theoretische Sichtweise des inklusiven Ansatzes formelhaft auf den Punkt gebracht. Dabei ist es wichtig zu erkennen, dass der Slogan »Es ist normal, verschieden zu sein« bereits der integrativen Theorieentwicklung als Wahlspruch gedient hat (vgl. u. a. Wocken, 2006, S. 100). Während die Integrationstheorie hierunter jedoch noch die Anerkennung verschiedener Gruppen fasste, erfährt die Aussage »Heterogenität ist Normalität« im inklusiven Ansatz eine Abwendung von gruppenbezogener Verschiedenheit und eine radikale Hinwendung zur Normalität *individueller* Verschiedenheit. Unter dieser Perspektive kann denn auch der zusätzliche Hinweis Hinz', »und dies gilt heute mehr denn je«, gelesen werden. Dem wäre hinzuzufügen, dass die Aussage »Heterogenität ist Normalität« heute nicht nur »mehr denn je gilt«, sondern vielmehr auch einen Bedeutungswandel erfährt. Die Kategorie »behindert«, der in der Integration – gewiss nicht immer mit der gebührenden Achtsamkeit – noch Aufmerksamkeit zuteil wurde, kommt nur noch als Aspekt einer unendlichen menschlichen Vielfalt in Erscheinung und verblasst in dieser bis zur Unkenntlichkeit; sie löst sich sozusagen in der »Normalität der Verschiedenheit« auf. Jemanden als »behindert« oder als »ausländisch« wahrzunehmen, wäre in der Logik des inklusiven Ansatzes nicht mehr möglich – was implizit oder explizit geradezu als ein spezifisches Anliegen formuliert wird. Um jemanden als »behindert« wahrnehmen zu können, müsste es mehr als bloße individuelle Verschiedenheit geben, da ansonsten die Schemata der Wahrnehmung, des Denkens und Handelns ins Leere laufen würden und etwas oder jemand nicht mehr *als* etwas oder jemand zu erkennen wäre. Der inklusive Ansatz kann deswegen nicht mehr von kollektiven Verschiedenheiten ausgehen, da ansonsten die Kritik an der »Zwei-Gruppen-Theorie« bzw. den Kategorien »behindert – nichtbehindert« obsolet würde. Das Anzweifeln kollektiver oder einer anderen Verschiedenheit bedeutet, dass nicht nur die Kategorien »behindert – nichtbehindert«, sondern zugleich auch die Wahrnehmung von Behinderung überwunden werden soll.

Die üblichen Muster der Wahrnehmung, des Denkens und Handelns, die nie nur allein kulturell erzeugt sind, gilt es angesichts des aktuell immer noch teils hochproblematischen Umgangs mit behinderten Menschen zu *verändern*. Als Beispiele für diesen Umgang seien an dieser Stelle lediglich die beschriebenen Erfahrungen der Wechsler im Kölner Forschungsprojekt angeführt. Im Fokus des ausgrenzenden Verhaltens stand bei allen Kindern meist die körperliche und sichtbare Behinderung. Durch die Annahmen des inklusiven Ansatzes könnte eine Behinderung jedoch nicht mehr als Behinderung wahrgenommen werden, sondern nur noch als bloße individuelle Verschiedenheit. Eine Behinderung wäre genauso verschieden oder genauso gleich wie alle anderen wahrnehmbaren Merkmale. Warum aber hat dann in allen diesen Beispielen die körperliche Behinderung und nicht die Augen- oder Haarfarbe anderer Schüler zu Ausgrenzung geführt? Die habitualisierten Schemata der Wahrnehmung, des Denkens und Handelns abzuschaffen, anstatt sie zu verändern, kann daher nur gelingen, wenn durch das Postulat der »Normalität der Verschiedenheit« der Boden der Lebenswelt, die Ebene der alltäglichen Erfahrung und Wahrnehmung, verlassen wird.

Nicht nur in der Zielsetzung und Legitimation, sondern gerade auch in theoretischer Hinsicht ist der inklusive Ansatz ausschließlich normativ ausgerichtet. Wäre es bereits normal, verschieden zu sein, so eine Konsequenz, dann bedürfte es auch der Inklusion nicht mehr. Die Formel der »Normalität der Verschiedenheit« fungiert hierbei nicht nur als theoretischer Zugang des inklusiven Ansatzes, sondern sie umschreibt zugleich das Ziel eines totalen Einbezogenseins aller Menschen in eine inklusive Gemeinschaft, in der niemand dem anderen mehr fremd wäre.

Exkurs: Zum Umgang mit Verschiedenheit an inklusiven Schulen

Wie im inklusiven Ansatz, so findet der Umgang mit Verschiedenheit auch an den am Kölner Forschungsprojekt beteiligten inklusiven Schulen viel Beachtung:

> »Weil eine Schule, die Heterogenität annimmt und sagt, das wollen wir nutzen, für die ist die Aufnahme von Kindern mit Förderschwerpunkten – und da würde ich die Hochbegabten auch zu zählen – eigentlich nur eine Erwei-

terung des Spektrums. Wir mussten keine neue Pädagogik erfinden.« (Schulleitung einer inklusiven Schule)

Bereits diese Aussage weist allerdings auf einen anderen Umgang mit Verschiedenheit hin, als vom inklusiven Ansatz vorgesehen. »Kinder mit Förderschwerpunkten« werden hier ausdrücklich als eine eigene Gruppe benannt, ebenso die »Hochbegabten«, was aus Sicht des inklusiven Ansatzes bereits als Diskriminierung gelten würde (vgl. u. a. Hinz, 2004, S. 60).

Die interviewten körperbehinderten Schüler selbst heben die Bedeutung einer gruppenspezifischen Verschiedenheit hervor. Sie und ihre Eltern berichten davon, dass sich durch die Anwesenheit anderer behinderter Schüler an der Schule nicht nur die Gefahr verringere, stigmatisiert zu werden, sondern hierdurch bestünde vor allem die Möglichkeit, bedeutsame gruppenspezifische Erfahrungen auszutauschen:

> »Dass man sich mit denen *[andere körperbehinderte Schüler]* absprechen kann, dass man auch die kennen lernt, wie die das alles handhaben, zum Beispiel, wie die ne Treppe runter gehen. Ganz einfache Sachen. Wenn man so alleine an der Schule ist als Rollstuhlfahrer, dann ist das nicht so sinnvoll.« (Schüler inklusive Schule)

> »Weil man sich dann anders austauschen kann, wie die Erfahrungen des anderen waren, wenn dann doch mal ein Problem aufgetaucht ist.« (Schülerin inklusive Schule)

> »Hey, ja, da kannst du toll einen drauf mitnehmen hinten, *[...]* das sind die entscheidenden Dinge, die man wissen will und wenn man halt noch fünf Rollstuhlfahrer um sich hat, ist die Wahrscheinlichkeit sehr groß, dass man einen hat, mit dem man sich so versteht, dass man einfach über die Dinge spricht. Und ja, das ist ganz oft so und ja, da kann mir ein Nichtbehinderter wenig mit helfen mit solchen Problemen.« (Schülerin Förderschule)

> »Auch auf dem Schulweg haben die gefragt: ›Was hast du denn? Was ist passiert?‹ Hier ist das jetzt nicht mehr. Hier habe ich auch mitgekriegt, dass auch andere Kinder mal gefragt werden. *[...]* Ja, denn in der Grundschule war ich immer die einzige mit einer Behinderung. *[...]*. Und hier haben ja alle Kinder irgendwas und da bin ich nicht mehr die einzige.« (Schülerin Förderschule)

Diese Auswahl an Beispielen zeigt, dass es zumindest diesen Schülern wichtig ist, sich mit anderen, ähnlich beeinträchtigten Schülern über spezifische Erfahrungen austauschen zu können. Natürlich sind auch diese Schüler individuell verschieden, aber sie haben alle eine körperliche Behinderung. Diese hat für sie in ihrer Lebensgeschichte zwar eine spezifische Bedeutung, sie unterscheiden sich in diesen Erfahrungen aber als

Gruppe von Schülern, die nicht körperbehindert sind. Besonders im letzten Beispiel wird deutlich, dass eine Behinderung *als* Behinderung auffällig werden kann und sich der Normalisierung der Wahrnehmung somit entzieht. Diese Andersartigkeit zu leugnen, wird weder der Wahrnehmung von Behinderungen noch der Realität der behinderten Schüler gerecht und ist nichts anderes als eine zynische Haltung.

Auch Eltern heben die Bedeutung einer behinderungsbezogenen, spezifischen Heterogenität für schulische Inklusion hervor:

> »Und der Vorteil ist natürlich, vielleicht, hier an der Schule gibt´s ja mehrere Behinderte, das heißt, dass da auch irgendwo wieder soziale Kontakte entstehen. Wenn er jetzt ganz allein auf so einer Schule wäre, wird das als Behinderter vielleicht noch schwieriger, Anschluss zu kriegen. Aber weil ja ein Teil hier mit Behinderung da ist, sind da wieder irgendwo Gleiche.« (Vater eines Schülers einer inklusiven Schule)

In der Aussage einer Förderschulleitung zeigt sich ein weiterer Vorteil gruppenspezifischer Gemeinsamkeiten:

> »Ich bin der Meinung, dass auch Kinder mit schweren körperlichen Beeinträchtigungen an der Regelschule teilhaben können, aber die Förderung ist schwieriger zu realisieren und es gibt wenig Gesellschaft in der Förderung. Wir haben eine UK-Arbeitsgemeinschaft, da quatschen 20 Kinder mit Talkern. Die können dann auch wirklich Dialoge führen.«

Individuelle Verschiedenheit wird auch an den inklusiven Schulen großgeschrieben. Sie gehen aber mit Behinderungen anders um, als es der inklusive Ansatz vorschreibt, und benennen die Dinge weiter beim Namen. Wie die Lehrkraft einer inklusiven Schule herausstellt, könne »die Situation des Mobbens oder so was [...] auch nur dann passieren, wenn alles so im Obskuren bleibt: Was hat der denn? Und wenn wir da offen drüber sprechen, dann ist das, glaube ich, leichter.« Deshalb werde von ihr und dem gesamten Kollegium immer wieder thematisiert:

> »Wo ist das Anderssein *[...]*? Und ich glaube, dass wir, wenn wir so was totschweigen, oder wenn wir es nicht benennen, dass wir dann nicht arbeiten können. Deswegen rede ich mit den Kindern immer ganz offen. Wir reden auch über die Einschränkung, über Behinderung. *[...]* Dieser Umgang, und dass wir auch darüber lachen oder Julian sagt mir dann, ›Ach, hab ich jetzt wieder den Behindertenbonus oder was?‹, ganz offen und auch ironisierend«.

Die in der schulischen Inklusion erfahrene Lehrkraft macht hier sehr deutlich, dass sie es nicht für möglich hielte, arbeiten zu können, wenn das Anderssein einer Behinderung »totgeschwiegen« oder nicht klar benannt würde. Demgegenüber geht es dem inklusiven Ansatz darum, dieses Andersein, die Grenzen zwischen behindert und nichtbehindert, zu überwinden. In eine ähnliche Richtung zielt auch die Kritik Ahrbecks hinsichtlich des vom inklusiven Ansatz postulierten Umgangs mit Heterogenität:

> »Wie soll man in der pädagogischen Arbeit Menschen mit Behinderungen anerkennen, die primär auf ihre soziale Stellung und ihr (vermeintlich) weltweites Gruppenschicksal reduziert werden? Wie soll man ihnen – über das Gutmenschliche hinaus – achtend begegnen, wenn sie nur noch als ein diffuser Teil einer abweichenden Vielfalt in Erscheinung treten?« (Ahrbeck, 2011, S. 9)

Auch andere am Kölner Forschungsprojekt beteiligte inklusive Schulen pflegen einen bewussten Umgang mit Behinderungen, der das mit einer Behinderung einhergehende Anderssein nicht leugnet:

> »Ich glaube, ein ganz entscheidender Punkt dabei ist, wir gehen da ganz offen damit um, also mit jeglichen Gerüchten und Ängsten auch, Fragen, Neugier und so. Denen begegnen wir dadurch, dass wir in Klasse fünf diese Schüler ganz offen vorstellen in der Klasse. Wenn sie das können, tun sie das selber, sie erklären ihre Behinderung. Manchmal gibt es sogar einen richtig kleinen Vortrag über so eine Behinderung. [...] Und dadurch ist so ein Stigma eigentlich auch gleich genommen.« (Schulleitung einer inklusiven Schule)

Mit dem inklusiven Ansatz kann es so etwas wie Behinderung nicht mehr geben, da hierzu ein gemeinsames und spezifisches Merkmal vorhanden sein müsste, das über die individuelle Verschiedenheit hinausreicht, um eine Behinderung wahrnehmbar werden zu lassen. Dies würde der Kritik an der »Zwei-Gruppen-Theorie« jedoch grundlegend widersprechen. Demgegenüber wird Heterogenität an diesen Schulen nicht *nur* als individuelle, sondern *auch* als gruppenspezifische Kategorie wahrgenommen. Behinderungen erfahren in diesen inklusiven Schulen eine spezifische und keine allgemeine Aufmerksamkeit. Das andere Anderssein behinderter Schüler wird hier nicht verheimlicht oder ignoriert, so wie dies im Postulat des inklusiven Ansatzes, »Es ist normal, verschieden zu sein«, vorgesehen ist. Dieser an den inklusiven Schulen bewusste Umgang mit Behinderungen macht, wie nahezu alle am Forschungsprojekt beteiligten Lehrkräfte nachdrücklich versichern, im Übrigen auch fach- oder gruppenspezifisches Wissen erforderlich. Auf ein solches (gruppen-)spezifisches Fachwissen müsste der Logik des inklusiven Ansatzes zufolge jedoch verzichtet werden.

> »An die Stelle fachlicher Kategorien, über die reflektiert werden kann, treten dann informelle Typisierungen einer vorwissenschaftlichen Alltagssprache, deren Folgen noch weit weniger absehbar sind. Fantasien über das Ungewisse, durch ein Benennungsverbot erzwungen, werden notgedrungen einen größeren Raum einnehmen. Ob sie für das zwischenmenschliche Zusam-

mensein ungefährlicher sind als ein Wissen um eine fachliche Ordnung, darf füglich bezweifelt werden.« (Ahrbeck, 2011, S. 76)

Zweifelsohne ist die Kritik an einer bloß medizinisch ausgerichteten Sichtweise auf Behinderung berechtigt. Auch steht sonderpädagogisches Handeln stets in der Gefahr, den Anderen in seiner Eigenheit zu verkennen, indem es sich häufig nur an zielgerichtetem Handeln ausrichtet. Dennoch: Dem (Sonder-)Pädagogen erginge es durch den Verzicht auf kategoriale Zuordnungen ähnlich wie einem Mediziner, der keine Diagnosen mehr stellen darf. In diesem Sinne stellt Ahrbeck zu Recht fest: »Ohne explizite, aus einem äußeren Rahmen abgeleitete Norm- und Zielvorstellung fällt die Entwicklung eines Kindes der Beliebigkeit anheim. Ein zielgerichtetes Handeln wird dadurch in Frage gestellt, wenn nicht gar gänzlich aufgehoben« (ebd., S. 80). Die Kritik an einem zielgerichteten pädagogischen Handeln darf nicht so weit führen, dass darauf gänzlich verzichtet wird, denn das käme einem Verzicht auf pädagogische Professionalität gleich. Auch Kahlert und Heimlich sprechen sich auf einer allgemeineren Ebene und mit gutem Grund klar gegen ein solches Benennungsverbot aus:

> »Das Menschenrecht auf ein Leben in Würde, Freiheit und Gerechtigkeit macht [...] Regelungen notwendig, die gewährleisten, dass Menschen, die dafür besondere Unterstützung benötigen, diese auch erhalten. Wenn dies unabhängig vom Wohlwollen ihrer nahen und fernen Umgebung garantiert sein soll, muss man diejenigen benennen, die ein Recht auf besondere Unterstützungen haben.« (Kahlert/Heimlich, 2014, in Druck)

Der inklusive Ansatz ist auf allen drei Ebenen, der Ebene der Ziele, der Legitimation sowie in seinem grundlagentheoretischen Zugang ausschließlich normativ ausgerichtet. Die Problematisierung der Ausgrenzung und die wünschenswerte Anerkennung behinderter Menschen erfolgt allein in normativer Hinsicht. Die mit Inklusion verbundenen Ansprüche werden überdies auf eine sehr appellative und moralisierende Art und Weise vorgetragen. Dass wir uns alle eine Verbesserung der aktuellen Situation, in der behinderte Menschen ausgegrenzt und diskriminiert werden, wünschen, ist verständlich. Inklusion verkommt in dieser einseitigen Sichtweise allerdings zu einem bloß formalen Geschehen und zu einem reinen Sollens-Akt. Durch die allgemeine Begeisterung fürs Normative werden die intersubjektiven Begegnungen, wo sich inklusive Ansprüche wie Anerkennung und Teilhabe zu realisieren hätten, übersehen. Selbst wenn die Rede davon ist, mit Inklusion gehe es um die selbstverständliche (vgl. Hinz, 2006a, S. 98) oder »intersubjektive Anerkennung zwischen gleichberechtigten Verschiedenen« (Prengel, 1993, S. 62), oder mit dem »Index für

Inklusion« Indikatoren wie »Gemeinschaft bilden« oder »inklusive Werte verankern« formuliert werden (vgl. Boban/Hinz, 2003b): Es handelt sich immer um einen Geltungsanspruch, also einen Anspruch im Sinne einer Aufforderung, die möglichst zu befolgen und zu erfüllen ist.

Die grundlegenden Ziele und die menschenrechtsbasierte Grundidee des inklusiven Ansatzes dürfen nicht in Frage gestellt werden. Aber die Einseitigkeit des hier dargestellten inklusiven Ansatzes, der Inklusion als ein nur normatives oder formales Geschehen betrachtet, ist abzulehnen. Ebenso wie die dem Ansatz zugrunde gelegten theoretischen Annahmen. Diese könnten vor allem für schwerer behinderte Menschen zu problematischen Konsequenzen führen.

4 Konsequenzen des normativen Ansatzes der Inklusion

Inklusion als abstrakt bleibende Utopie

Grundsätzlich kommt der inklusive Ansatz durch die rein normative Sichtweise kaum über eine bloße Kritik an den gegebenen Umständen der Ausgrenzung und Diskriminierung behinderter Menschen hinaus. Die Forderung nach einer Veränderung der Gesellschaft hin zu einer »Gemeinschaft«, in der »jeder Mensch automatisch den Anspruch darauf hat, als vollwertiges Mitglied anerkannt und als wertvoller Teil der Gemeinschaft willkommen geheißen zu werden« (Boban/Hinz, 2003a, S. 39), erfolgt im Großen und Ganzen ohne Berücksichtigung historischer, gesellschaftlicher, kultureller, ökonomischer, politischer und anderer Gegebenheiten. Es muss eine vertiefte Analyse dieser Gegebenheiten der ausgrenzenden Umstände erfolgen, und die Kritik muss diese auch berücksichtigen. Wenn die Ursachen der Ausgrenzung behinderter Menschen nur normativ betrachtet werden, bleibt es bei einer unfruchtbaren Kritik und einer Klage am Bestehenden.[7] Oder, um diesen Umstand mit den Worten Waldenfels' zu be-

---

7 In theoretischer Hinsicht bleiben in diesem Zusammenhang beispielsweise habitus- und machttheoretische Analysen, wie sie sich bei Bourdieu und Foucault finden ließen, innerhalb des inklusiven Ansatzes völlig außen vor (vgl. hierzu u. a. Rösner, 2002).

schreiben: »Die bloße Tatsache, dass anderes und vieles wünschenswert ist, führt nur zu einer Schlaraffenland-Utopie« (Waldenfels, 1998, S. 102) – und bewirkt noch gar nichts.

Dies trifft auch auf die Forderung zu, Inklusion im Bildungsbereich zu realisieren. Die aus inklusiver Warte abzulehnenden differenzierten Strukturen werden zwar benannt und als selektiv (vgl. Hinz, 2006, S. 98) und damit isolierend und stigmatisierend kritisiert und abgelehnt. Indem diese Kritik aber ohne weitere Einbettung und Analyse der benannten Gegebenheiten erfolgt, bleibt es bei der bloßen Kritik oder Forderungen: Kindergärten und Schulen »*stünden vor der Aufgabe,* [...] *den individuellen Bedürfnissen aller zu entsprechen*« (ebd.), alle Formen der strukturell organisierten und durchgesetzten Separierung würden »*abgelehnt*« und die volle Teilhabe für alle Menschen »*gefordert*«, die gemeinsame Bildung und Erziehung aller Kinder und Jugendlicher in der allgemeinen Schule werde für die einzig demokratische und anzustrebende Organisationsform »*gehalten*« (vgl. Hinz, 2003, S. 333ff.).

Wie soll diese neue inklusive Gesellschaft oder »Gemeinschaft« aussehen? Worin sind, oder vielmehr, sollen hier alle Menschen überhaupt inkludiert sein? Immerhin verbindet sich mit Inklusion ausdrücklich der Anspruch einer neuen gesellschaftlichen Leitvorstellung, der weltweite Bedeutung zukäme (vgl. Hinz, 2006, S. 98). Zwar wird von Hinz unter Bezugnahme auf Bradleys Systematik der »Phasen im Versorgungs-, Hilfe- und Unterstützungssystem für Menschen mit Behinderung« die Lösung des Problems »in der Umgestaltung der Umwelt im Sinne einer inklusiven Gesellschaft« (Hinz, 2003, S. 342) gesehen. Entgegen vormaliger Sichtweisen läge das Problem – Hinz sagt hier, dass es ein Problem gibt, aber nicht welches – nicht mehr »in der Behinderung, in Schädigungen und in Defiziten des Individuums« (ebd., 341f.), »sondern in den Umwelthindernissen, die die soziale Teilhabe erschweren« (ebd., 342). Als Hindernisse werden vage »alle Formen der strukturell organisierten und durchgesetzten Separierung« (ebd., 333) oder »gestufte, differenzierte Strukturen« (Hinz, 2006, S. 98) benannt. Unklar bleibt weiterhin, woran alle Menschen teilhaben sollen. Selbst wenn diese Hindernisse überwunden wären, wo liegt dann der Fixpunkt der Teilhabe aller Menschen? Auch Hollenweger sieht diese Frage als unbeantwortet an, wenn sie davon spricht, dass die Rhetorik rund um Inklusion suggeriere, »dass behinderte Menschen nur dieses Ziel des sozialen Einschlusses in eine undefinierbar bleibende, abstrakte ›Gesellschaft‹ haben und dass nach einem solchen Einschluss alle anderen Probleme verschwinden« (Hollenweger, 2003, S. 155f.).

Die Vermutung liegt nahe, dass es die bestehenden und üblichen Formen der Lebensgestaltung sind, die für alle Menschen als erstrebenswert im Sinne der sozialen Teilhabe angesehen werden: das Leben in »üblichen Wohnungen«, der Besuch der »üblichen Kindergärten und Schulklassen«, die Arbeit in »üblichen Betrieben« und die Freizeit »in den lokal vorhandenen Gruppierungen« (vgl. Hinz, 2003, S. 342). Im Zuge der Inklusion soll sich der Einzelne jedoch nun nicht mehr diesen Normalitätsstandards oder den einzelnen Systemen anpassen, sondern der Fokus liegt auf der Veränderung dieser Standards und Systeme selbst. Dieser begrüßenswerte Ansatz wird allerdings zugleich mit dem Ziel einer uneingeschränkten Teilhabe aller Menschen weltweit verbunden. In der Konsequenz würde dies nicht bloß eine Veränderung einzelner Stellschrauben, sondern eine radikale Veränderung der gesellschaftlichen und auch weltweiten Grundordnung bedeuten. Insofern Normalitätsstandards und sämtliche gesellschaftlichen Systeme selbst historisch und kulturell gewachsenen Strukturen unterliegen, müssten diese unter der Prämisse einer inklusiven Ordnung völlig außer Kraft gesetzt sein.

Die inklusive Ordnung wäre eine radikal andere Ordnung als die bestehende. Wenn man Inklusion natürlich einseitig betont und die faktischen Gegebenheiten ignoriert, kann man sie leicht für realisierbar halten (vgl. auch Ackermann, 2012, S. 95). Diese Realisierbarkeit ist eine hoffnungsvolle Vermutung, wobei Hoffnung zwar beflügelt, aber zu nichts verpflichtet. Die Kritik geht über eine reine Kritik hinaus, weil mit Inklusion ein neuer, aber abstrakt bleibender Gesellschaftsentwurf propagiert wird. Durch die Missachtung der Gegebenheiten bleibt dieser Entwurf jedoch im Ansatz stecken und verharrt hierdurch im Status einer abstrakten Utopie. Das mit diesem Ansatz verbundene visionäre und kritische Potenzial zur Veränderung hin zu mehr Teilhabe und Anerkennung aller Minderheiten wird damit leichtfertig aufs Spiel gesetzt.

Wer spricht vom inklusiven »Wir«? – Das hierarchische Gefälle in der Inklusion

In diesem Zusammenhang stellt sich die Frage, von welchem Standpunkt aus die inklusive Gesellschaft gefordert wird. Mit Waldenfels lässt sich darauf hinweisen, dass der inklusive Ansatz auf der uneingestandenen Voraussetzung beruht, »dass der Ort, an dem sich das Ganze *als Ganzes* zeigt und ausspricht, selbst noch als Ort *innerhalb des Ganzen* gedacht wird« (Waldenfels, 1997b, S. 78). Wenn jede Ordnung sich jedoch dadurch auszeichnet, dass sie bestimmte Perspektiven ermöglicht, indem sie andere verschließt, so »wäre der Gesichtspunkt des Ganzen ebenfalls ein besonderer und kein wahrer Gesichtspunkt [...]. Wer hier und jetzt für das Ganze *spricht*, spricht nicht für das wirkliche Ganze, sondern für das, was ihm *als Ganzes gilt*« (Waldenfels, 1997a, S. 170), so Waldenfels hinsichtlich einer Kritik an universalen Ordnungsvorstellungen:

> »Das Ganze wird selbst zum besonderen Gesichtspunkt, sobald jemand – ein Individuum oder ein Kollektiv – sich unter begrenzten Umständen auf das Ganze beruft. Jemand behandelt etwas unter dem Gesichtspunkt des Ganzen (sub specie totius) und spricht im Namen des Ganzen.« (ebd., S. 168)

Waldenfels' daran anschließende Frage ist auch an die Vertreter einer inklusiven Ordnung zu richten: »Woher nimmt er das Recht dazu, da er doch das Ganze nicht ist oder hat?« (ebd.).

Kurzum: Es fehlt ganz einfach der Ort, von dem aus sich das Ganze überblicken ließe, und dies deshalb, »weil wir selbst in einer Ordnung leben« (Waldenfels, 1987, S. 164). »Eine rein ›inklusive Gemeinschaft‹ [...]«, so Waldenfels in Hinblick auf Habermas, »wäre eine Gemeinschaft, die ihre eigenen Grenzen verleugnet, oder sie wäre ein bloßes Gemeinschaftskonstrukt« (Waldenfels, 2006, S. 128f.). Eine Ordnung als *bestimmte* Ordnung kann nicht *die* Ordnung schlechthin sein. Gibt sie sich dennoch als eine solche zu verstehen und verleugnet hierdurch ihre eigene Kontingenz – ihre eigene Möglichkeit, die aber keine Notwendigkeit ist – kommt es zu einer »Gewalt der Vernunft, zu einer ›Tyrannei des Logos‹« (Waldenfels, 1995, S. 19), wie Waldenfels in Bezug auf Nietzsche ausführt. Auch die inklusive Ordnung ist nicht kontingenzlos, weshalb eine umfassende Zugehörigkeit jener Fremdheit Gewalt antut, deren Rechte sie zu wahren verspricht (vgl. Waldenfels, 1999, S. 16). Im Namen der Vernunft wird mit der Forderung nach einer inklusiven Gesellschaft gewaltsam versucht, mögliche alternative Ordnungen bruchlos in eine allumfassende Ordnung einzufügen, »so dass eine Ordnung obsiegt, die in ihrer Allgemeinheit keine Fremdheit mehr kennt« (Waldenfels, 1997a, S. 81).

Eben dies geschieht im inklusiven Ansatz. Das eigentliche Ziel besteht geradezu darin, Anderssein und Fremdheit zu überwinden. Im Gegensatz zur integrativen Praxis, die unterschiedliche Normalitätsstandards setzte (vgl. Hinz, 2003, S. 343), gäbe es mit der Inklusion nur noch eine einzige Normalität, nämlich die einer einzigen heterogenen, inklusiven Gruppe oder Gesellschaft – was zugleich die Abschaffung der Normalität bedeuten würde, da sie keinen Bezugspunkt mehr hätte, was als anomal hervorträte. Die inklusive Ordnung wäre eine Ordnung ohne innere und äußere Grenzen. Sie wäre eine völlig grenzenlose Ordnung, in der es kein Anderssein, keine Fremdheit und auch keine Normalität mehr gäbe. Was aber würde eine Welt ohne Normalität für den Einzelnen bedeuten?

Mit Waldenfels kann es nicht um eine Bekämpfung der Normalität gehen, »auf die jeder angewiesen ist, der nur ein Wort in den Mund nimmt, und die jeder Zugfahrer, der auf Anschlüsse wartet, und jeder Patient, der sich medizinischen Apparaturen ausliefert, zu schätzen weiß« (Waldenfels, 1998, S. 11). Der Prozess der Normalisierung/Anomalisierung selbst gehört bereits unweigerlich zum Wahrnehmungsprozess: »Dass Ereignisse geformt werden und Typisches von Atypischen gesondert wird, ist eine Unausweichlichkeit« (Waldenfels, 1987, S. 65). Dies begründet sich dadurch, dass man auf ein konkretes Ereignis oder Ding,

> »an dem alles gleich wichtig wäre, [...] ebensowenig antworten [könnte], wie der Organismus auf keinen Reiz reagieren kann, der nicht nach bestimmten Mustern verarbeitet würde. Ein konkretes Ereignis, das nicht dieser Formung unterworfen würde, wäre weder zu wiederholen noch wiederzuerkennen, es wäre nicht einmal benennbar.« (ebd.)

Ziel kann also nicht sein, die Normalität zu bekämpfen. Angebracht ist »ein Achten auf den Prozess der Differenzierung und Ausscheidung, der stets Gefahr läuft, bei fixen Grenzen zu enden, wo das Dysfunktionale, Kranke, Leidmachende als absolute Negativität, Defizienz und Abnormalität erscheint« (ebd., S. 72). »Es geht«, so Waldenfels, »einzig und allein um die Voraussetzungen, Folgen und Grenzen der Normalität, um eine entsprechende Gewichtung des Normalisierungsgeschehens« (Waldenfels, 1998, S. 11). Es ist die Art und Weise, *wie* Normales sich von Anomalem abhebt, die darüber entscheidet, »ob Fremdheit mehr bedeutet als etwas, das noch nicht angeeignet und noch nicht eingemeindet wurde« (ebd., S. 13).

Wenn der Ort fehlt, von dem aus das Ganze zu überblicken ist, stellt sich mit Waldenfels die Frage, ob hinter dem universalen Anspruch der Inklusion – in der angeblichen Indifferenz – nicht doch wieder eine verborgene Präferenz steckt (vgl. ebd., S. 171). Nur zu oft verberge sich nämlich

> »hinter der Prätention auf Allgemeinheit ein hierarchisches Gefälle: Europäer sprechen über Europäer und Nichteuropäer, Männer über Männer und Frauen, Erwachsene über Erwachsene und Kinder, Menschen über Mensch und Tier, Wachende über Wachende und Schlafende.« (Waldenfels, 2006, S. 113)

Und: Nichtbehinderte sprechen über Nichtbehinderte und Behinderte. »In all diesen Fällen ist die eine Seite deutlich markiert, die andere nicht«

(ebd.). Verhält es sich bei der Rede von und über Inklusion nun nicht genauso, dass nicht oder weniger schwer Behinderte über weniger schwer Behinderte und schwerer Behinderte sprechen? Wer ist es, der im Falle der Inklusion »wir« sagt? Auch die inklusive Ordnung unterliegt einer spezifischen Perspektive und kommt nicht völlig ohne einen Maßstab, einen Bezugspunkt oder eine Vorstellung hinsichtlich dessen aus, was als für alle Menschen erstrebenswert ausgegeben wird. Auch sie hat ihren blinden Fleck. Unabhängig davon, wie die Antwort auf die Frage, worin dieser Bezugspunkt im inklusiven Ansatz letztlich gesehen wird, ausfallen mag: Die Konsequenzen eines Ordnungsdenkens, das in der Prätention auf Allgemeinheit keine Fremdheit mehr kennt, müssen aus einer sonderpädagogischen Perspektive ernst genommen werden:

> »Was trotzdem noch fremd bleibt, ist nicht uns fremd, sondern dem rechten Glauben und der rechten Vernunft; es erweist sich als barbarisch, heidnisch oder primitiv, als Bodensatz der Vernunftgeschichte, der getrost eliminiert werden kann.« (Waldenfels, 1997a, S. 81)[8]

Eines muss klar gesagt werden: Diese mögliche Konsequenz ist kein »Grenzfallargument«, das dem Aufbau eines »Bedrohungsszenarios« dient, um Inklusion zu erschweren oder zu verzögern (vgl. hierzu Klemm/Preuss-Lausitz, 2011, S. 42). Das Bedrohungsszenario verbirgt sich in der Logik des theoretischen Ansatzes der Inklusion selbst. Die Konsequenzen eines Denkens, das die Vermeidung aller Fremdheit zum Ziel hat, nicht zu benennen, wäre verantwortungslos. Und das ist es auch, diese Gefahr als »Argument« abzutun. Bliebe die Hoffnung, dass Inklusion *in diesem Punkt* bei dem bleibt, was sie ist, ein utopischer Entwurf.

---

8   Auch Fornefeld stellt die Frage, was mit den anderen, der »Rest-Gruppe« geschieht, zu der sie Menschen mit mehrfachen oder schweren Schädigungen, ebenso Menschen mit geistiger Behinderung und schwierigem Verhalten, Menschen mit geistiger Behinderung und psychischen Störungen, nicht sprechende Menschen mit geistiger Behinderung oder all die anderen zählt, die mehr Unterstützung benötigen (vgl. Fornefeld, 2008, S. 9f.). Vor einer noch »stärkeren Exklusion und Marginalisierung von Kindern und Jugendlichen mit schwerer Behinderung« warnt auch Wagner hinsichtlich einer »Schule für alle«, wenn diese dort nicht berücksichtigt würden (vgl. Wagner, 2013, S. 500). Nicht zuletzt Fischer und Lee weisen darauf hin, »dass manche auch dort in Aussonderung gedrängt werden, wo Inklusion Normalität herbeiführen will« (Fischer/Lee, 2010, S. 12).

Inklusion und die Gefahr der Reaktanz

Durch das einseitige Postulieren von Geltungsansprüchen wird das entscheidende Moment übersehen, dass inklusive Prozesse sich zuallererst als ein intersubjektives Geschehen der *Erfahrung* vollziehen. Die Ansprüche der Erfahrung unterscheiden sich von den normativen Forderungen des inklusiven Ansatzes gerade darin, dass sie noch nicht auf ein Allgemeines festgelegt sind:

> »Die Ansprüche, von denen hier die Rede ist, sind Ansprüche besonderer Art. Sie unterscheiden sich von höheren Geltungsansprüchen, die wir erheben, wenn wir etwas behaupten oder verfechten. Erfahrungsansprüche sind noch nicht abgedeckt durch allgemeine Instanzen, auf die wir uns berufen können; sie treten auf, indem sie Antworten *hervorrufen*, provozieren.« (Waldenfels, 1990, S. 7)

Wäre menschliches Tun lediglich allgemeinen Geltungsansprüchen unterworfen, so gäbe es keinen Grund mehr, sich in seinem Denken und Handeln antwortend zu etwas verhalten zu müssen, der Mensch wäre auf Gesolltes festgelegt. Demgegenüber macht Waldenfels auf einen Überanspruch aufmerksam, »der über die bestehenden Grenzen hinaustreibt, ohne dass diese zu überwinden wären« (ebd.). Dieser Anspruch, so Waldenfels,

> »würde nicht im Eigenen versickern, aber auch nicht auf ein Ganzes verweisen, er ginge vielmehr aus von einem *Fremden*, das seine unerhörten Ansprüche laut werden lässt, indem es sich innerhalb, aber zugleich außerhalb der jeweiligen Ordnung regt, angesiedelt an einem unwiderruflichen *Draußen*, das sich gegen jede Eingemeindung wehrt.« (ebd.)

Mit diesem Fremden ist keine relative Fremdheit bezeichnet, die eine bloße Fremdheit »für uns« wäre, und die lediglich auf ihre Aneignung warten würde, sondern eine radikale Fremdheit,

> »die weder auf Eigenes zurückgeführt, noch einem Ganzen eingeordnet werden kann, die also in diesem Sinne irreduzibel ist *[...]*. Fremdheit in ihrer radikalen Form besagt, dass das Selbst auf gewisse Weise *außer sich selbst* ist und dass jede Ordnung von Schatten des *Außer-ordentlichen* umgeben ist.« (Waldenfels, 2006, S. 116)

Eine inklusive Gemeinschaft, in der es normal wäre, verschieden zu sein, in der niemand dem anderen mehr fremd oder sich alle gleich fremd wären, würde der Erfahrung zwischen Einzelnen, »die ohne Fremdheit nicht zu denken ist, aus dem Wege gehen« (ebd., S. 128f.).

Eine Thematisierung der Fremderfahrung im Kontext von Behinderung ist aus Sicht der These der »Normalität der Verschiedenheit« nicht mehr möglich. Allein die Frage, wie die Begegnung mit einem behinderten Menschen aus Sicht eines nichtbehinderten Menschen erfahren werden kann, könnte, nimmt man die Kritik an der »Zwei-Gruppen-Theorie« und das Theorem der »Normalität der Verschiedenheit« ernst, nicht mehr gestellt werden. Selbstverständlich sind auch diese Erfahrungen nicht verallgemeinerbar. Die große Heterogenität an möglichen Behinderungsformen macht Aussagen über Begegnungen mit behinderten Menschen im Allgemeinen so gut wie unmöglich. Zu dieser Aussage gelangt auch die Phänomenologin Käte Meyer-Drawe in ihrer hervorragenden Rede für Jakob Muth:

> »Unsere Einschätzungen werden dabei zumeist bestimmt von der Behinderungsform, die wir sozusagen im Hinterkopf haben, und unsere Beurteilung der Lage wird anders sein, wenn wir an den Rollstuhlfahrer und den Blinden denken oder an den Autisten und Schwermehrfachbehinderten.« (Meyer-Drawe, 1993, S. 29)

Insofern erscheint es auf den ersten Blick durchaus berechtigt und – auch pädagogisch – sinnvoll, von individueller Verschiedenheit auszugehen. Die aus der Kritik an der »Zwei-Gruppen-Theorie« notwendigerweise gezogene Konsequenz ist jedoch, dass es *bloß* noch individuelle Verschiedenheit gibt. Was die Äußerung von Meyer-Drawe demgegenüber auch verdeutlicht, ist, dass es für die Wahrnehmung und Beurteilung der Lage scheinbar einen Unterschied ausmacht, *welche* Behinderung jemand hat und *dass* er oder sie behindert ist. So groß die individuellen Unterschiede auch sein mögen:

> »Eine *Gemeinsamkeit [Herv., P. S.]* der unterschiedlichen Betrachtungsweisen ist vielleicht darin auszumachen, dass wir jeweils eine Begegnung von Ich und Anderem vor Augen haben, die beunruhigend ist, weil der Andere nicht nur anders, sondern auch fremd ist, weil sich die Register unserer Erfahrungen in unterschiedlichem Ausmaß und allzuoft nur sehr wenig überschneiden.« (ebd.)

Unter dem Primat der Gemeinsamkeit bei individueller Verschiedenheit oder der »Normalität der Verschiedenheit« verschwinden jedoch sämtliche Grenzen: so die Grenze zwischen »behindert – nichtbehindert«, ebenso die Grenze zwischen »behindert – ausländisch« und nicht zuletzt die Grenzen innerhalb der einzelnen Ordnungen oder Gruppen »behindert« und »ausländisch« etc. Es geht nicht mehr um die Anerkennung des Andersseins und der Fremdheit anderer Menschen und Gruppen, sondern um die Überwindung von Anderssein und Fremdheit. Denn wenn die Verschiedenheit, und gemeint ist damit implizit die Andersheit und die Fremdheit, zur Normalität würde, bedeutete dies, dass es kein anderes Anderssein und damit auch keine Fremdheit mehr gibt. Jeder Mensch wäre dann gleich verschieden, gleich unterschiedlich und letztlich auch gleich fremd. Es würde eine vollkommene Symmetrie zwischen Menschen herrschen. Wenn jeder Mensch gleich verschieden oder gleich unterschiedlich ist, heißt das in der Konsequenz, dass es nur noch eine allgemeine Verschiedenheit, aber keine (gruppen-)spezifische oder andere Verschiedenheit mehr gibt. Die Qualität der Verschiedenheit, die immer auch wahrnehmungs- und fremdheitsbedingt ist, wäre damit eingeebnet. Kurzum: Niemand wäre dem Anderen mehr fremd, oder alle wären sich gleich fremd. Das Phänomen der Behinderung, und damit auch dessen spezifische Antworten provozierende Struktur, wäre beispielsweise gleichgesetzt mit dem Phänomen der kulturellen Fremdheit. Einerlei, ob dabei die Vergleichbarkeit oder die Unvergleichbarkeit betont wird, »man hält sich«, so Waldenfels, »hier wie dort an das *Vergleichen*, also an ein Gleichmachen, das den Unterschied zwischen Eigenem und Fremdem einebnet« (Waldenfels, 1997a, S. 50). Letztlich bestehe somit die Gefahr, dass »[d]ie Präferenzen und Differenzen [...] in der Indifferenz einer alle Unterschiede verwischenden Gleichgültigkeit versinken« (ebd., S. 162).

Die Unterstellung einer allgemeinen Verschiedenheit führt zur subtilen Leugnung der gruppenspezifischen, kollektiven und damit auch der phänomenalen Erfahrungen behinderter Menschen. Gerade in den Beispielen der Schüler wurde deutlich, dass sie bestimmte Erfahrungen nur mit ähnlich körperlich beeinträchtigten anderen Kindern und Jugendlichen teilen können. Die Sichtweise, Behinderungen nur noch als individuelle Verschiedenheit und als gesellschaftlich erzeugtes Hindernis an sozialer Teilhabe zu betrachten, wird Behinderung als Phänomen, das seine »eigenen Möglichkeiten und Wirklichkeiten hat« (Stenger, 1999, S. 28), nicht gerecht. Die Kritik an diesen Nivellierungen bleibt nachvollziehbarerweise nicht aus:

> »Eine abseits des gängigen Etikettierungsdialogs kaum gestellte Frage, wie es auf Menschen mit Behinderung wirken mag, wenn ein Sprachgebrauch gesucht wird, der vermeidet, was für sie selbst offensichtlich ist. [...] Ein weltanschaulich verbrämtes Wahrnehmungsverbot von Behinderungen [...] signalisiert, dass etwas, das existiert, nicht sein darf.« (Ahrbeck, 2011, S. 74)

Für Fredi Saal, der selbst schwer körperbehindert war, bedeutete seine Behinderung hingegen »etwas Selbstverständliches [...], für fast alle anderen ein schlimmes Unglück« (Saal, 1990, S. 5). Er beschreibt seine Behinderung daher auch als etwas, das zu seinem Namen gehört (vgl. Saal, 1994,

S. 27): »Der Wunsch, nicht behindert zu sein, steht mir frei. Nur bin ich es nicht! Die Behinderung gehört untrennbar zu mir. Will ich sie loswerden, muss ich mich meines ganzen unaustauschbaren Daseins entledigen« (ebd., S. 27). Nicht zuletzt Annedore Prengel betont, mit leicht veränderter Perspektive, dass in »allen pädagogischen Ansätzen, die eine Affinität zu Inklusion aufweisen, [...] kindliche Verschiedenheit einschließlich Behinderung als Reichtum angesprochen [wird]« (Prengel, 2010, S. 45). Dabei, so Prengel weiter, könne es »leicht geschehen, dass das Leiden, das mit der Erfahrung von Krankheit, Unterlegenheit, Beeinträchtigung und Begrenzung einhergeht, ignoriert wird« (ebd.).

Das Theorem der »Normalität der Verschiedenheit« ist nicht nur für die Erfahrung des Selbst problematisch, sondern es kann auch in der intersubjektiven Begegnung zwischen behinderten und nichtbehinderten Menschen eine virulente Wirkung entfalten. Die Aussagen »Es ist normal, verschieden zu sein« oder »Heterogenität ist Normalität« sind aufgrund der ihnen inhärenten Annahme der gleichen Fremdheit genauso nichtssagend wie die Sätze »Wir sind alle Fremde«, »Wir alle sind behindert« oder, um auf ein Beispiel Waldenfels' zurückzugreifen, »Alle Sprachen sind Fremdsprachen« (vgl. Waldenfels, 2006, S. 124). Zwar kommt hiermit bereits der vergebliche Versuch zum Ausdruck, Fremdheit aufzuheben: »Denn was gleichgesetzt ist, ist *nur* gleichgesetzt, *es ist nicht gleich*« (Waldenfels, 1990, S. 185). Zugleich wird hiermit aber kaschiert, dass es in der Begegnung mit Anderen zu unterschiedlichen Fremdheitserfahrungen kommen kann, die dem Eigenen je unterschiedliche Antworten auf sich selbst und den Anderen abringen. Oder, um bei Waldenfels' Beispiel zu bleiben: Die Verallgemeinerung »Alle Sprachen sind Fremdsprachen« verschleiere »den Sachverhalt, dass eine Sprache durchaus fremder sein kann als die andere« (Waldenfels, 2006, S. 124). Was der Annahme der »Normalität der Verschiedenheit« zuwiderläuft, ist die *Erfahrung* des radikal Fremden, auch und gerade in der Begegnung mit behinderten Menschen. Dieses radikal Fremde sorgt dafür, »dass das sogenannte Subjekt nicht Herr seiner selbst ist« (ebd., S. 116), »wäre er es, er könnte sich das Fremde und Unheimliche vom Leibe halten und sich ins Heimische flüchten« (ebd., S. 120). Das radikal Fremde sorgt für einen ständigen Unruheherd im Verhältnis des Selbst zu sich, den Anderen und der Welt. Es tritt, vereinfacht gesprochen, mal mehr, mal weniger stark hervor. Das Selbst ist, je nach Lage der Dinge, hierdurch mehr oder weniger Herr im eigenen Haus, immer auch abhängig davon, in welchem Maße die Fremdheit zunimmt. Ob das Fremde dabei als Verlockung oder Bedrohung auftritt, hat auch damit zu tun, welche – zuweilen verdrängten – Möglichkeiten des Eigenen das Fremde hervortreten lässt.

Sicherlich: Auch die kulturelle Fremdheit kann eine Beunruhigung oder Unsicherheit, eine gesteigerte Fremderfahrung erzeugen, indem auch hier die habitualisierten Schemata der Wahrnehmung, des Denkens und Handelns brüchig werden können. Fühlt sich das Selbst in diesen Situationen jedoch wirklich in der gleichen Weise angesprochen, wie dies in der Begegnung mit schweren Behinderungsformen der Fall ist, und wie dies vom Theorem der »Normalität der Verschiedenheit« auf subtile Weise unterstellt wird? Werden hier die gleichen Antworten provoziert, oder hat Fremdheit nicht vielmehr unterschiedliche Qualität?

Es sei hier auf die Studie von Tröster aus den 1990er Jahren hingewiesen. Trösters Studie berichtet davon, dass hinsichtlich der Konfrontation mit sogenannten extremen ästhetischen Beeinträchtigungen eingestanden wird, »von Gefühlen des Grauens, von Abscheu und Ekelgefühlen überwältigt worden zu sein« (Tröster, 1990, S. 38) und nur noch der Wunsch bestand, »den Kontakt abzubrechen, um dem Anblick zu entfliehen« (ebd.) – eine Tatsache, von der im normativen inklusiven Ansatz nicht mehr oder, wenn überhaupt, nur im Sinne zu vermeidender und rückständiger Reaktionen die Rede ist. Der Hinweis Waldenfels' genügt, »dass die Fremdheit, die uns im Anderen begegnet, um so tiefere Spuren bei uns hinterlässt, je mehr dieses Fremde an verkannte, verdrängte, geopferte Eigenheiten rührt« (Waldenfels, 2006, S. 120). Entgegen der Annahme der »Normalität der Verschiedenheit« ist zudem nicht davon auszugehen, dass zwischen Behinderten und Nichtbehinderten, ebenso wenig wie beim Verhältnis zwischen Mann und Frau, von einem symmetrischen Verhältnis der Wahrnehmung von sich, den Anderen und der Welt auszugehen ist.

Unabhängig von der Frage nach der Wünschbarkeit erscheint es mehr als fragwürdig, ob sich die Schemata der Wahrnehmung, des Denkens und Handelns jemals so weit verschieben lassen, dass es normal wäre, verschieden zu sein. Bei Weitem nicht nur, aber insbesondere Begegnungen mit schwermehrfach oder geistig Behinderten lassen deutlich hervortreten, dass hier andere Antworten provoziert werden als in Begegnungen mit ausländischen Mitbürgern oder mit Nichtbehinderten. Durch die Kollision des normativen Anspruches »Es ist normal, verschieden zu sein« mit den pränormativen Ansprüchen der Erfahrung könnte es daher zu unerwünschten Konsequenzen kommen. Weil diesem slogenhaften Postulat inzwischen auch eine öffentliche Wirkmächtigkeit zugeschrieben werden kann, greift es in das »Geschehen der Dinge« ein. Somit könnte es in den zumeist nicht alltäglichen Begegnungen zwischen Nichtbehinderten und Behinderten, vor allem schwerer Behinderten, eine virulente Wirkung entfalten. Indem auch schwerer behinderte Menschen als in der gleichen

Weise fremd erfahren werden *sollen* wie alle anderen Menschen, könnte die von vornherein beunruhigende Begegnung eine zusätzliche Verunsicherung bedeuten, der zukünftig erst recht aus dem Wege gegangen wird.

5 Fazit und Ausblick

Eine grundlagentheoretische Fundierung und kritische Diskussion der theoretischen Annahmen des inklusiven Ansatzes findet kaum statt. Eine solche Auseinandersetzung wäre für die Sonderpädagogik dringend notwendig, weil sie in ihren Fragestellungen vom Begriff der Inklusion geradezu vereinnahmt ist. Zumeist beschränkt sich die Thematisierung auf die – berechtigte und wichtige – Erörterung praktischer pädagogischer, didaktischer oder institutioneller und bildungspolitischer Konsequenzen. Unabhängig davon, ob die Einschätzungen eher affirmativ oder kritisch ausfallen: Die Grundlage dieser Fragen bildet der Begriff der Inklusion. Dieser darf nicht nur in seinen praktischen Möglichkeiten gesehen werden. Will er seinem Anspruch, als eine kritische Reflexionsfolie der Praxis zu fungieren, gerecht werden, müssen vielfältige theoretische Bezüge und Annahmen diskutiert und entwickelt werden. Umso mehr gilt dies, wenn mit Inklusion ein neuer pädagogischer Ansatz ausgerufen wird. Erziehung und Bildung unterscheiden sich auf elementare Weise von gesellschaftspolitischen Forderungen oder rechtlichen Fragestellungen und Ansprüchen (vgl. hierzu auch Stinkes, 2006, S. 169ff.).

Vor allem in seiner Kritik an der sogenannten »Zwei-Gruppen-Theorie« stellt der Begriff der Inklusion nicht nur die Praxis der Integration in Frage, sondern er erhält hierdurch auch auf der theoretischen Ebene eine radikal veränderte Bedeutung gegenüber dem Integrationsbegriff der Integrationspädagogik bzw. der »Pädagogik der Vielfalt« (Prengel). Der Slogan »Es ist normal, verschieden zu sein«, der sowohl der Integrationspädagogik als auch der Inklusionspädagogik als theoretische Grundannahme dient, erfährt im inklusiven Ansatz einen gravierenden Bedeutungswandel. Geht es in der »Pädagogik der Vielfalt« (Prengel) noch darum, auch gruppenspezifische Heterogenität wahrzunehmen, so postuliert der inklusive Ansatz nur noch eine einzige »Normalität der Verschiedenheit«, die der universalen heterogenen Gruppe, in der es keine Fremdheit und kein Anderssein mehr gibt. Allerdings verkennen beide Ansätze aufgrund ihrer bloß normativen Ausrichtung die Ebene der Erfahrung als den Punkt, an dem eine jede Integration oder Inklusion ihren formalen Charakter als ein zutiefst zwischenleibliches Geschehen einbüßt. Das Fremde kommt beide Male lediglich als relativ, nicht aber als radikal Fremdes vor (vgl. zu diesem Grundgedanken auch Dederich, 2013, S. 42ff.; Stinkes, 2012). Beide Ansätze unterliegen hierdurch dem Trugschluss und der falschen Hoffnung, alle Fremdheit überwinden zu können. In ihrer radikalen Form setzt diese sich aber gegen eine jede Eingemeindung zur Wehr: »Die Breschen, an denen das Fremde eindringt und sich als Außer-ordentliches bemerkbar macht, werden immer wieder geschlossen; sie lassen sich jedoch nicht schließen, außer man schließt die Augen« (Waldenfels, 1999, S. 86).

Die theoretischen Annahmen des inklusiven Ansatzes, der noch viel mehr als die Integration in der Gefahr steht, »die mitunter wenigen Lücken zu schließen, in denen der Andere als solcher auftauchen kann« (Meyer-Drawe, 1993, S. 32), könnten zu ungewollten praktischen Konsequenzen führen. Insbesondere für schwerer körperlich, mehrfach und geistig behinderte Menschen könnte das auf Vermeidung aller Fremdheit zielende Denken eine gefährliche Wirkung entfalten. Tenorths kritischer Blick auf die von Seiten der »Inklusionsbefürworter« postulierten positiven Effekte von Inklusion im pädagogischen Bereich erweist sich auch für die intersubjektive Dimension inklusiver Prozesse als richtungsweisend:

> »Allein der Überschwang der guten Ziele kann doch die Skepsis nicht dispensieren – wenn man selbst weiß, dass die Probe aufs Exempel die Praxis und die eigenen Handlungsmöglichkeiten sind, nicht die Anrufung der Menschenrechte.« (Tenorth, 2011, S. 19)

Die erfolgreich, inklusiv arbeitenden Schulen, die am Kölner Forschungsprojekt teilgenommen haben, pflegen einen Umgang mit Behinderungen, der diese nicht nur als individuelle Verschiedenheit auffasst und der von den körperbehinderten Schülern und ihren Eltern geschätzt und als beachtenswert hervorgehoben wird. Die Schemata der Wahrnehmung, des Denkens und Handelns lassen sich nicht so weit verschieben, dass es nur noch normal ist, verschieden zu sein, was einer Überwindung der Fremdheit gleichkäme. Diese Tatsache würdigt auch das in diesem Buch beschriebene Kölner Forschungsprojekt. Mit der Frage nach von körperlich oder mehrfachbehinderten Schülern in inklusiven Schulsituationen benötigten spezifischen Bedingungen werden die bisherigen Grenzen überschritten, ohne sie deswegen aufzulösen oder zu ignorieren.

Die Phänomenologie Bernhard Waldenfels' böte sich auf herausragende Weise an, zu einem anderen und differenzierteren Inklusionsverständnis zu gelangen, das der Fremdheit und Andersheit des Anderen eher gerecht würde, als dies mit dem Appell der »Normalität der Verschiedenheit« der Fall ist. Dies würde in der Konsequenz einen anderen Umgang mit Fremdheit und nicht bloß mit Verschiedenheit bedeuten. Anstelle den Weg zu mehr Anerkennung und Teilhabe in der Leugnung jeglicher Grenzen zu suchen, wäre das, was sich mit Waldenfels anbietet, »ein Grenzverhalten, das sich auf Fremdes einlässt, ohne es dem Eigenen gleichzumachen oder es einem Allgemeinen zu unterwerfen« (Waldenfels, 1990, S. 39).

Eine größere Anerkennung und Teilhabe aller (ausgegrenzten) Menschen an der Gesellschaft ist nicht nur ein subjektiver und frommer Wunsch, sondern ein menschenrechtlicher Anspruch. Allein das Recht auf Inklusion bedeutet aber noch lange keine faktische Inklusion. Das Potenzial des inklusiven Ansatzes besteht darin, diesem Ziel näherzukommen. Der inklusive Ansatz unterliegt jedoch dadurch, dass er sich von der leiblich-situierten Ebene der Erfahrung weit entfernt hat, einer Tendenz, Offenheit und Chancen einseitig zu betonen und Schwierigkeiten und Folgeprobleme zu minimieren (vgl. auch Tenorth, 2011, S. 15). Letztere müssen im Sinne aller behinderten Menschen thematisiert werden (dürfen). Im Moment ist die Diskussion um den inklusiven Ansatz zum Teil ideologisch aufgeladen und von Vorurteilen entstellt. Trotzdem ist es gut und wichtig, in geduldiger und differenzierter Analyse unter Einbeziehung der bisherigen praktischen Erfahrungen inklusiver Pädagogik die Spreu vom Weizen zu trennen. Der Gradmesser, der den verschiedenen Beiträgen ihren ihnen zukommenden Platz zuweist, muss der Wirklichkeitsbezug sein, mit dem jeder Vorschlag zur Verbesserung das Wohlergehen von behinderten Menschen fördert. Wenn am sachlichen Diskurs festgehalten wird, ohne durch das Beharren auf einseitige Ideologien unnötig den Status quo zu erhärten, sind wir tatsächlich unterwegs zu größerer Gerechtigkeit und mehr Gemeinschaft zwischen behinderten und nichtbehinderten Menschen.

Literatur

Ackermann, Karl-Ernst: Zum Verhältnis von geistiger Entwicklung und Bildung. In: Musenberg, Oliver/Riegert, Judith (Hrsg.): Bildung und geistige Behinderung. Bildungstheoretische Reflexionen und aktuelle Fragestellungen. Oberhausen: Athena, 2010, S. 224–244

Ackermann, Karl-Ernst: Veränderungen im Selbstverständnis der Geistigbehindertenpädagogik im Kontext von Leitvorstellungen. Zur Verortung von »Inklusion« in der

Geistigbehindertenpädagogik. In: Breyer, Cornelius/Fohrer, Günther/Goschler, Walter/Heger, Manuela/Kießling, Christina/Ratz, Christoph (2012): Sonderpädagogik und Inklusion. Oberhausen: Athena, 2012, S. 83–99

Ahrbeck, Bernd: Der Umgang mit Behinderung. Stuttgart: Kohlhammer, 2011

Boban, Ines/Hinz, Andreas: Qualitätsentwicklung des Gemeinsamen Unterrichts durch den »Index für Inklusion«. In: Behinderte in Familie, Schule und Gesellschaft 4/5, 2003a, S. 34–45

Boban, Ines/Hinz, Andreas: Index für Inklusion – Lernen und Teilhabe in der Schule der Vielfalt entwickeln (2003b). Im Internet unter http://www.eenet.org.uk/resources/docs/Index%20German.pdf [10.03.2014]

Bürli, Alois: Integration/Inklusion aus internationaler Sicht – einer facettenreichen Thematik auf der Spur. In: Bürli, Alois/Strasser, Urs/Stein, Anne-Dore (Hrsg.): Integration/Inklusion aus internationaler Sicht. Bad Heilbrunn: Klinkhardt, 2009, S. 15–61

Dederich, Markus: Pilosophie in der Heil- und Sonderpädagogik. Stuttgart: Kohlhammer, 2013

Feyerer, Ewald: Pädagogik und Didaktik integrativer bzw. inklusiver Bildungsprozesse. Herausforderungen an Lehre, Forschung und Bildungsinstitutionen, 2003. Im Internet unter http://bidok.uibk.ac.at/library/beh1-03-feyerer-bildungsprozesse.html [14.11.2013]

Fischer, Erhard/Lee, Juhawa: Inklusion als Heilsweg? Kritische Anfragen und Anmerkungen. In: Lernen konkret 29 (2), 2010, S. 9–12

Fornefeld, Barbara: Menschen mit Komplexer Behinderung. Selbstverständnis und Aufgaben der Behindertenpädagogik. München: Ernst Reinhardt, 2008

Hinz, Andreas: Pädagogik der Vielfalt – Pädagogik einer Grundschule für alle. Überarbeitete Fassung eines Vortrags auf dem nli-Forum 2000: »Sonderpädagogische Förderung in der Grundschule – Erste Erfahrungen aus Regionalen Integrationskonzepten (RIK)« am 30. Juni 2000 in Osnabrück. Im Internet unter http://bidok.uibk.ac.at/library/hinz-vielfalt.html [19.2.2014]

Hinz, Andreas: »Von der Integration zur Inklusion – terminologisches Spiel oder konzeptionelle Weiterentwicklung?«. In: Zeitschrift für Heilpädagogik 9, 2002, S. 354–361

Hinz, Andreas: Die Debatte um Integration und Inklusion – Grundlage für aktuelle Kontroversen in Behindertenpolitik und Sonderpädagogik!? In: Sonderpädagogische Förderung 4, 2003, S. 330–347

Hinz, Andreas: Vom sonderpädagogischen Verständnis der Integration zum integrationspädagogischen Verständnis der Inklusion!? In: Schnell, Irmtraud/Sander, Alfred: Inklusive Pädagogik. Bad Heilbrunn/Obb.: Klinkhardt, 2004, S. 41–74

Hinz, Andreas: Inklusion. In: Antor, Georg/Bleidick, Ulrich (Hrsg.): Handlexikon der Behindertenpädagogik. Schlüsselbegriffe aus Theorie und Praxis. Stuttgart: Kohlhammer, 2006a, S. 97–99

Hinz, Andreas: Integration und Inklusion. In: Wüllenweber, Ernst/Theunissen, Georg/Mühl, Heinz (Hrsg.): Pädagogik bei geistigen Behinderungen. Ein Handbuch für Studium und Praxis. Stuttgart: Kohlhammer, 2006b, S. 251–261

Hollenweger, Judith: Behindert, arm und ausgeschlossen. Bilder und Denkfiguren im internationalen Diskurs zur Lage behinderter Menschen. In: Cloerkes, Günther

(Hrsg.): Wie man behindert wird. Texte zur Konstruktion einer sozialen Rolle und zur Lebenssituation betroffener Menschen. Heidelberg: Winter, 2003, S. 141–164

Kahlert, Joachim/Heimlich, Ulrich: Inklusion als Aufgabe des Bildungssystems, insbesondere der Grundschule. In: Einsiedler, Wolfgang/Götz, Margarete/Hartinger, Andreas/Heinzel, Frederike/Kahlert, Joachim/Sandfuchs, Uwe (Hrsg.): Handbuch Grundschulpädagogik und Grundschuldidaktik. Bad Heilbrunn: Klinkhardt, 4., erg. und aktualis. Auflage, 2014, in Druck

Klemm, Klaus/Preuss-Lausitz, Ulf: Auf dem Weg zur schulischen Inklusion in Nordrhein-Westfalen. Empfehlungen zur Umsetzung der UN-Behindertenrechtskonvention im Bereich der allgemeinen Schulen, 2011. Im Internet unter http://www.dgfe.de/fileadmin/OrdnerRedakteure/Sektionen/Sek06_SondPaed/Studie_Klemm_-Preuss-Lausitz_NRW_Inklusionskonzept_2011.pdf [20.01.2014]

Kobi, Emil: Inklusion: ein pädagogischer Mythos? In: Dederich, Markus/Greving, Heinrich/Mürner, Christian/Rödler, Peter (Hrsg.): Inklusion statt Integration? Heilpädagogik als Kulturtechnik. Gießen: Psychosozial, 2006, S. 28–44

Lelgemann, Reinhard: Körperbehindertenpädagogik. Didaktik und Unterricht. Stuttgart: Kohlhammer, 2010

Lelgemann, Reinhard/Lübbeke, Jelena/Singer, Philipp/Walter-Klose, Christian: Forschungsbericht. Qualitätsbedingungen schulischer Inklusion im Förderschwerpunkt körperliche und Motorische Entwicklung, 2012a. Im Internet unter http://www.uni-wuerzburg.de/fileadmin/06040400/downloads/Forschung/Forschungsbericht_uni_-wuerzburg_fertig.pdf [13.02.2014]

Lelgemann, Reinhard/Lübbeke, Jelena/Singer, Philipp/Walter-Klose, Christian: Qualitätsbedingungen schulischer Inklusion für Kinder und Jugendliche mit dem Förderschwerpunkt Körperliche und Motorische Entwicklung. In: Zeitschrift für Heilpädagogik 11, 2012b, S. 465–473

Meyer-Drawe, Käte: Der Beitrag einer Phänomenologie der Intersubjektivität zu Konzeptionen integrativen Unterrichts. Eine Rede für Jakob Muth. In: Gehrmann, Petra/Hüwe, Birgit (Hrsg.): Forschungsprofile der Integration von Behinderten: Bochumer Symposium 1992. Essen: Neue-Dt.-Schule-Verl.-Ges., 1993, S. 28–33

Meyer-Drawe, Käte: Der lachende und der weinende Leib. Verständigung diesseits der Vernunft. 14 Thesen. In: Behinderte in Familie, Schule und Gesellschaft 3, 1999, S. 32–36

Prengel, Annedore: Pädagogik der Vielfalt. Verschiedenheit und Gleichberechtigung in interkultureller, feministischer und integrativer Pädagogik. Opladen: Leske und Budrich, 1993

Prengel, Annedore: Inklusion in der Frühpädagogik. Bildungstheoretische, empirische und pädagogische Grundlagen. Expertise für das Deutsche Jugendinstitut, Reihe der Weiterbildungsinitiative Frühpädagogische Fachkräfte (WiFF 5), München, 2010. Im Internet unter http://www.weiterbildungsinitiative.de/uploads/media/Prengel.pdf [12.02.2014]

Rösner, Hans-Uwe: Jenseits normalisierender Anerkennung. Reflexionen zum Verhältnis von Macht und Behindertsein. Frankfurt/New York: Campus, 2002

Saal, Fredi: Eingriffe – Angriffe oder Wer meine Behinderung nicht will – wer kann dann den Menschen an sich wollen? In: Behinderte in Familie, Schule und Gesellschaft 3, 1990, S. 5–9

Saal, Fredi: Leben kann man nur sich selber. Texte 1960–1994. Düsseldorf: Selbstbestimmtes Leben, 1994

Sander, Alfred: Inklusive Pädagogik verwirklichen – zur Begründung des Themas. In: Schnell, Irmtraud/Sander, Alfred: Inklusive Pädagogik. Bad Heilbrunn/Obb.: Klinkhardt, 2004, S. 11–22

Stenger, Georg: Phänomenologie diesseits von Identität und Differenz. In: Behinderte in Familie, Schule und Gesellschaft 3, 1999, S. 21–31

Stinkes, Ursula: Skizzen zum Auseinanderdriften von ökonomischer Entwicklung und sozialer Integration – mit solidarisch-kritischen Anfragen an eine (Integrations- bzw. Inklusions-)Pädagogik. In: Dederich, Markus/Greving, Heinrich/Mürner, Christian/Rödler, Peter (Hrsg.): Inklusion statt Integration? Heilpädagogik als Kulturtechnik. Gießen: Psychosozial, 2006, S. 157–179

Stinkes, Ursula: Ist es normal, verschieden zu sein? Fremdheit im Kontext der egalitären Differenz. In: Behindertenpädagogik 51 (3), 2012, S. 236–251

Sulzer, Annika: Inklusion als Werterahmen für Bildungsgerechtigkeit. In: Wagner, Petra (Hrsg.): Handbuch Inklusion. Grundlagen vorurteilsbewusster Bildung und Erziehung. Freiburg im Breisgau: Herder, S. 12–21

Tenorth, Heinz-Elmar: Inklusion im Spannungsfeld von Universalisierung und Individualisierung – Bemerkungen zu einem pädagogischen Dilemma, 2011. Im Internet unter http://www.schulentwicklung.bayern.de/unterfranken/userfiles/SETag2011/Tenorth-Inklusion-Wuerzburg-2011.pdf [04.02.2014]

Tröster, Heinrich: Einstellung gegenüber Behinderten. Konzepte, Ergebnisse und Perspektiven sozialpsychologischer Forschungen. Bern u. a.: Huber, 1990

United Nations: Übereinkommen über die Rechte von Menschen mit Behinderung. Bundesgesetzblatt Teil II 35, 2008. Bonn, S. 1419–1457

Wagner, Michael: Sind sie der Rest? Kinder und Jugendliche mit schwerer Behinderung in einem inklusiven Schulsystem. In: Zeitschrift für Heilpädagogik 12, 2013, S. 496–501

Waldenfels, Bernhard: Ordnung im Zwielicht. Frankfurt am Main: Suhrkamp, 1987

Waldenfels, Bernhard: Der Stachel des Fremden. Frankfurt am Main: Suhrkamp, 3. Aufl.,1990

Waldenfels, Bernhard: Deutsch-französische Gedankengänge I. Frankfurt am Main: Suhrkamp, 1995

Waldenfels, Bernhard: Topographie des Fremden. Studien zur Phänomenologie des Fremden 1. Frankfurt am Main: Suhrkamp, 1997a

Waldenfels, Bernhard: Phänomenologie des Eigenen und des Fremden. In: Münkler, Herfried (Hrsg.): Furcht und Faszination: Facetten der Fremdheit. Berlin: Akademie, 1997b, S. 65–83

Waldenfels, Bernhard: Grenzen der Normalisierung. Studien zur Phänomenologie des Fremden 2. Frankfurt am Main: Suhrkamp, 2., erw. Aufl., 1998

Waldenfels, Bernhard: Vielstimmigkeit der Rede. Studien zur Phänomenologie des Fremden 4. Frankfurt am Main: Suhrkamp, 1999

Waldenfels, Bernhard: Grundmotive einer Phänomenologie des Fremden. Frankfurt am Main: Suhrkamp, 2006

Walter-Klose, Christian: Kinder und Jugendliche mit Körperbehinderung im gemeinsamen Unterricht. Befunde aus nationaler und internationaler Bildungsforschung und ihre Bedeutung für Inklusion und Schulentwicklung. Oberhausen: Athena, 2012

Wocken, Hans: Integration. In: Antor, Georg/Bleidick, Ulrich (Hrsg.): Handlexikon der Behindertenpädagogik. Schlüsselbegriffe aus Theorie und Praxis. Stuttgart: Kohlhammer, 2006, S. 99–102

III

Pädagogische und medizinische Reflexionen zur schulischen Inklusion

Pädagogische Unterstützung und Begleitung von Kindern und Jugendlichen mit Körperbehinderung in inklusiven Bildungsangeboten

Volker Daut

Eine gelingende (schulische) Inklusion ist von mehreren Faktoren abhängig. Es braucht Architekten, die Planungen ohne Barrieren innerhalb und außerhalb von Gebäuden (z. B. Schulhof, Spiel- und Sportplätze) verwirklichen. Therapien und Pflege müssen in allen Schulen, die Kinder mit Körperbehinderung besuchen, durch entsprechende Fachkräfte gewährleistet sein. Forderungen, dass diese Aufgaben von den Eltern übernommen werden müssen, führen zu zusätzlichen Belastungen dieser häufig schon stark belasteten Familien. Die Bedeutung der fachlichen Kompetenz der Lehrkräfte, die Schülerinnen und Schüler mit Körperbehinderung unterrichten, steht außer Frage. Die Lehrkräfte müssen nicht nur die verschiedenen notwendigen Hilfsmittel, die Schüler mit Körperbehinderung brauchen, um möglichst selbstständig am Geschehen teilhaben zu können, bei ihren Planungen und im Unterricht berücksichtigen. Sie müssen sich darüber hinaus mit besonderen Möglichkeiten der Förderung auseinandersetzen, die sich aus den verschiedenen und individuell unterschiedlichen behinderungsbedingten Erschwernissen ergeben können.

Nicht zuletzt können sich aber auch personale Faktoren der Kinder und Jugendlichen selbst sowohl positiv wie auch negativ auf die schulische Inklusion auswirken. So stellen Lelgemann/Lübbeke/Singer/Walter-Klose in einer Studie aus dem Jahr 2012 fest, dass eine gelingende schulische Inklusion von Schülerinnen und Schülern mit Körper- und Mehrfachbehinderungen »in auffällig starker Weise« von persönlich-emotionalen Merkmalen sowie vom sozialen Verhalten der Schülerinnen und Schüler abhängig zu sein scheint (vgl. Lelgmann/Lübbeke/Singer/Walter-Klose, 2012, S. 42).

> »Den Schülerinnen und Schülern der integrativen/inklusiven Schulen werden von den Lehrkräften, Eltern und Schulleitungen sowohl im persönlich-emotionalen Bereich als auch im sozialen Verhalten insgesamt betrachtet vor allem positive Attribute zugeordnet.« (ebd., S. 43)

Hier sind u. a. konkret folgende Eigenschaften von Schülerinnen und Schülern an integrativen bzw. inklusiven Schulen benannt: selbstbewusst, durchsetzungsvermögend, kommunikativ, sozial kompetent, aufgeweckt, fröhlich, geht auf andere zu, ausgeglichen, selbstsicher. Dagegen werden mit nahezu gegenteiligen Attributen die Schülerinnen und Schüler beschrieben, die eine Förderschule besuchen: geringes Selbstbewusstsein, wenig durchsetzungsfähig, sehr ruhig, zurückgezogenes Verhalten, sozial isoliert, unsicher, kaum Kontakt zu anderen Schülern, distanzlos, aggressiv (vgl. ebd., S. 42f.). Auch Walter-Klose (2012) kommt in seiner umfassenden Arbeit, in der er nationale und internationale Studien zur Integration bzw. Inklusion von Kindern und Jugendlichen mit Körperbehinderung analysiert, zu ähnlichen Ergebnissen. Er findet u. a. folgende Merkmale der Person und ihrer Persönlichkeit: Selbstständigkeit, Offenheit, aktives Zugehen auf Mitschüler, engagierte Familien (vgl. Walter-Klose, 2012, S. 162, S. 314ff.). Für Schülerinnen und Schüler mit cerebralen Bewegungsstörungen bestätigen Haupt und Wieczorek (2012, S. 10) ähnliche Aussagen von den Eltern dieser Kinder und Jugendlichen.

In der Praxis sind bestimmte Schülergruppen bis heute immer noch mit besonderen Schwierigkeiten konfrontiert. Hier sind vor allem Kinder und Jugendliche mit (schweren) geistigen Beeinträchtigungen und solche mit komplexem Förderbedarf gemeint. Sie besuchen bisher überwiegend

Förderschulen. So stellen Haupt und Wieczorek (2012, S. 15) fest: »Vor allem Eltern schwerer behinderter Kinder sehen derzeit noch keine Möglichkeit einer guten Förderung in Regelschulen.« Und Walter-Klose (2012, S. 163) fasst für die durch ihn analysierten deutschsprachigen Untersuchungen zusammen, »dass in den vorliegenden Studien Schülerinnen und Schüler mit Körperbehinderung untersucht wurden, die in der Regel keine weiteren intellektuellen Beeinträchtigungen hatten.«

In den folgenden Ausführungen sollen mögliche besondere Entwicklungsbedingungen körperbehinderter Kinder beschrieben werden, insbesondere solche mit cerebralen Bewegungsstörungen und jene mit fortschreitenden Muskelerkrankungen, wie z. B. Duchenne Muskeldystrophie. Die möglichen Auswirkungen wahrscheinlicher Entwicklungsbesonderheiten auf die Ausbildung persönlicher Eigenschaften werden hierzu skizziert. Zudem werden Möglichkeiten der pädagogischen Unterstützung und Begleitung erarbeitet, die auch in inklusiven Situationen zu beachten sind.

1 Mögliche Entwicklungsbedingungen körperbehinderter Kinder

Bei Menschen mit Körperbehinderung werden drei Auswirkungen der organischen Schädigung differenziert: »Funktionsausfälle und Funktionsstörungen, Folgewirkungen dieser Störungen im Sinne von erschwerter Entwicklung sowie problematischer sozialer Teilhabe« (Bergeest/Boenisch/Daut, 2011, S. 51). Die im Folgenden skizzierten möglichen Entwicklungsbedingungen von Kindern und Jugendlichen mit cerebralen Bewegungsstörungen bzw. progredienten Muskelerkrankungen können individuell ganz unterschiedlich ausfallen. Sie treffen auch sicher nicht in jedem Fall auf alle Kinder und Jugendlichen mit den hier beschriebenen Körperbehinderungen zu. Diese exemplarischen Beispiele erheben darüber hinaus auch keinen Anspruch auf Vollständigkeit, sondern sollen mögliche wesentliche Entwicklungsbedingungen aufzeigen.

Da sich menschliche Entwicklung von Beginn an im sozialen Kontext vollzieht, die »Qualität der erlebten Interaktionen mit Bezugspersonen [...] in der kindlichen Entwicklung eine herausragende Rolle« (vgl. Haupt, 2006, S. 21) spielt, wird dieser Aspekt in den folgenden Ausführungen mit berücksichtigt werden. Denn: »Die damit zusammenhängende emotionale Befindlichkeit eines Kindes ist ein entscheidender Faktor für die Entwicklung von Motorik, Wahrnehmung, Kommunikation, Beziehungsverhalten, Kognition« (ebd.). Alle diese von Haupt genannten Entwicklungsbereiche sind eng miteinander verknüpft, beeinflussen sich gegenseitig. Das Kind lernt dadurch, dass es selbst auswählt, welche Impulse es aufnimmt und sie dann in seine bisherigen Erfahrungen integriert. Kinder, sowohl solche ohne als auch jene mit Körperbehinderung, sind also selbst die Akteure ihrer Entwicklung. Sie entscheiden selbst, welche Impulse sie aufgreifen, welche Impulse für sie gerade passen. Dieser unbewusste Prozess kann von außen dadurch begleitet werden, dass den Kindern Unterstützung zuteil wird, ihren eigenen selbst gewählten Weg zu gehen. Die Kinder brauchen passend dosierte Hilfe bei der Überwindung motorischer oder anderer Hindernisse, die ihnen das Erreichen der eigenen Ziele erschweren oder unmöglich machen. Die angebotene Unterstützung soll lediglich so weit gehen, dass die Kinder möglichst viel selbst aktiv bleiben können. Sie brauchen keine Förderung, die sich eine Fachkraft für sie ausgedacht hat, nur weil diese zum sogenannten Entwicklungsalter des jeweiligen Kindes passt. Es macht wenig Sinn, wenn sich solche Fördervorschläge nicht an den Entwicklungsimpulsen, die das Kind selbst setzt, orientieren.

2 Kinder mit cerebralen Bewegungsstörungen

Sie sind nach wie vor die größte Gruppe im Bereich der Körperbehindertenpädagogik. Die Schweregrade dieser Schädigung streuen sehr breit. Eine Reihe von Kindern hat »relativ leichte Bewegungs- und Koordinationsstörungen ohne größere Auswirkungen auf die Entwicklung der Selbstständigkeit« (Haupt, 2011, S. 25). Bei schweren Störungen bleibt lebenslang eine Abhängigkeit vom Rollstuhl, bei der Pflege, bei (nahezu) allen alltäglichen Verrichtungen, und damit von der Hilfe Dritter, bestehen. Dazwischen sind alle Abstufungen zu finden. Nicht selten werden Kinder und Jugendliche mit leichteren Störungen überfordert, weil ihre Schwierigkeiten oft kaum wahrgenommen oder als unbedeutend angesehen werden. Diese können sie aber doch daran hindern, Aufgaben in der geforderten oder auch selbst gewünschten Qualität zu absolvieren. Unzureichend informierte Fachkräfte überfordern durch die nicht an den individuellen

Bedingungen orientierten Anforderungen und erschweren diesen Kindern und Jugendlichen mögliche Entwicklungsfortschritte.

Im Folgenden stehen in erster Linie die schwerer betroffenen Kinder und Jugendlichen im Fokus. Ihr Muskeltonus ist durch eine frühkindliche Hirnschädigung deutlich verändert. Eine zu hohe oder zu niedrige oder schwankende Muskelspannung schränkt die Willkürmotorik dieser Kinder von Beginn an ein. Bewegungsimpulse können sich ungehemmt über den ganzen Körper ausbreiten, können von den Kindern nicht oder nur sehr eingeschränkt kontrolliert werden. So führen ihre Bewegungen häufig nicht zu dem von den Kindern anvisierten Ziel. Verstärken sie daraufhin ihre willentlichen Anstrengungen, bemühen sie sich intensiv um präzise Bewegungs- und Handlungsabläufe, so verstärkt sich diese Symptomatik. Auch körperlicher und emotionaler Stress verstärken die jeweils vorliegenden Bewegungsprobleme (vgl. Haupt, 2011, S. 25). Erschwernisse in der Entwicklung des eigenen Kindes wirken sich auch unmittelbar auf die Eltern aus. »Eltern erleben ihr Kind im 1. Lebensjahr am nachhaltigsten durch seine Motorik« (Largo, 2011, S. 136). Erste »motorische Erfolge« bleiben Eltern meist lebenslang in Erinnerung. Eltern von Kindern mit cerebralen Bewegungsstörungen können solche Entwicklungsfortschritte oft nur wenig beobachten, weil ihre Kinder ihre Willkürmotorik nicht ausreichend steuern können. Trauer und Verunsicherung können sich so auf Seiten der Eltern einstellen und schließlich gar in Enttäuschung umschlagen. Das vor allem dann, wenn sich die Eltern diese Gefühle nicht zugestehen, sie sich darüber vielleicht nicht einmal bewusst sind. So bleiben diese Emotionen verdeckt und wirken sich trotzdem auf die Beziehung zum Kind aus. Eine stabile Grundlage für Selbstvertrauen und Sicherheit kann sich so in den Kindern nicht ausreichend ausbilden. Auf Seiten der Kinder können Misserfolgserlebnisse durch die oben beschriebenen motorischen Erfahrungen zu Frustration und Resignation führen.

Das Beispiel eines siebenjährigen Jungen mit einer Beeinträchtigung der feinmotorischen Bewegungskoordination seiner Hände, verursacht durch eine leichte cerebrale Bewegungsstörung, zeigt dies eindrücklich (vgl. Haupt, 2003, S. 96f.). Dieser Junge besucht eine Grundschule, ist der Meinung, dass er nicht schreiben und nicht zeichnen könne, protestiert oder weint oft, wenn dies von ihm gefordert wird. Der Sonderpädagogin gelingt es, ihn zu ermutigen, eine Zeichnung anzufertigen, die einen höheren Differenzierungsgrad aufweist, als es seiner Altersgruppe entspricht. Dabei wird deutlich, »was den Jungen so stört: Striche verrutschen, beginnen oder enden nicht da, wo er es möchte, verwischen. Seine Graphomotorik erlaubt keine Gestaltung, die seinem Gefühl für Ästhetik entspricht« (ebd.,

S. 96). Werden solche Zusammenhänge nicht gesehen und beachtet, bleiben Auswirkungen auf die vielfach vernetzten verschiedenen Entwicklungsbereiche nicht aus. Eltern und Kind können durch zugewandte, akzeptierende und wertschätzende Begleitung lernen, mit bestehenden Schwierigkeiten umzugehen. Für diesen Jungen und dessen Eltern wäre vermutlich das alleinige Ziel der Förderung der Graphomotorik nicht die erste sinnvolle Lösung. Wahrscheinlich wäre es viel wichtiger, Verständnis zu zeigen für die bisherige Entwicklung, gemeinsam zu entdecken, welche Entwicklungsschritte bisher möglich waren, welche Therapie und Förderung gut akzeptiert wurde, aber auch gemeinsam zu überlegen, wo es Schwierigkeiten und Probleme gab. Auch Informationen über die Behinderung selbst und deren Auswirkungen können dazu beitragen, die eigenen Bedingungen zu verstehen und zu akzeptieren (vgl. ebd.).

Diese Prozesse sind oft auch mit starken Gefühlen, wie Wut und Trauer über nicht realisierbare Wünsche und Ziele, verbunden. Diese Gefühle lassen sich nicht mit Argumenten beseitigen, sondern diese Gefühle müssen ausgedrückt werden dürfen. Kinder und Eltern brauchen in Momenten der Verzweiflung die Bestätigung, dass es ungerecht ist, dass sie durch die Auswirkungen der Behinderung etwas nicht erreichen können. Gleichzeitig jedoch muss auch Zuversicht vermittelt werden. Mögliche, für das jeweilige Kind realistische und gangbare Wege müssen aufgezeigt und bei der Umsetzung zugewandt begleitet werden.

Es ist sicher ein eher länger dauernder Prozess, in dem alle Beteiligten Zeit brauchen, nicht mehr gegen die Auswirkungen der cerebralen Bewegungsstörung anzukämpfen, sondern die eigenen Möglichkeiten zu nutzen, die eigenen Grenzen zu erkennen und zu akzeptieren und dort, wo es nötig ist, um Hilfe zu bitten (vgl. Haupt, 2011, S. 33). Denn:

> »Kinder mit cerebralen Bewegungsstörungen entwickeln nur dann ein stabiles Selbstwertgefühl, wenn sie lernen, sich selbst zu akzeptieren, so wie sie sind, auch physisch. Das ist aber nur möglich, wenn sie Akzeptanz durch die Menschen erleben, mit denen sie zusammen leben und lernen.« (Haupt, 2013, S. 13)

In diesem Zitat ist ein hoher, aber unverzichtbarer Anspruch ausgedrückt, der neben den direkten Bezugspersonen des jeweiligen Kindes auch alle Fachkräfte betrifft. Auf deren Seite braucht es eine hohe Konzentration in der Begleitung dieser Kinder und ihrer Eltern sowie eine hohe Sensibilität in der Begleitung durch mögliche Phasen emotionaler Verunsicherung.

Die Schilderung des folgenden Beispiels einer ehemaligen Schülerin kann sicher nicht alle Aspekte berücksichtigen, zeigt jedoch, dass ein selbstbewusstes und selbstbestimmtes Leben auch unter schweren körperlichen Bedingungen möglich ist. Diese Schülerin wurde mit einer schweren cerebralen Bewegungsstörung in der Form einer spastisch-athetotischen Tetraplegie geboren. Im weiteren Entwicklungsverlauf war durch die starke motorische Beeinträchtigung auch die Entwicklung des Sprechens nachhaltig gestört. Sie hat eine ausgeprägte Dysarthrie, die dazu führt, dass ihre sprachlichen Äußerungen nur von Menschen verstanden werden, die sie länger kennenlernen konnten. Bei allen alltäglichen Verrichtungen braucht sie Unterstützung, so beim Essen und Trinken und bei der Körperpflege. Sie lernte in einer Schule mit dem Förderschwerpunkt körperliche und motorische Entwicklung zunächst auf einer Schreibmaschine zu schreiben und später mit einem Computer umzugehen. Geschrieben hat sie mit einem sogenannten Stirnstab auf einer speziellen Tastatur. Ihre Eltern leben auf dem Land, der Vater arbeitete in einer Fabrik, die Mutter half im Weinbaubetrieb von Verwandten. Die Tochter wurde von den Eltern immer und überall hin mitgenommen; sie war dabei, wenn es in die Weinberge ging, auf den Fußballplatz oder zu Dorffesten. Sie stand nicht immer im Mittelpunkt, musste auch mal warten; denn ihre Eltern hatten nicht immer die Zeit, sich ständig um sie zu kümmern. Sie akzeptierten aber deshalb auch die Eigenaktivitäten ihrer Tochter, auch wenn dabei mal etwas danebenging. Das Mädchen lernte, um Hilfe zu bitten und genau zu vermitteln, was sie braucht – und dies trotz der schweren Dysarthrie. Ihre Eltern ließen sie auch viele Unternehmungen alleine machen. So setzten sie eines Tages ihre jugendliche Tochter, auf deren eigenen Wunsch, in einen Pilgerzug nach Lourdes. Sie hat auf der langen Fahrt sehr schnell Anschluss gefunden, war die ganze Zeit über gut versorgt, weil sie um alle notwendige Hilfe bitten konnte und natürlich auch deshalb, weil sie auf Menschen getroffen ist, die sich auf sie eingelassen haben, die sich bemüht haben, sie zu verstehen, und denen dies auch gelungen ist. Heute lebt sie etwa 100 km von ihren Eltern entfernt, arbeitet in einer Werkstatt für behinderte Menschen an einem Webstuhl und organisiert ihren Alltag weitgehend selbstständig. So wechselt sie auch mal den Physiotherapeuten, wenn sie mit dessen Leistung unzufrieden ist. Trotz ihrer schweren Dysarthrie telefoniert sie dann mit verschiedenen Praxen, vereinbart Termine, entscheidet sich gegen oder für eine neue Therapeutin. Mit ihrem Elektrorollstuhl unternimmt sie auch Fahrten in das nahegelegene Stadtzentrum, besucht mit Kollegen oder Freunden ein Café oder geht ein Bier trinken.

Dies ist kein Einzelbeispiel, sondern in verschiedenen Praxisfeldern können immer wieder ähnliche Beispiele selbstbestimmter Lebensgestaltung gefunden werden.

Ein stabiles Selbstwertgefühl, auf dem sich ein selbstbestimmtes Leben aufbauen kann, braucht neben den hier bereits beschriebenen und durch Beispiele verdeutlichten Voraussetzungen noch weitere förderliche Bedingungen. Eine Auswahl solcher positiv wirkender Faktoren bei Kindern mit cerebralen Bewegungsstörungen soll im Folgenden beschrieben werden. Doch auch hier muss erneut darauf verwiesen werden, dass allgemeine Generalisierungen nicht statthaft sind. Jede Entwicklung verläuft individuell, baut auf Einflüsse aus der Umwelt und auch der Anlage, die ein Kind mitbringt. Vermeintlich ähnliche Bedingungen können deshalb zu ganz unterschiedlichen Haltungen und Einstellungen zum Leben führen.

Auch Säuglinge mit cerebralen Bewegungsstörungen wollen gehalten und gestreichelt werden. In vielen Fällen ist dies auch gegeben, denn nicht selten wird diese körperliche Schädigung noch nicht in den ersten drei Lebensmonaten diagnostiziert. In dieser frühen Entwicklungszeit können die ungerichteten Arm- und Beinbewegungen von nichtbehinderten Kindern oft nicht von denen unterschieden werden, die Kinder mit cerebralen Bewegungsstörungen zeigen. Bei einigen dieser Kinder kann es in dieser frühen Lebensphase jedoch bereits zu Problemen beim Saug- und Schluckreflex kommen, so dass die Mutter die Ernährungssituation ihres Neugeborenen als stressend erleben kann. Dies umso mehr, wenn diese Situationen mit vielem Schreien des Kindes begleitet sind und es der Mutter häufiger nicht gelingt, das Kind zu beruhigen. Sie will es gut versorgen, erlebt jedoch, dass sie ihm nicht ausreichend Nahrung zuführen kann. Ist die cerebrale Bewegungsstörung noch nicht diagnostiziert und sieht der Kinderarzt auch weiterhin keine Störung bei dem Kind, kann die Mutter dies als eigenes Versagen fehlinterpretieren. Diese Störung in der Mutter-Kind-Interaktion kann dazu führen, dass sich ein Gefühl der Sicherheit beim Säugling nicht ausreichend ausbilden kann, dass die Beziehung zwischen Mutter und Kind erste Irritationen erfährt. Je sicherer sich Kinder fühlen, umso mehr wollen sie ihre nähere Umwelt erkunden. Nicht ausreichende oder gar fehlende Sicherheit kann demnach ihr Neugierverhalten beeinflussen, kann Kinder weniger aktiv sein und sie weniger Erfahrungen sammeln lassen.

Im zweiten Lebensjahr beginnen die Kinder, sich als eigenständige Person wahrzunehmen, erkennen sich schließlich auch in einem Spiegel. Sie können Gefühle anderer Menschen nachempfinden, haben zunehmend Interesse an anderen Kindern. Sie werden selbstständiger, wollen schließlich alleine essen, trinken, sich an- und ausziehen. Bei Kindern mit cerebralen Bewegungsstörungen kann diese Entwicklungsphase sowohl durch ihre eingeschränkte Willkürmotorik als auch durch das besorgte Verhalten ihrer Eltern beeinflusst werden. Die Eltern wissen vielleicht noch nicht, wie sie ihr Kind im Prozess des Selbstständig-Werdens unterstützen können, wie sie ihrem Kind so helfen können, dass es möglichst viele Erfahrungen, trotz seiner eingeschränkten Willkürmotorik, selbst machen kann. Vielleicht trauern sie auch noch über die Diagnose, können deren Tragweite noch nicht abschätzen, fühlen sich überfordert, sehen ihre Erwartungen enttäuscht. All dies kann sich auf das Verhältnis zum Kind auswirken. Dessen weitere Entwicklung in einzelnen oder mehreren der miteinander verknüpften Bereiche kann dadurch nachhaltig beeinflusst werden. Das weiterhin zunehmende Streben nach Selbstständigkeit steht so unter Umständen in ständigem Widerstreit mit den durch die motorische Behinderung gesetzten Grenzen und der veränderten Architektur der vielfach vernetzten Entwicklungsbereiche.

Eltern und Kind brauchen hier eine fundierte Unterstützung. Mütter, die im Umgang mit ihrem Kind verunsichert sind, weil es sich anders bewegt, weil es anders reagiert, können davon profitieren, dass eine einfühlsame und zugewandte Fachkraft im Beisein der Mutter mit dem Kind spielt, dessen Impulsen folgt und es dabei unterstützt, die Bewegungen auszuführen, die es braucht, um das anvisierte Ziel zu erreichen. Die Eltern sollten auch erfahren, dass eine Übertragung altersgerechter Verantwortung auch auf ihr cerebral bewegungsgestörtes Kind sinnvoll und möglich ist. So wie es für Kinder ohne Behinderung von entscheidender Bedeutung ist, dass ihre Bedürfnisse respektiert werden, so ist dies gerade auch für Kinder mit cerebralen Bewegungsstörungen von großer Wichtigkeit. Auch das Treffen von Entscheidungen, vielleicht zunächst aus einer vorgegebenen Auswahl, ist gerade bei Kindern mit dieser körperlichen Behinderung bedeutsam. Denn sobald die Diagnose gestellt ist, haben Eltern und Kind in der Regel viele Termine zu bewältigen. Verschiedene Therapien führen nicht selten dazu, dass an jedem Werktag der Woche Termine wahrgenommen werden müssen; mitunter sogar mehrere am Tag. Nicht selten werden diese Therapien nach einem Plan der Therapeuten durchgeführt. Werden hierbei die kindlichen Interessen nicht adäquat berücksichtigt und in den Ablauf der Behandlung integriert, verlernen die Kinder, eigenen Impulsen zu folgen, weil sie erleben, dass immer andere bestimmen, was sie gerade zu tun haben. Anzahl und Häufigkeit therapeutischer Förderung müssen noch aus anderen Gründen wohlüberlegt sein. Zu viele therapeutische Angebote, noch dazu, wenn das Kind deren Bedeutung für es selbst nicht verstehen kann oder es einzelne Therapien als belastend oder gar schmerzhaft erlebt, können dem Kind das Gefühl vermitteln, so, wie es ist, sei es nicht gut genug. Wenn es selbst Entwicklungsfortschritte bei sich wahrnimmt, die Therapien aber trotzdem weiterhin wahrgenommen werden müssen, ihm nicht erklärt wird, warum das so sein muss, kann das Kind den Eindruck bekommen, dass es, egal wie sehr es sich bemüht, egal wie groß die Fortschritte sind, immer noch nicht gut genug ist. Ein stabiles Selbstvertrauen, gesundes Selbstbewusstsein und beständige Selbstwirksamkeit können unter solchen Bedingungen nicht entstehen.

Die veränderte Muskelspannung beeinflusst nicht nur die Motorik von Armen und Beinen und die der Gestik. Auch die Mimik und die Mundmotorik sind betroffen, so dass das Essen und Sprechen erschwert sein kann. Des Weiteren können die Bezugspersonen die veränderte Mimik der Kinder vielleicht nicht richtig deuten, interpretieren sie falsch und reagieren auf das Kind in einer für es unverständlichen nicht passenden Art. Darüber hinaus liegen bei vielen Kindern noch weitere und nicht selten mehrere zusätzliche Beeinträchtigungen vor, wie u. a. beim Sehen, Hören, der Wahrnehmung (vgl. Bergeest/Boenisch/Daut, 2011, S. 57ff.; Haupt, 2011, S. 29). Haupt und Wieczorek (2013) sprechen im Zusammenhang mit den Auswirkungen der sehr unterschiedlichen Ausprägungen der cerebralen Bewegungsstörungen von einer »komplexen Ausdrucksbehinderung« (S. 15). Das Sich-Ausdrücken mit den unterschiedlichen menschlichen Möglichkeiten kann durch die cerebrale Bewegungsstörung und deren vielfältigen Auswirkungen behindert werden. Hier ist nicht nur das Sprechen, die Gestik, die Mimik gemeint. Sich auszudrücken kann auch aufgrund anhaltender emotionaler Verunsicherung erschwert sein. Mögliche Beispiele sind weiter oben in einem anderen Zusammenhang bereits aufgeführt; instabiles oder gar fehlendes Selbstvertrauen und Selbstbewusstsein, das Gefühl, nicht gut genug zu sein, kann dazu führen, dass sich diese Menschen zurückziehen, sich nichts zutrauen und sich deshalb auch nicht äußern.

3 Kinder mit Duchenne Muskeldystrophie

Die Entwicklungsbedingungen von Kindern mit fortschreitenden Muskelerkrankungen, insbesondere die von Jungen mit Duchenne Muskeldystrophie, unterscheiden sich von denen cerebral bewegungsgestörter Kinder und Jugendlicher. Der Verlauf der Erkrankung sowie deren Progredienz und die damit verbundenen Erschwernisse sind dafür ausschlaggebend. Die Duchenne Muskeldystrophie ist eine genetisch bedingte fortschreitende Erkrankung, die x-chromosomal rezessiv vererbt wird, d. h., von sehr wenigen und sehr seltenen Ausnahmen abgesehen erben ausschließlich Jungen ein defektes Gen von ihrer Mutter. Die Töchter können Überträgerinnen dieser neuromuskulären Erkrankung sein. Der Gendefekt führt dazu, dass ein bestimmtes Enzym, das zum Erhalt der Muskulatur beiträgt, nicht ausreichend gebildet wird. Es kann auch nicht durch Medikamente oder Injektionen in den Körper eingebracht werden. In der Folge lösen sich die Muskelzellen allmählich auf (vgl. Daut, 2005, S. 23). Die betroffenen Jungen haben durch den Verlust ihrer Skelettmuskulatur immer weniger Kraft. Bis heute ist diese Erkrankung ursächlich nicht behandelbar. Die mit der progressiven Erkrankung einhergehenden körperlichen und möglichen psychischen Belastungen sind überaus vielschichtig. Umfang und Qualität vieler Lebensvollzüge können deshalb nachhaltig beeinflusst werden. Der Verlauf der Erkrankung kann individuell variieren. Trotzdem können zeitliche Phasen beschrieben werden, in denen auffällige Veränderungen geschehen.

Nach der Geburt sind keine klinischen Anzeichen der Krankheit feststellbar. Die Diagnose kann im ersten Lebensjahr durch eine Blutuntersuchung gestellt werden, frühestens ab der sechsten Lebenswoche, also etwa bei der Vorsorgeuntersuchung U3. Dieses diagnostische Verfahren gehört jedoch nicht zum normalen Vorsorge-Umfang. Weil bis heute selbst bei früher Diagnose keine kurativen, also zur Heilung führenden Maßnahmen ergriffen werden können, wird dieser Test sehr selten durchgeführt. Erste Anzeichen der Muskelschwäche treten im Alter zwischen 18 Monaten und drei Jahren auf. Die Jungen ermüden schnell, stolpern häufiger und fallen oft. Das durchschnittliche Alter bei der Diagnosestellung liegt zwischen 4;6 und 5;2 Jahren. Nicht selten vergehen noch immer fast zwei Jahre zwischen der Erstvorstellung bei einem Arzt und der endgültigen Diagnose (vgl. Daut, 2005, S. 59). Die frühe Entwicklung kann somit in allen Bereichen und auch über das erste Lebensjahr hinaus ungestört und somit für Eltern und Kind auch unbelastet verlaufen. Wichtige frühe Bindungserfahrungen können gemacht werden. Die Phase, ab der die Eltern erste Auffälligkeiten beobachten, ist dann jedoch zunehmend geprägt von Sorgen und Verunsicherung. Dies ist umso belastender, je länger es dauert, bis eine eindeutige Diagnose gestellt ist. Dann besteht zwar die bis dahin existierende Ungewissheit nicht weiter, in der Regel hat diese Diagnose jedoch für die Eltern eine tiefe emotionale Verunsicherung zur Folge. Mit der Verzweiflung und Hilflosigkeit, die sich dann einstellt, gehen verschiedene Menschen auf verschiedene Weise um. Die Spannbreite reicht von tiefer Depression mit damit verbundener Antriebslosigkeit bis zu einer starken Aktivierung; dabei werden z. B. Informationen über aktuelle medizinische Forschungen gesammelt, und es wird versucht, an möglichst vielen verschiedenen Therapie-Ansätzen teilzunehmen. Auch beide Elternteile können sehr unterschiedlich mit dieser Belastung umgehen, was sich möglicherweise auf das gesamte Familienleben auswirkt.

Vor der Diagnosestellung erlebt und spürt das Kind an sich selbst die körperlichen Veränderungen, kann diese jedoch nicht einordnen. Vielleicht macht es erste Erfahrungen, dass es beim Spiel mit Freunden nicht mithalten kann, dass es nicht wie die anderen auf Bäume klettern kann, dass seine in ihr Spiel vertieften Freunde ihn zurücklassen, vergessen, weil er nicht folgen kann. Diese Jungen können sich dann ausgeschlossen und sozial isoliert fühlen. Reaktionen, die durch Verzweiflung, Wut und Trauer beeinflusst sind, erschweren den Jungen selbst, aber auch allen Bezugspersonen, den Alltag. Manche Jungen resignieren und ziehen sich zurück. Durch die immer wieder stattfindenden Arztbesuche und medizinischen Untersuchungen, die zunehmende Besorgnis der Eltern merkt das Kind, dass etwas nicht so ist, wie es sein sollte. Vielleicht hat es auch Gesprächsteile mitgehört, kann die Tragweite kognitiv aber nicht einordnen. Die Trauer und Verzweiflung der Eltern nach der Diagnose erlebt und erleidet es mit, bezieht dies vielleicht auf oder gar gegen sich. Auch dann, wenn die Eltern das vor ihren Kindern zu verbergen suchen, werden die Jungen deren Verunsicherung wahrnehmen. Unter Umständen dauert es lange, bis die Informationen von den Eltern wirklich angenommen werden können, verdaut sind und erste Gespräche mit der Partnerin, dem Partner oder anderen vertrauten Menschen über die neue Situation möglich sind. Wenn die Jungen noch jünger sind und noch wenige motorische Probleme haben, kann es auch sein, dass die Eltern die ganze Realität noch von sich schieben und darauf hoffen, dass sich die Ärzte geirrt haben. Bekommen die Kinder nicht von Beginn an altersentsprechende Informationen über die sie betreffende Diagnose, kann dies zu großer Verunsicherung führen. Sie verstehen nicht, weshalb sie immer weniger Kraft haben. Gleichzeitig spüren sie die Verzweiflung ihrer Eltern, ahnen, dass das eine mit dem anderen zu tun hat, verstehen aber noch nicht, wie alles zusammenhängt. Angst und Schuldgefühle können sich so entwickeln. Die Eltern sind oft zu diesem Zeitpunkt aufgrund ihrer eigenen Betroffenheit nicht in der Lage, ihren Kindern den notwendigen emotionalen Rückhalt zu geben. Mit der Information über die Erkrankung erfahren die Eltern auch etwas über die genetischen Ursachen, und so können sich bei den Müttern auch Schuldgefühle einstellen; denn sie wissen nun, dass ihr Sohn die Erkrankung von ihnen vererbt bekommen hat. Jeder Einzelne dieser sozialen Einheit wird sowohl von »seinen« eigenen Belastungen beeinflusst als auch wiederum durch die anderen Personen und deren Sorgen.

Im Alter zwischen etwa 9 und 14 Jahren verlieren die Jungen ihre Gehfähigkeit. Diese Phase des Übergangs zur dauernden Rollstuhlabhängigkeit kann sehr schwierig sein, kann sich auf verschiedene Entwicklungsbereiche auswirken. So erleben die Jungen nicht selten eine enorme Verunsicherung und Verzweiflung, wenn sie zum ersten Mal und dann immer wieder erleben müssen, dass sie über frühere Fähigkeiten nicht mehr verfügen, weil ihre Muskelkraft dafür nicht mehr ausreicht. Konnten sie sich bisher noch alleine wieder vom Stuhl aufrichten, gelingt ihnen dies irgendwann nicht mehr. Konnten sie ihren Körperschwerpunkt gerade noch so verlagern, dass sie zwar in einer immer extremeren Hohlkreuzhaltung, aber doch noch aufrecht stehen konnten, versagt ihre Muskelkraft nun. Die Folge ist, dass sie aus dem Stand plötzlich in sich zusammensacken. Dabei können sie sich sehr wehtun. Sie können sich nicht mehr auf ihren Körper verlassen und erleben, dass sie zusätzlich gefährdet sind, sich zu verletzen, weil sie nicht mehr die Kraft haben, sich abzustützen. Auch andere Menschen können sie nicht mehr auffangen, weil sie beim Fallen wie Stoffpuppen durch deren Hände gleiten und sie wegen der fehlenden Muskelkraft nicht mithelfen können. Diese Erfahrungen können ihre Ängste vergrößern. Spätestens jetzt brauchen sie einen Rollstuhl. Manche Kinder erleben dies als Befreiung, als Zuwachs an Sicherheit und als Zugewinn an Aktivität. Ihr Aktionsradius wird wieder größer, sie gewinnen dadurch wieder mehr Unabhängigkeit. Andere Kinder jedoch können sich nicht damit abfinden, dass das, was sich seit einigen Wochen und Monaten angekündigt hat, nun tatsächlich eingetreten ist. Manche Kinder spüren auch, dass diese Entwicklung für ihre Eltern kaum auszuhalten ist, dass sie verzweifelt sind, ihren Jungen nun endgültig auf einen Rollstuhl angewiesen zu sehen. Dies kann es für die Jungen schwerer machen, sich mit der unabänderlichen Situation auseinanderzusetzen.

Diese Entwicklungsphase ist deshalb besonders schwierig, weil zur endgültigen Rollstuhlabhängigkeit noch andere Erschwernisse hinzukommen. Die abnehmende Muskelkraft führt auch dazu, dass bei vielen anderen täglichen Verrichtungen mehr Hilfe erforderlich wird. Davon betroffen ist auch die Körperpflege. Meist sind die Jungen in dieser Zeit mitten in der Pubertät, eine Entwicklungsphase, die normalerweise von zunehmender Distanz zwischen Jungen und ihren Eltern geprägt ist. Dies betrifft in besonderer Weise den Bereich der Körperpflege. Bei Jungen mit Duchenne

Muskeldystrophie ist dies in aller Regel umgekehrt. Statt zunehmender Unabhängigkeit erleben sie wieder anwachsende Abhängigkeit von ihren Eltern, wobei die Pflege der pubertierenden Jungen nicht selten von den Müttern übernommen wird. Wut und Aggression, Verzweiflung und Trauer über diese Situation können die auch gespürte Dankbarkeit überlagern.

Ein weiterer schwieriger Entwicklungsabschnitt beginnt ebenfalls mit der Pubertät. Der Wunsch nach Sexualität und Partnerschaft ist bei diesen Jungen genauso stark wie bei allen anderen Menschen. Ihre sexuellen Funktionen sind in keiner Weise beeinträchtigt. Während die meisten ihrer Mitschüler und Freunde über ihre ersten Erfahrungen mit Mädchen berichten, bleiben ihre Fantasien oft unerfüllt. Wegen des zu diesem Zeitpunkt schon weit fortgeschrittenen Muskelzelluntergangs und des damit verbundenen Verlustes an Muskelkraft auch in den oberen Extremitäten, können sich die Jungen nicht selbst befriedigen. Wie groß die Bedeutung von Sexualität und Partnerschaft im Leben eines jungen Mannes mit Duchenne Muskeldystrophie sein kann, wird mit allen Facetten deutlich in den Autobiographien von Stefan Hermann (2002) und Marco Müller und Erica Brühlmann-Jecklin (2001), in denen vielfältige Einflüsse verschiedener Lebensbedingungen deutlich werden.

Diese Beispiele von Entwicklungserschwernissen können zusammen mit zahlreichen anderen möglichen schwierigen Lebenssituationen dazu führen, dass diese Jungen stark verunsichert sind. Dies kann sich in vielfältiger Weise auswirken: Der Mut zur Erkundung der eigenen Lebenswelt ist reduziert; Misserfolgserfahrungen können sich generalisieren und dazu führen, dass sich ein geringes Selbstwirksamkeitserleben ausbildet; ein instabiles Selbstbild und ein reduziertes Selbstbewusstsein können zu sozialem Rückzug führen oder aber auch Auswirkungen auf kognitive Prozesse haben.

Folgen für das schulische Lernen bleiben so nicht aus. Zudem kann der Schulbesuch auch Belastungen erfahren, wenn auf Seiten der Lehrkräfte das Verständnis für die Auswirkungen der Erkrankung fehlt. Eltern und Jungen kostet dies sehr viel Energie. Beispielsweise dann, wenn in der Schule nicht gesehen wird, dass das Arbeitstempo durch die abnehmende Muskelkraft verlangsamt ist und deshalb für die gleichen Aufgaben mehr Zeit benötigt wird. Sehr verletzend sind Erlebnisse, in denen Eltern und ihre Söhne auf Ablehnung stoßen. Beispielsweise dann, wenn eine Schule die Aufnahme verweigert, die Teilnahme an einer Klassenfahrt oder auch Kinder- und Jugendfreizeit abgelehnt wird, weil sich die Beteiligten mit der Situation überfordert sehen.

Ein weiteres Problem kann entstehen, wenn diesen Jungen eine verminderte intellektuelle Leistungsfähigkeit zugeschrieben wird. Aus einer ganzen Reihe verschiedener Untersuchungen aus dem angelsächsischen Sprachraum berechnet Forst (2000, S. 80), dass ca. 30 % aller Duchenne-Betroffenen leichte bis mäßige kognitive Beeinträchtigungen zeigen würden. Dabei sei die sprachabhängige Intelligenz stärker betroffen als die praktische. Erklärungsversuche bleiben bislang uneindeutig. Diese Behauptung hält sich hartnäckig bis heute. So ist Folgendes auf der Internetseite der Deutschen Gesellschaft für Muskelkranke zu lesen: »Bei etwa einem Drittel der Patienten besteht eine verminderte Lernfähigkeit, die vermutlich darauf beruht, dass auch im Hirngewebe das dort normalerweise in etwas abgeänderter Form vorhandene Dystrophin fehlt« (DGM, 2014). Eine Begründung oder zumindest Vermutung, weshalb dann nicht alle Duchenne-Jungen betroffen sind, fehlt. Bis heute ist nicht widerlegt, dass auch Befindlichkeitsstörungen während wichtiger unterschiedlicher Entwicklungsabschnitte die Leistungen dieser Jungen nachhaltig beeinträchtigen können. Betroffene selbst beschreiben ihre Erfahrungen mit Leistungsproblemen in der Schule z. B. so:

> »Da gibt's so diese ganz komischen Ansätze, nach dem Motto Duchenne hat gleichzeitig noch mit Gehirnveränderung *[...]* die einfachste Erklärung is' einfach also auch wenn man sich bewusst nicht damit auseinandersetzt, das Unterbewusstsein arbeitet immer und allein das Unterbewusstsein wenn das einfach beschäftigt ist durch andere Dinge, dann is' man einfach abgelenkter und so *[...]* scheinen auch manche ja also mit Duchenne eben einfach im Lernen etwas retardiert zu sein. Was sie tatsächlich eigentlich gar nicht sind. Nur sind sie einfach anders beschäftigt noch, man muss ja gleichzeitig lernen *[...]* und gleichzeitig lernen sich mit seinem Körper, der anders is', umzugehen.« (Daut, 2005, S. 98f.)

Hieraus lässt sich die These ableiten, dass es eine Reihe von Jungen mit Duchenne Muskeldystrophie gibt, denen ihre Situation große Probleme bereitet, weil sie nicht lernen konnten, mit dem Chaos an Gefühlen umzugehen, und sie dabei auch kaum Unterstützung erfahren haben.

Viele Jungen schaffen es aber, ihre Energien auf die Schule zu konzentrieren, so dass sie dort besonders erfolgreich sind, häufig sogar trotz der vielen körperlichen Einschränkungen das Abitur schaffen.

Eltern und Fachkräfte berichten oft über vielfältige Ängste, die sich bei Jungen mit Duchenne Muskeldystrophie zeigen. Diese Ängste können verschiedene Ursachen haben. Bedeutsam könnten hier die immer wieder wahrnehmbaren Verschlechterungen sein sowie das damit verbundene Erleben eigener Hilflosigkeit. Es ist denkbar, dass mit dem wachsenden Kontroll-Verlust über die Kraft und die Bewegungen des eigenen Körpers das Bedürfnis nach Sicherheit wächst. Beispielsweise dann, wenn eine Aufgabe, die vor ein paar Tagen noch bewältigt werden konnte, nun nicht mehr ohne Hilfe zu schaffen ist, wenn Falten in der Kleidung stören und die Kraft nicht ausreicht, dies selbst zu richten, wenn ein Juckreiz nicht mehr selbst weggekratzt werden kann. Zusätzlich erschwert wird es den Jungen, wenn andere Menschen, die um Hilfe gebeten werden, die Bedeutung nicht erkennen, gar die Notwendigkeit in Frage stellen. Hilfreich wäre es, die Jungen mit ihren Ängsten ernst zu nehmen. Bei Verrichtungen, die sie aufgrund der fehlenden Kraft nicht mehr alleine erledigen können, brauchen sie ganz selbstverständliche und adäquate Hilfe, und zwar so lange, bis sie zufrieden sind. Sie brauchen viel Verständnis, das ihnen sowohl handelnd als auch verbal entgegengebracht wird. Fühlen sie sich so ernst genommen, können sie allmählich die Scheu verlieren, ihre Bedürfnisse zu äußern, und lernen, selbstverantwortlich für sich zu sorgen.

Vielleicht können manche Jungen in manchen Phasen keine sinnvollen Perspektiven für sich erkennen. Vielleicht kann darüber auch nicht immer gesprochen werden, auch dann nicht, wenn eine sehr gute Gesprächskultur mit viel Vertrauen existiert. Und vielleicht ist manchmal alles zu viel. Ängste können auch Ausdruck dafür sein, dass eigentlich ganz viel Gehaltensein gewünscht ist. Dies, obwohl vielleicht gerade in diesem Alter Gehaltensein durch die Eltern nicht wirklich passt und andere Halt gebende Menschen nicht verfügbar sind. Oder das Ganze ist gar nicht im Bewusstsein, sondern gärt im Inneren.

Gefühle können so intensiv und bedeutsam sein, dass sie die jeweilige Person vollkommen gefangen nehmen, dass eine kognitiv gesteuerte Auseinandersetzung erst mit zeitlichem Abstand möglich ist. Als hilfreich könnten es diese Kinder erleben, wenn sie z. B. in einer länger angelegten Kinder-Spieltherapie im Spiel all das ausdrücken dürfen, was sie bewegt und Bewertungen dabei nicht vorgenommen werden (vgl. Daut, 2001). Sehr einfühlsame Kinder- und Jugendlichen-Psychotherapeuten bzw. Psychotherapeutinnen können Zugang zu den Kindern und Jugendlichen finden und ihnen mit verschiedenen, für das jeweilige Alter passenden Methoden eine Auseinandersetzung erleichtern.

Am Ende der Schulzeit können weitere Belastungen stehen. Während manche sich damit auseinandersetzen müssen, keine adäquate Beschäftigung zu finden, gelingt es anderen, in eine Ausbildung oder zum Studium zu kommen. Auf sie kommt viel Organisationsaufwand zu, wenn sie ihren Alltag mit ihren Assistenzen selbst regeln und planen wollen oder müssen. Beschäftigungsverhältnisse in Werkstätten für behinderte Menschen sind oft wenig zufriedenstellend; denn nicht immer gibt es dort sinnvolle Arbeit, die junge Männer mit einer fortschreitenden Muskelerkrankung ausüben können. Manche fühlen sich in ihrem Selbstwerterleben verletzt, weil sie befürchten, von ihren Mitmenschen als geistig behindert angesehen zu werden. Resignation kann sich breit machen, wenn fehlende anspruchsvolle Arbeit und geringe Wertschätzung durch andere und sich selbst zusammenkommen.

Ab dem Jugendalter kann bei diesem Krankheitsbild hinzukommen, dass auch die Atemmuskulatur durch den Muskelzelluntergang stark beeinträchtigt wird. Um eine Sauerstoffunterversorgung, auch der inneren Organe, zu vermeiden, steht früher oder später eine Entscheidung an für oder gegen eine Versorgung mit einer nicht invasiven Maskenbeatmung, die zunächst meist nur nachts und letztlich 24 Stunden am Tag getragen wird (vgl. Daut, 2005, S. 34ff.). Für manche Jugendliche ist das Tragen einer solchen Atemmaske ein ästhetisches Problem. Sie können sich nicht vorstellen, sich mit einer Atemmaske in der Öffentlichkeit zu bewegen, weil sie die Reaktionen anderer Menschen fürchten. Tatsächlich können Fremde, die damit zum ersten Mal konfrontiert sind, mit Unsicherheit und Distanzierung reagieren. Auf solche oder gar abweisende Reaktionen müssen die betroffenen Jugendlichen behutsam vorbereitet werden, damit sie lernen, sich mit ihren Hilfsmitteln ganz selbstverständlich in ihrem und in fremdem Umfeld zu bewegen.

4 Konsequenzen für die pädagogische Begleitung

Es sollte deutlich werden, dass personale Faktoren von Kindern und Jugendlichen mit Körperbehinderung, speziell jenen mit cerebralen Bewegungsstörungen oder solchen mit Duchenne Muskeldystrophie, das gesamte Leben und somit auch inklusive Bildungsangebote stark beeinflussen können. Hieraus ergeben sich Konsequenzen für die pädagogische Unterstützung und Begleitung. Aber auch hier gilt erneut, dass allgemeingültige Aussagen nicht möglich sind. Die individuellen Voraussetzungen und Bedingungen jedes Einzelnen erfordern immer auch ein individuell abgestimmtes Vorgehen. Die hier vorgestellten Konsequenzen haben den Charakter von Prinzipien, sind also eher als Grundhaltungen zu verstehen, die wiederum nicht ausschließlich für Kinder und Jugendliche mit den hier vorgestellten Schädigungen zutreffen. Vielmehr können diese Beispiele Gültigkeit haben für die Begleitung aller jungen Menschen mit einer körperlichen Schädigung, unabhängig von deren Art und Schwere. Darüber hinaus können diese pädagogischen Grundhaltungen allen Kindern und Jugendlichen, ob mit oder ohne Schädigung, das Lernen erleichtern und freudvoller gestalten.

Bildung bezieht sich immer auf den gesamten Menschen, weshalb auch immer der ganze Mensch im Fokus bleiben muss. Zuweilen ist es zunächst erforderlich, dem Kind oder Jugendlichen dabei zu helfen, sich emotional zu stabilisieren, ein Mindestmaß an Sicherheit zu spüren, bevor es neue Lernerfahrungen machen kann. Die meisten Menschen schaffen es, ihre eigenen verschiedenen Entwicklungsbereiche in der Balance zu halten. Es gibt jedoch immer Menschen mit Entwicklungserschwernissen, bei denen diese Balance aus dem Gleichgewicht geraten ist. Inklusion erfüllt erst dann ihre Ansprüche, wenn es gelingt, dass die beteiligten Fachkräfte adäquat mit solchen instabilen Situationen umgehen können.

Die Vernetzung der verschiedenen menschlichen Entwicklungsbereiche lassen vielfältige gegenseitige Beeinflussungen zu. So können sich z. B. emotionale Krisen auf alle Bereiche auswirken, insbesondere auch auf die Kognition. Eine ausschließliche Förderung im kognitiven Bereich wird deshalb in den seltensten Fällen zu den gewünschten Erfolgen führen. Hingegen wird sich eine fundierte, einfühlsame emotionale Förderung des Kindes mit einer gleichzeitig stattfindenden fundierten Beratung der Bezugspersonen mittel- oder langfristig positiv, z. B. auf die kognitive Leistungsfähigkeit, auswirken können. Wichtige persönliche Eigenschaften der Begleiter sind Verlässlichkeit und Zugewandtheit; sie sollten Orientierung geben können und Vertrauen vermitteln in die Fähigkeiten anderer, ihren Lebensweg eigenverantwortlich zu gehen. Sie sollten sich auch darum bemühen, andere Menschen zu verstehen und ihnen immer respektvoll gegenüberzutreten. Das Bemühen, zu verstehen, kann dadurch gefördert und unterstützt werden, dass alle beteiligten Personen über umfassende Informationen über die Schädigung und deren jeweils individuellen Auswirkungen verfügen. So können sie besser begreifen, weshalb z. B. ein Junge mit einer Duchenne Muskeldystrophie schneller ermüdet und warum er sich nicht überanstrengen sollte. Genauso wichtig ist aber auch, die anderen Kinder im Kindergarten bzw. in der Schule in altersentsprechender Weise wissen zu lassen, was die Ursache dafür ist, dass ihr Spielkamerad nicht so schnell und so stark ist oder weshalb er sich nicht zielgerichtet bewegen kann. Das dadurch geweckte Verständnis kann helfen, verletzende Hänseleien zu vermeiden, Hilfe und Unterstützung selbstverständlich werden zu lassen. Offene Gespräche sollten jederzeit möglich und selbstverständlich sein. Ob diese Angebote angenommen werden, muss jeder Einzelne für sich selbst entscheiden dürfen, und alle Beteiligten müssen lernen, diese Entscheidungen zu akzeptieren.

Die Kinder und Jugendlichen mit einer Körperbehinderung müssen selbst auch in altersgerechter Weise über ihre Schädigung informiert werden. So können Reaktionen des eigenen Körpers eingeordnet und verstanden werden, z. B. bei einem spastischen Kind, das aktiv werden will und bei dem deswegen die Muskelspannung ansteigt und so die gewünschte Bewegung erschwert oder gar verhindert wird. Sie müssen aber auch durch gute Fachkräfte lernen, wie sie ihre Körperhaltung so stabilisieren können, dass ihre Bewegungen erleichtert werden. Nicht zuletzt brauchen sie Raum und Zeit, ihre Gefühle auszudrücken, wenn sie z. B. über ihre Situation wütend und traurig sind. Allen Kindern und Jugendlichen sollte ermöglicht werden, sich in vielfältiger Weise auszudrücken. Sie sollten darin bestärkt werden, sich malend, gestaltend, spielend, schreibend, dichtend, musizierend zu betätigen. Dies kann ihnen helfen, mit ihrer Situation klarzukommen.

Kinder, die frühzeitig verlässliche und umfassende Unterstützung erfahren haben, können lernen, mit den Auswirkungen ihrer Schädigung offensiver umzugehen, diese schließlich anzunehmen. Sie können sich dann auch sozial stärker einbinden und reagieren nicht dauerhaft mit Distanzierung, Rückzug oder gar Resignation. Auch die Eltern und Geschwister brauchen in ähnlicher Weise Unterstützung.

Fachkräfte, wie z. B. Lehrerinnen und Lehrer, sollten die Kinder und Jugendlichen nicht bedrängen, sondern in verschiedenen Situationen genau beobachten und dann den Entwicklungsimpulsen der Kinder und Jugendlichen folgen. Sie sollten zur Selbstständigkeit ermutigen und auf dem Weg dorthin unterstützen, Emotionen zulassen, die Schüler ernst nehmen und sie gerecht behandeln. Sich so ernst genommen zu fühlen und zu erleben, dass andere Vertrauen in die eigenen Fähigkeiten haben, kann Energien und vorhandene Potenziale freisetzen. So erfahren Schüler pädagogische Potenz und können sie für sich selbst nutzen.

Kinder und Jugendliche mit einer Körperbehinderung werden auch dadurch gestärkt, dass sie erleben, dass eine Pädagogin oder ein Pädagoge sich für sie einsetzt und so z. B. Ungerechtigkeiten auszugleichen versucht oder reale Hindernisse durch Umorganisationen umgeht. So kann es gelingen, dass diese Kinder und Jugendlichen lernen, dass es zwar Grenzen gibt, die durch ihre Schädigung gesetzt sind, dass aber auch Möglichkeiten gefunden werden können, diese Grenzen zu umgehen.

Im schulischen Alltag gibt es viele Gelegenheiten, auf die besonderen Bedingungen dieser Kinder und Jugendlichen Rücksicht zu nehmen. Während ein Kind für seine Arbeitsblätter verschiedene Ordner benutzt, braucht ein anderes einen speziell ausgestatteten Laptop, auf dem es seine elektronisch gespeicherten Dateien verwaltet. Arbeitsblätter, Hausaufgaben und alle möglichen Aufgabenstellungen können so vorbereitet werden, dass jedes Kind entsprechend seiner Möglichkeiten die gestellten Aufgaben bewältigen kann.

Gerade in inklusiven Settings erscheint ein Aspekt besonders wichtig. Der Kontakt und Austausch mit anderen, die die gleiche Erkrankung haben, sollte ermöglicht und gefördert werden. Für die eigene Identitätsentwicklung scheint dies besonders wichtig zu sein. In diesem Austausch liegt auch noch eine weitere Chance: Sie können sehen, wie andere ihr Leben bewältigen. So können neue Impulse aufgegriffen und selbst ausprobiert werden. Auch etwas von der Lebensbewältigung von Menschen mit anderen Körperbehinderungen zu erfahren, kann in ähnlicher Weise wirken. Reale Handlungsspielräume können durch solche Begegnungen offenbar werden.

Es ist darüber hinaus auch wichtig, dass Lehrkräfte ihren Unterricht danach orientieren, ihren Schülerinnen und Schülern Perspektiven zu vermitteln, die sie in ihrem Leben auch tatsächlich verwirklichen können. Es sollte selbstverständlich sein, die Eltern mit einzubeziehen.

Zusammenfassend lassen sich Anforderungen an die pädagogische Begleitung von Kindern und Jugendlichen mit einer Körperbehinderung formulieren, die dazu beitragen können, dass diese in inklusiven Bildungsangeboten erfolgreich sein können. Sensible und einfühlsame Fachkräfte sollten Beziehungen so gestalten, dass der gegenseitige Umgang miteinander durch folgende Haltungen geprägt ist: Respekt, Aufrichtigkeit, Echtheit und Ehrlichkeit, Offenheit, Verständnis, Rücksichtnahme und den anderen in allem ernst nehmen. Darüber hinaus sollte nicht aus dem Blick geraten, dass es zumindest über gewisse zeitliche Phasen hinweg wichtig sein kann, deutliche Orientierung zu geben. Eine von außen vermittelte stabile Struktur kann helfen, das innere und äußere Chaos überschaubar werden zu lassen.

Diese hier formulierten Anforderungen sind sehr anspruchsvoll. Auch bei erfahrenen Pädagoginnen und Pädagogen kann es ob der Vielzahl und Varianz an möglichen Problemen zu mehr oder weniger großen Unsicherheiten kommen. Dies darf keinesfalls als eigene Unzulänglichkeit verstanden werden. Vielmehr sollte dies als eine Chance gesehen werden, die eigenen Kompetenzen zu erweitern. In solchen Fällen helfen sowohl Gespräche mit vertrauten und kompetenten Kolleginnen und Kollegen als auch professionelle Beratung durch erfahrene Fachkräfte, z. B. vom Mobilen Sonderpädagogischen Dienst (in Bayern) bzw. entsprechender Beratungsstellen der anderen Bundesländer. Auch Schulpsychologische Dienste oder Mitarbeiter der verschiedenen Selbsthilfeverbände können hier angesprochen werden. Geeignete Partner lassen sich über Suchmaschinen im Internet finden.

Literatur

Bergeest, Harry/Boenisch, Jens/Daut, Volker: Körperbehindertenpädagogik. Bad Heilbrunn: Klinkhardt/UTB, 2011

Daut, Volker: Besonderheiten im Verhalten lebensbedrohlich erkrankter Kinder – Möglichkeiten der unterstützenden Begleitung. In: Die Neue Sonderschule 6, 2001, S. 436–444

Daut, Volker: Leben mit Duchenne Muskeldystrophie. Eine qualitative Studie mit jungen Männern. Bad Heilbrunn: Klinkhardt, 2005

DGM: Muskeldystrophie Duchenne und Becker. Im Internet unter https://www.dgm.org/muskelerkrankungen/muskeldystrophie-duchenne-becker [27.03.2014]

Forst, Raimund: Die orthopädische Behandlung der Duchenne-Muskeldystrophie. Stuttgart, New York: Thieme, 2000

Haupt, Ursula: Körperbehinderte Kinder verstehen lernen. Auf dem Weg zu einer anderen Diagnostik und Förderung. Düsseldorf: Verlag selbstbestimmtes leben, 2003

Haupt, Ursula: Wie Lernen beginnt. Grundfragen der Entwicklung und Förderung schwer behinderter Kinder. Stuttgart: Kohlhammer, 2006

Haupt, Ursula: Behindert und gefördert. Kinder mit Körperbehinderungen in unserer Gesellschaft. München: Allitera, 2011

Haupt, Ursula: Cerebrale Bewegungsstörungen bei Kindern und Jugendlichen. In: Haupt, Ursula/Wieczorek, Marion: Cerebrale Bewegungsstörungen bei Schülerinnen und Schülern – Hilfen bei Schwierigkeiten im Schulalltag. Düsseldorf: Verlag selbstbestimmtes leben, 2013, S. 7–14

Haupt, Ursula/Wieczorek, Marion: Kinder und Jugendliche mit cerebralen Bewegungsstörungen in der Schule – Erfahrungsberichte von Eltern. Düsseldorf: Verlag selbstbestimmtes leben, 2012

Haupt, Ursula/Wieczorek, Marion: Cerebrale Bewegungsstörungen bei Schülerinnen und Schülern – Hilfen bei Schwierigkeiten im Schulalltag. Düsseldorf: Verlag selbstbestimmtes leben, 2013

Hermann, Stefan: Leben und Lieben mit einem Handicap. Bopfingen: Eigenverlag, 2002

Largo, Remo H.: Babyjahre. Entwicklung und Erziehung in den ersten vier Jahren. München: Piper, 2011

Lelgemann, Reinhard/Lübbeke, Jelena/Singer, Philipp/Walter-Klose, Christian: Qualitätsbedingungen schulischer Inklusion für Kinder und Jugendliche mit dem Förderschwerpunkt Körperliche und motorische Entwicklung. Forschungsbericht. Köln, Würzburg, 2012. Im Internet unter http://www.uni-wuerzburg.de/fileadmin/06040400/downloads/Forschung/Forschungsbericht_uni_wuerzburg_fertig.pdf [6.12.2013]

Müller, Marco/Brühlmann-Jecklin, Erica: Ich lebe sehr gerne. Skizzen eines jungen schwerbehinderten Mannes. Zürich: Anja Verlag, 2001

Walter-Klose, Christian: Kinder und Jugendliche mit Körperbehinderung im gemeinsamen Unterricht. Befunde aus nationaler und internationaler Bildungsforschung und ihre Bedeutung für Inklusion und Schulentwicklung. Oberhausen: Athena, 2012

IV

Empirische Untersuchungen zur schulischen Inklusion und ihre Bedeutung für die Schulentwicklung

Empirische Befunde zum gemeinsamen Lernen und ihre Bedeutung für die Schulentwicklung

Christian Walter-Klose

Die Inklusion hat begonnen! Immer mehr Kinder und Jugendliche mit und ohne Behinderung lernen gemeinsam und besuchen die gleiche Schule vor Ort. Die Inklusionsquote, dies ist der Anteil der Schülerinnen und Schüler mit Behinderung, die den Gemeinsamen Unterricht besuchen, ist in den letzten Jahren auf 25 % gestiegen (vgl. KMK, 2012). Andererseits besagt diese Statistik auch, dass zurzeit noch mehr als drei Viertel aller Schülerinnen und Schüler mit Behinderung in einer spezialisierten Fördereinrichtung unterrichtet werden. Dies ist deutlich mehr als in vielen anderen Ländern wie z. B. Kanada, USA, Großbritannien, Italien oder Schweden (vgl. OECD, 2003). Was kann man tun, damit mehr Inklusion möglich wird? Wie lässt sich das Schul- und Bildungssystem inklusiver gestalten, wie es die UN-Konvention über die Rechte von Menschen mit Behinderung verlangt?

Eine Antwort wäre, einfach die Förderschulen zu schließen – doch entstehen dadurch neue inklusive Schulen? Sicherlich nicht, denn allein die Aufnahme von Kindern und Jugendlichen mit Behinderung sichert nicht die bestmögliche schulische Bildung aller in einem Gemeinsamen Unterricht. Man kann sich vorstellen, dass neben einem barrierefreien Umbau der Schulen auch die sonderpädagogische Fachkompetenz in den Unterricht einbezogen werden muss. Neue inklusive Bildungssysteme müssen aufgebaut und geschaffen werden.

Hilfreich für den Aufbau inklusiver Schulsysteme kann neben theoretischen Überlegungen und der Anwendung von Modellen und Theorien aus der Heil- und Sonderpädagogik die Auswertung praktischer Erfahrungen aller am Inklusionsprozess Beteiligten sein. Auf Basis guter Praxisbeispiele aus dem In- und Ausland lassen sich Empfehlungen für die inklusive Schulentwicklung ableiten. So ist zu erklären, warum in den 1980er Jahren ein reger »Integrationstourismus« (Deppe-Wolfinger, 1990, S. 18) stattfand, bei dem Schulen in unterschiedlichen Ländern besucht wurden, um mit eigenen Augen zu sehen, wie beispielsweise der Gemeinsame Unterricht in Italien oder Schweden umgesetzt wurde.

Eine andere Vorgehensweise stellt die Durchführung und Auswertung wissenschaftlich empirischer Forschungsarbeiten dar. Auf der Grundlage eines systematischen, geplanten und kontrollierten Vorgehens werden Theorie und Praxis miteinander vereint. Anhand praktischer Erfahrungen in den Schulen können Theorien und Modelle entwickelt und überprüft sowie Empfehlungen für die Schulentwicklung abgeleitet werden. Positive Erfahrungen geben Hinweise auf Modelle mit Vorbildcharakter, negative Erfahrungen weisen auf Schwierigkeiten und Verbesserungsmöglichkeiten hin.

Diese Grundidee stellt die Basis des vorliegenden Artikels dar, wobei zunächst zu klären ist, was als eine positive bzw. eine negative Erfahrung zu werten ist. Macht eine Schule guten inklusiven Unterricht, wenn alle Kinder mit und ohne Behinderung Teil der Klassengemeinschaft sind, oder ist eine Schule erst dann gut, wenn alle Kinder sich in ihren schulischen Leistungen bestmöglich entwickeln? Welche Rolle spielt die persönliche und gesundheitliche Entwicklung aller Schülerinnen und Schüler?

Diese Fragen machen deutlich, dass die Beschäftigung mit Inklusion auch die Frage der Qualität schulischer Bildung berührt: Im Sinne der UN-Konvention über die Rechte von Menschen mit Behinderung sollen Kinder und Jugendliche mit und ohne Behinderung im Rahmen inklusiven Unterrichts bestmöglich in ihrer schulischen und sozialen Entwicklung unterstützt werden. Ohne an dieser Stelle die vergleichenden Schulleistungstests – man denke beispielsweise an die PISA-Studie – aufzugreifen oder Fragen nach Schul- und Bildungsstandards, Steuerungsgruppen oder Schulprogrammen zu thematisieren, ist eine qualitätsbezogene Betrachtung für die Schulentwicklung hilfreich. Es kann untersucht werden, welche Struktur- und Prozessmerkmale der Schul- und Unterrichtssituation sich positiv oder negativ auf die Ergebnisqualität auswirken.

Wertet man beispielsweise die Zufriedenheit mit der Schule als einen Qualitätsindikator, findet sich, dass die überwiegende Anzahl der befragten Eltern mit einer inklusiven Lernsituation, in der individualisierter Unterricht angeboten wird, sehr zufrieden ist (z. B. Lelgemann/Lübbeke/Singer/Walter-Klose, 2012).

Neben dem Blick auf die Qualität schulischer Bildung ist die Beschäftigung mit dem Begriff der Inklusion auch für die Schulentwicklung von besonderer Bedeutung. Wohin soll sich die Bildungslandschaft entwickeln, und was soll das Ziel der Veränderungsprozesse sein? Ist das Ziel aller Bemühungen, dass in allen Schulen Kinder mit und ohne Behinderung miteinander lernen können, oder reicht es, dass einige allgemeine Schulen offen für Kinder mit einer Behinderung sind? Haben Eltern eine freie Wahlmöglichkeit, welche Schulform ihr Kind besuchen soll? Sind Förderschulen Bestandteil eines inklusiven Bildungssystems, oder verdient eine Gesellschaft im schulischen Bereich erst dann das Prädikat »inklusiv«, wenn alle Förderschulen abgeschafft sind?

Antworten auf diese Fragen fallen nicht leicht, da der Begriff der Inklusion sehr heterogen definiert wird. Während die Inklusion für die einen eine Vision kennzeichnet, die einem Leitprinzip die Richtung gibt, sehen andere die Inklusion als realen Zielzustand, der mit der sofortigen Abschaffung aller Förderschulen verbunden ist. Wieder andere ersetzen den Begriff »Integration« einfach durch den der »Inklusion« und tragen so zur vielfältigen Begriffsverwendung und Verwirrung bei.

Um im vorliegenden Artikel Empfehlungen für die inklusive Schulentwicklung für die Schülerschaft mit körperlicher und/oder mehrfacher Behinderung abzuleiten, ist es aus diesem Grund sinnvoll, zunächst der Frage nachzugehen, was Inklusion eigentlich ist, bevor im weiteren Verlauf ein Modell vorgestellt wird, mit dem sich die Qualität schulischer Bildung beschreiben lässt und das neben der Heterogenität der Bildungssituationen auch die Vielfalt der Schülerinnen und Schüler abbildet. Die Ergebnisse nationaler und internationaler Studien zum gemeinsamen Lernen, die in den letzten 40 Jahren durchgeführt wurden und insbesondere Schülerinnen und Schüler mit körperlichen Beeinträchtigungen berücksichtigten, werden im dritten Abschnitt vorgestellt. Sie stellen die Basis für die im letzten Abschnitt beschriebenen Empfehlungen für den Aufbau inklusiver Bildungssysteme dar.

1 Überlegungen zur Inklusion als Ziel der Schulentwicklung

Die Diskussionen zum Thema Inklusion sind häufig hitzige Auseinandersetzungen mit gegensätzlichen Polen: Während für die einen die Abschaffung der Förderschulen unumgänglich ist, wollen andere an einem pluralistischen Schulsystem mit gemeinsamen und separierten Lernangeboten festhalten. Doch was ist eigentlich Inklusion? Erlaubt ein Schulsystem, das inklusiv sein soll, das Vorhandensein spezialisierter Förderklassen, und wie viel Separation darf in einer inklusiven Schule stattfinden? Müssen alle Kinder immer in einer Klasse zusammen sein?

Die Vorstellung davon, wie ein inklusives Schulsystem aussehen soll, ist in Deutschland höchst unterschiedlich. Von Bundesland zu Bundesland unterscheiden sich die Umsetzungen in den Gesetzen der Länder (z. B. Klemm, 2013). Eine ähnliche Heterogenität in der Umsetzung der UN-Konvention über die Rechte von Menschen mit Behinderung findet sich auch im internationalen Kontext. Während für die einen gemeinsame Lernsituationen das Merkmal eines inklusiven Schulsystems darstellen, hier lässt sich beispielsweise Italien anführen, erlauben andere den Besuch von Förderklassen in Regelschulen wie z. B. USA, Frankreich oder Schweden (Walter-Klose, 2012).

Auch wenn diese Vielfalt inklusiver Bildungssysteme ganz im Sinne der Inklusion zu würdigen ist, erstaunt sie dennoch: Lässt die UN-Konvention in ihrer Umsetzung so viel Spielraum? Verbunden mit dieser Frage ist auch die Überlegung, inwiefern Inklusion etwas Neues ist und wie sie sich von der früheren Integrationspraxis unterscheiden soll. Manchmal scheint es so, als sei lediglich der bisher verwendete Begriff der Integration durch den der Inklusion ersetzt worden: Schülerinnen und Schüler mit Behinderung werden nicht mehr integriert, sondern inkludiert. Integrative Schulen werden zu inklusiven Schulen – und nicht immer verändert sich das Schulsystem bei diesem Namenswechsel.

In der Wissenschaft ist es nicht viel anders. Die Verwendung der Begriffe Integration und Inklusion gleicht einer »babylonischen Sprachverwirrung«, wie Wocken (2011, S. 59) feststellt. Während für die einen Inklusion mit Integration gleichzusetzen ist – man denke an die Übersetzung der UN-Konvention über die Rechte von Menschen mit Behinderung ins Deutsche – bevorzugen andere den Begriff der Integration, da er »auf der theoretischen Ebene [...] umfassender und tiefer gehend« sei (Reiser, 2007, S. 99; vgl. auch Singer hier im Buch). Nur die Praxis und die Tatsache, dass im Zusammenhang mit der Integration in der Vergangenheit häufig keine wesentlichen Anpassungen des Unterrichts an die Kinder mit Behinderung stattfanden, habe dazu geführt, dass die visionäre Kraft des Begriffs Integration verlorenging (Reiser, 2003, S. 308). Sander (2003, S. 319f.) sieht den Begriff der Inklusion in diesem Zusammenhang als Chance und bezeichnet sie als »optimierte und erweiterte Integration«, damit die defizitäre Praxis der Integration überwunden und eine individualisierte Förderung zum Vorteil für alle Kinder und Jugendlichen werden kann.

Dabei findet sich, dass auf einer pragmatischen Ebene beide Begriffe einen Gemeinsamen Unterricht beschreiben, in dem Schülerinnen und Schüler mit und ohne Behinderung gemeinsam unterrichtet werden (Tab. 1). Auch wird mit beiden Begriffen das Ziel verbunden, dass durch die Integration bzw. Inklusion eine Veränderung der Gesellschaft in Hinblick auf mehr Toleranz und Wertschätzung von Unterschiedlichkeit stattfindet. Die Gesellschaft soll Menschen mit und ohne Behinderung gleichberechtigt behandeln und die Vielfalt der Schülerinnen und Schüler als bereichernd erleben. Erst der Kontakt zwischen Menschen mit und ohne Behinderung ermöglicht, dass gegenseitige Ängste, Unsicherheiten und Vorurteile abgebaut werden.

Unterschiede zwischen den Begriffen Integration und Inklusion finden sich zum einen in ihrer juristischen Bedeutsamkeit. Wenn auch die Vision, die mit der Integration verbunden war, mit der der Inklusion vergleichbar ist, blieb die Forderung der Integration aus juristischer Sicht nur eine Empfehlung in den Gesetzen und Ausführungsbestimmungen. In der Praxis hatte der empfehlende Charakter der Integration die Folge, dass Kinder in Regelklassen nur aufgenommen werden konnten, wenn sie sich an das Regelsystem anpassen konnten und Unterricht mit Hilfe sonderpädagogischer Begleitung und individuellen Hilfsmitteln möglich war. Die Idee der Integration war von dem guten Willen aller Beteiligten abhängig. Die Verankerung des Inklusionsgedankens in einer UN-Konvention und der Forderung nach dem Recht auf den Zugang zur allgemeinen Schule vor Ort dagegen verpflichtet das Bildungssystem zur Veränderung: Nicht Kinder mit Behinderung müssen integriert werden, sondern das Bildungssystem muss sich flexibel an die Bedürfnisse der Kinder anpassen (z. B. Bielefeldt, 2010, S. 67; UNESCO, 2005).

Tab. 1: Gegenüberstellung von Gemeinsamkeiten und Unterschieden der Begriffe Integration und Inklusion in der Praxis

	Integration in der Praxis	Inklusion
Pragmatik in der Schulklasse	Schülerinnen und Schüler mit und ohne Behinderung besuchen den Gemeinsamen Unterricht	
Gesellschaftspolitische Vision	Veränderung der Gesellschaft hin zu mehr Toleranz und einem gleichberechtigten Umgang miteinander, verbunden mit einer Wertschätzung von Heterogenität und Vielfalt	
Juristische und politische Mächtigkeit	Empfehlungscharakter	Menschenrecht
Zugang zum Schulsystem	Zugang zur allgemeinen Schule, wenn die schulische Bildung nach Einschätzung der Lehrkräfte und Schulbehörden erfüllt werden kann	Wahlfreiheit zwischen allgemeiner Schule und Förderschule; die allgemeine Schule ist die Schule für alle
Interventionsperspektive	Schülerinnen und Schüler mit Behinderung werden, falls möglich, in das allgemeine Schulsystem integriert; bei Bedarf wird sonderpädagogische Fachkompetenz ergänzt	Veränderung der allgemeinen Schule, die sich für alle Schülerinnen und Schüler mit ihrem individuellen Unterstützungsbedarf verantwortlich fühlt; eine inklusive Unterrichtsplanung ermöglicht einen konstruktiven Umgang mit der Vielfalt der Schülerinnen und Schüler
Historische Entwicklung	Schere zwischen Vision und Realität	In Deutschland neu und unbelastet; positive Berichte im internationalen Vergleich
Personenkreis	Kinder mit Behinderung	Alle Kinder

Anhand dieser Gegenüberstellung der Begriffe wird deutlich, dass mit dem Wort Inklusion im pädagogischen Verständnis mehr verbunden ist, als sich nur durch eine Übersetzung des Wortes »includere« in »einschließen« oder »einbeziehen« erahnen lässt. Es geht bei der Forderung nach schulischer Inklusion, wie sie durch die UN-Konvention formuliert wurde, nicht nur um die soziale Teilhabe im Gemeinsamen Unterricht. Ein weiterer Bestandteil ist die Aufforderung an das Schul- und Bildungssystem, sich an alle Schülerinnen und Schüler derart anzupassen, dass diese sich bestmöglich entwickeln können und Heterogenität konstruktiv genutzt werden kann. Eine dritte Dimension ist mit der normativen Forderung nach gleichberechtigter Teilhabe aller Menschen verbunden. Inklusion ist Menschenrecht.

Neben diesen drei Ebenen, die in der Diskussion im Zusammenhang mit Inklusion häufig vermischt werden, stellt sich eine weitere Frage zum Inklusionsbegriff: Ist ein inklusives Schulsystem, in dem alle Kinder und Jugendlichen mit ihrer Individualität und Vielfalt jederzeit bestmöglich gefördert werden und sich die Schule an die Bedürfnisse aller Kinder flexibel anpasst, ein real erreichbarer Zustand oder eine visionäre Utopie?

Kobi (1997) thematisierte diese Frage bereits im Zusammenhang mit dem Begriff Integration, da der Anpassungsprozess einer Schule aus seiner Sicht stets an zeitliche, regionale, materielle und personale Bedingungen geknüpft sei. Die Verwirklichung des Ziels der optimalen Anpassung benötigt in diesem Sinne stets Zeit, so dass Diskrepanzen zwischen dem Ziel und dem Weg zum Ziel zu erwarten sind. Konkret kann dies heißen, dass eine Schule vor Ort, die eine Schülerin mit Körperbehinderung aufnimmt, Zeit benötigt, um sich an die Bedürfnisse der Schülerin anzupassen, beispielsweise um das Schulhaus barrierefrei umzubauen. Um die Kommunikation über Integration zu verbessern und Missverständnisse zu vermeiden, nannte Kobi die Vision der Integration »unbedingte Integration«, während die Praxis stets »bedingt« sein müsse (ebd.).

Liest man die Erklärung von Salamanca und die UN-Konvention über die Rechte von Menschen mit Behinderung, findet man diese Trennung von Vision und Weg ebenfalls. Der Begriff der Inklusion wird hier als Annäherungsprozess verstanden, um das Ziel einer »vollständigen« Inklusion zu erreichen. In den »Guidelines for Inclusion«, die 2005 von der UNESCO publiziert wurden und Hinweise geben sollen, wie nationale Bildungssysteme zu verändern sind, wird Inklusion folgendermaßen definiert:

> »Inclusion is seen as a process of addressing and responding to the diversity of needs of all learners through increasing participation in learning, cultures and communities, and reducing exclusion within and from education. It involves changes and modifications in content, approaches, structures and strategies, with a common vision which covers all children of the appropriate age range and a conviction that it is the responsibility of the regular system to educate all children.« (UNESCO, 2005, S. 13ff.)

Inklusion wird als Leitprinzip verstanden, das geprägt von einem kontinuierlichen Bemühen der allgemeinen Schule ist, auf die Unterschiedlichkeit der Kinder zu reagieren, die Unterschiedlichkeit der Kinder für das Lernen nutzbar zu machen, Barrieren zu identifizieren und abzubauen und die Leistungsentwicklung aller Schülerinnen und Schüler sowie ihr Gefühl, an der Gemeinschaft teilzuhaben, zu fördern (UNESCO, 2005, S. 13ff.). In der Praxis wird ein spezialisiertes Schulsystem für eine kleine Gruppe von Schülerinnen und Schülern mit Behinderung vorgesehen.

Ein weiteres Indiz für diese Betrachtung liefert die UN-Konvention über die Rechte von Menschen mit Behinderung selber. Hier wird in Artikel 24 gefordert, dass Kindern und Jugendlichen mit Behinderung ein gleichberechtigter Zugang zum Gemeinsamen Unterricht gewährt werden muss, indem sie bestmöglich in ihrer sozialen und leistungsbezogenen Entwicklung »consistent with the goal of full inclusion« (UN 24, 2e) unterstützt werden. Es wird mit Blick auf das Schulsystem nicht verlangt, dass es nur noch inklusive Schulen und keine Förderschulen mehr geben darf (vgl. Bielefeldt, 2010).

Fasst man die bisherigen Überlegungen zusammen, wird deutlich, dass die Inklusion im Kontext der Schule ein multidimensionaler Begriff ist und wenigstens fünf Aspekte berührt (Abb. 1). Neben einem sozial-deskriptiven Element, das kennzeichnet, dass alle Menschen mit und ohne Behinderung gemeinsam in einer Klasse lernen, ist die Anpassungsfunktion der Schule und die Veränderung des Bildungssystems als eine zweite Dimension des Inklusionsbegriffs zu betrachten. Diese Unterscheidung ist insofern wichtig, da sich hier der pädagogische Inklusionsbegriff von einem soziologischen Verständnis unterscheidet, wie er beispielsweise von Luhmann (1997) geprägt wurde. Es geht nicht nur um die Beschreibung eines Zustandes, sondern auch um deren Herstellung durch Veränderung des Systems. Als weitere Elemente des Begriffs Inklusion sind die menschenrechtliche und die zielbezogene Dimension zu trennen, wobei letztere die Frage beinhaltet, ob Inklusion einen realen Zielzustand oder eine Vision kennzeichnet. Betrachtet man die mit Inklusion verbundenen Vorstellungen zum gemeinsamen Lernen aller Schüler als Vision, folgt das Bemühen um Inklusion einem Leitprinzip, da ein vollkommen inklusives Bildungssystem nie erreicht werden kann. Sieht man das Ziel dagegen als realistisch erreichbar an, sind alle Aktionen auf die Herstellung einer inklusiven Lernsituation für alle Kinder ausgerichtet. Zufrieden mit der Zielerreichung kann man in diesem Fall erst sein, wenn alle Kinder gemeinsam lernen und es keine speziellen Förderschulen und Förderklassen mehr gibt.

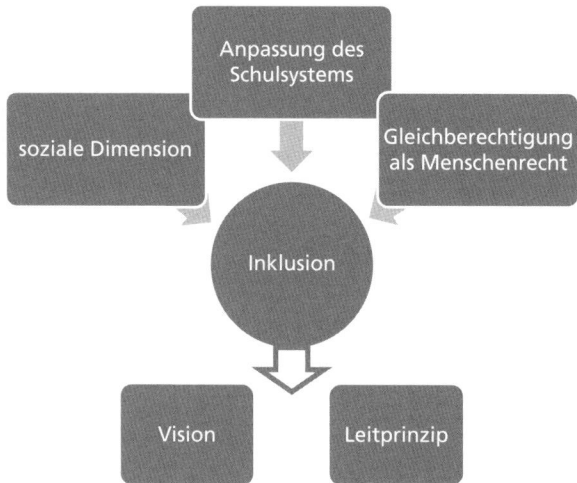

Abb. 1: Dimensionen des Inklusionsbegriffs

Im Rahmen der vorliegenden Arbeit wird Inklusion als visionärer Zielzustand verstanden, an dem sich die Bemühungen aller Akteure im Bildungssystem ausrichten müssen. Die Sorge um einen Unterricht, in dem Kinder mit und ohne Behinderung gleichberechtigt lernen und bestmöglich gefördert werden, ist als Leitprinzip menschenrechtlich verankert. Die Umsetzung der Inklusion in der Praxis orientiert sich an diesem Prinzip und lässt sich als »inklusionsorientiert« beschreiben.

2 Qualität inklusiver Beschulung für Kinder und Jugendliche mit Körperbehinderung

Die Verpflichtung zu einem inklusiven Bildungssystem ist Kern des Artikels 24 der UN-Konvention über die Rechte von Menschen mit Behinderung. Hier wird gefordert, dass die Staaten ein Bildungssystem sicherstellen, bei dem im Sinne der Gleichberechtigung aller Menschen jede Schülerin und jeder Schüler mit und ohne Behinderung das Recht hat, die allgemeine Schule vor Ort zu besuchen, um dort bestmöglich in seiner schulischen und sozialen Entwicklung unterstützt zu werden. Aus der Perspektive einer Schule bedeutet dies, dass sich jede Schule vor Ort flexibel auf die individuellen Lern- und Förderbedürfnisse aller Kinder einstellen muss, so dass diese in ihrer Entwicklung bestmöglich gefördert werden. Dies gilt für Schülerinnen und Schüler mit Behinderung ebenso wie für ihre Mitschüler ohne Behinderung.

Diese Forderung lässt sich als Frage der Qualität schulischer Bildung beschreiben: Strukturen und Prozesse der Schule sollen dazu beitragen, dass Kinder und Jugendliche in der Schule bestmögliche Bildungsergebnisse erzielen. Doch was heißt bestmöglich? Was ist eine gute Qualität in der Schule?

Im einfachsten Fall kann Qualität nach Heid (2009, S. 56) als die Anwendung von Beurteilungskriterien auf einen Beurteilungsgegenstand verstanden werden. Kennt das Kind nach dem Mathematikunterricht den Satz des Pythagoras, war der Unterricht wohl erfolgreich. War es im Unterricht zudem interessiert, war der Unterrichtsprozess für das Kind interessant. Diese Konkretisierungen weisen darauf hin, dass mit der Qualitätsdiskussion auch eine Reflexion über Bildung und Bildungsziele beginnt. Boban und Hinz betonen in diesem Sinne, dass die Frage der Qualität schulischer Bildung einer Klärung bedarf, »welches Selbstverständnis das Kollektiv hat, welche Leistungen es anstrebt, auf welchen Wegen dies geschehen soll und welche Zielsetzungen vielleicht auch nicht realisierbar sind« (Boban/Hinz, 2003, S. 2). Liket (1995, S. 82) bringt es auf den Punkt, indem er schreibt: »[D]ie Qualitätsdiskussion [ist] nichts anderes als die Diskussion über Bildung und Erziehung im allgemeinen«.

Auf Basis der UN-Konvention sind einige wichtige Kriterien vorgegeben: In einem Gemeinsamen Unterricht sollen Menschen mit Behinderung – gleichberechtigt wie ihre Mitschülerinnen und Mitschüler – bestmöglich in ihrer schulischen und sozialen Entwicklung (Art. 24, 2e) unterstützt werden. Ein weiteres Ziel wird benannt: »Menschen mit Behinderungen ihre Persönlichkeit, ihre Begabungen und ihre Kreativität sowie ihre geistigen und körperlichen Fähigkeiten voll zur Entfaltung bringen zu lassen« (UN-Konvention, Artikel 24, Abs. 1).

Integriert man diese Überlegungen in ein Modell zur Qualität schulischer Bildung, wie Ditton (2000) es entworfen hat, und passt es für den Kontext Inklusion an, ergibt sich das in Abbildung 2 dargestellte Modell. Es ermöglicht, die Situation von unterschiedlichen Protagonisten im Zusammenhang mit dem Gemeinsamen Unterricht abzubilden, den Einfluss von Ausstattungsmerkmalen und organisatorischen Erfordernissen und ihre Interaktionen zu beschreiben und zu strukturieren.

2 Qualität inklusiver Beschulung für Kinder und Jugendliche mit Körperbehinderung

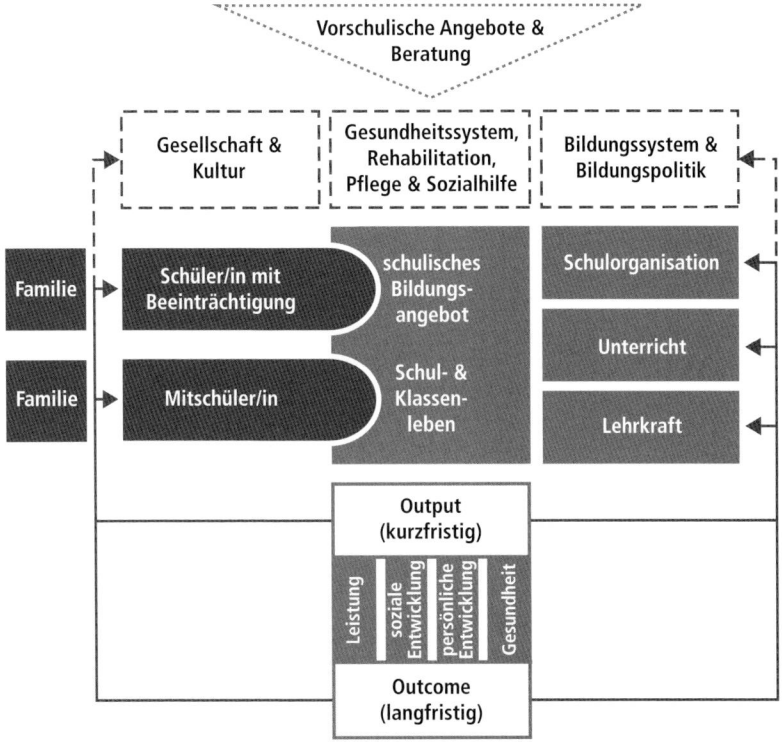

Abb. 2: Modell zur Qualität inklusiver Bildungsangebote

Auf der einen Seite sind die Kinder und Jugendlichen mit und ohne Behinderung dargestellt. Sie besuchen die Schule mit dem Ziel, sich dort in ihren leistungsbezogenen, sozialen, persönlichen und gesundheitsbezogenen Kompetenzen weiterzuentwickeln. Die Ergebnisse schulischer Bildung – im Modell in Anlehnung an Ditton als Output bzw. Outcome bezeichnet – sind Entwicklungen der Schülerinnen und Schüler, z. B. Lernzuwachs, persönliche Kompetenzen wie Selbstvertrauen oder aber eine berufliche Anstellung auf dem Arbeitsmarkt. Beeinflusst werden die Bildungsergebnisse zum einen durch Merkmale der Schüler selbst – hier können Unterstützungsbedürfnisse, Kompetenzen, Beeinträchtigungen genannt werden – sowie durch Merkmale der Familien. Die spezielle Trennung in Schülerinnen und Schüler mit und ohne Behinderung verweist auf die Bedeutung einer Ausrichtung auf die Vielfalt aller Kinder und Jugendlichen im Zusammenhang mit Inklusion: Ein schulisches Bildungsangebot muss jedes Kind individuell unterstützen und gleichzeitig alle Kinder im Blick haben. Nur so kann der Gemeinsame Unterricht gerecht sein, Ausgrenzung und Diskriminierung verhindert werden und die Vielfalt als wertvoll erlebt werden.

Auf der anderen Seite steht das schulische Bildungsangebot, das in Form der Schul- und Unterrichtsorganisation sowie in der Person der Lehrkraft einen zentralen Einfluss auf die Entwicklung der Kinder in der Schule ausübt, wie Hattie (2008) jüngst in seiner Metaanalyse deutlich machen konnte. Im Modell zur Qualität inklusiver Bildungsangebote wird die Schulorganisation in Bereiche des Schul- und Personalmanagements, der Architektur sowie der sächlichen Ausstattung unterschieden. Die Lehrkraft, die den Unterricht inhaltlich und methodisch für alle Schülerinnen und Schüler gestaltet, wird in diesem Modell extra aufgeführt, da sie als besonders wichtig gesehen wird. Neben dem Unterricht spielen auch Begegnungen auf dem Pausenhof und die Teilnahme an Ausflügen im Rahmen des Schul- und Klassenlebens eine Rolle für die individuelle und vor allem soziale Entwicklung.

Gerahmt wird die Interaktion von Schüler und Schule durch gesellschaftliche Faktoren, dem Bildungs- und Gesundheitssystem sowie durch vorschulische Erfahrungen der Kinder. Diese Kontextfaktoren beeinflussen das schulische Bildungsgeschehen, wie im nächsten Abschnitt zu den empirischen Befunden deutlich werden wird.

Die zentrale Leistung dieses Modells ist eine theoretische Fundierung unterschiedlicher qualitätsbezogener Perspektiven, die im Kontext des Gemeinsamen Unterrichts untersucht werden können. Merkmale der Ergebnisqualität als kurzfristige oder langfristige Entwicklung der Schülerinnen und Schüler können ebenso erfasst werden wie Aspekte der Struktur- oder Prozessqualität der Schulsituation. Weiterhin beinhaltet es die Idee, dass die Anpassung der Schule an die Schüler Einfluss auf die schulische Entwicklung haben kann. Diese Interaktionsdimension, man kann sie als Passungsqualität beschreiben, wird im Modell als wechselseitiger Anpassungsprozess verstanden. Das Konzept der wechselseitigen Anpassung trägt der oben benannten Verantwortung der Schule Rechnung, sich im Zusammenhang mit der Inklusion an die Fähigkeiten und Bedürfnisse aller Schülerinnen und Schüler mit und ohne Behinderung anzupassen. Auf der anderen Seite sind die Kinder und Jugendlichen nicht passiv – auch sie bemühen sich um Anpassung an die Schule. Durch diese Konzeption wird dem Phänomen Rechnung getragen, dass eine schlechte Anpassung der Schulorganisation an den Schüler zu Kompensationsbemühungen der Schülerschaft und der Eltern führen kann, wie sich in verschiedenen wissenschaftlich dokumentierten Erfahrungsberichten zeigt.

3 Empirische Befunde zum Gemeinsamen Unterricht mit Kindern und Jugendlichen mit Körperbehinderung

Die Beschreibung und Analyse der Erfahrungen von Schülerinnen und Schülern, Eltern und Lehrkräften, die am Gemeinsamen Unterricht teilnehmen, ist Gegenstand vieler wissenschaftlicher Arbeiten. Im Folgenden sollen die Ergebnisse aus wissenschaftlichen Studien, das sind »Untersuchungen, die auf methodisch kontrollierten Beobachtungen im weitesten Sinne – wie Tests, Interviews, Fragebogen, Experimenten – und nicht auf Spekulationen basieren« (Rost, 2009, S. 16), vorgestellt werden. In der Regel sind Studien gekennzeichnet durch eine Problembeschreibung, eine Darstellung der Methodik inklusive der Fragestellung, der systematischen Darstellung und Analyse der Befunde, aus denen anschließend eine Beantwortung der Fragestellung hergeleitet sowie Schlussfolgerungen für das Themenfeld gezogen werden (vgl. Bortz/Döring, 2006, S. 31f.).

Ausgehend von der Feststellung, dass in der deutschsprachigen Literatur bislang zu wenige Arbeiten für wissenschaftlich fundierte Aussagen zum Personenkreis der Menschen mit Körperbehinderung vorliegen (Klemm/Preuss-Lausitz, 2008) und ein »sehr großes Forschungs- und Orientierungsdefizit« (Bergeest/Boenisch/Daut, 2011, S. 231f.) besteht, werden für den Überblick über wissenschaftliche Befunde im Folgenden neben nationalen auch internationale Befunde dargestellt. Die Wahl einer internationalen Perspektive und die Berücksichtigung internationaler wissenschaftlicher Studien sind in der Sonderpädagogik in Deutschland bedauerlicherweise eher unüblich, wenn auch Erfahrungen aus Italien, Kanada und Schweden immer wieder als Modelle für die Schulentwicklung in Deutschland zitiert werden (z. B. Hinz, 1993). Sicherlich ist dabei zu beachten, dass die Ergebnisse aufgrund unterschiedlicher Bildungssysteme nur teilweise auf das nationale Bildungssystem übertragen werden können und »Vergleiche zwischen Nationen künstliche Reduktion nationaler Vielfalt und massive Vereinfachung« (Bürli, 2009, S. 19) darstellen, jedoch weisen Überblicksarbeiten darauf hin, dass eine Übertragbarkeit umso besser gegeben ist, je vergleichbarer die Bildungssysteme sind und je näher der Fokus der Studien auf der Situation im Klassenraum liegt (vgl. Wang/Haertel/Walberg, 1993).

Durchsucht man die wissenschaftlichen Datenbanken für die Bereiche Pädagogik und Psychologie, lassen sich für den Personenkreis der Menschen mit Körperbehinderung 72 internationale und 9 nationale Arbeiten für den Zeitraum von 1970 bis zum Jahr 2010 finden, in denen der Gemeinsame Unterricht untersucht wurde (Walter-Klose, 2012). Für den Zeitraum von 2011 bis 2013 können nach erneuter Recherche sieben deutschsprachige Arbeiten für diesen Personenkreis ergänzt werden: Die Arbeiten von Haupt und Wieczorek (2012) sowie Lelgemann, Lübbeke, Singer und Walter-Klose (2012) sind umfassende Befragungen zur Situation von Schülerinnen und Schülern mit Körperbehinderung, die den Gemeinsamen Unterricht an integrativen Schulen besuchen oder in einer Förderschule unterrichtet werden. Gebhard, Olliges und Schumacher (2013) legen ihren Blick auf Förderschulen, die sich auf den Weg zur inklusiven Schule machen. Gebhardt und Kollegen (2011) sowie Schwab et al. (2012) untersuchten die Einschätzungen von Lehrkräften aus Österreich, inwiefern Schüler mit Behinderung und die Mitschüler vom Gemeinsamen Unterricht profitieren. Die Schweizer Arbeitsgruppe um Gasser, Chilver-Stainer und Buholzer (2011) sowie Gasser et al. (2012) befragten Mitschüler von Kindern mit Behinderung zu ihrer Einstellung, ob Kinder mit Behinderung aus sozialen Gruppen ausgeschlossen werden dürfen, und untersuchten in diesem Zusammenhang das moralische Verständnis der interviewten Schülerinnen und Schüler.

Für den vorliegenden Artikel werden die Befunde des systematischen Literaturreviews für den Zeitraum von 1970 bis 2010, wie sie bei Walter-Klose (2012; 2013) publiziert sind, zusammenfassend dargestellt und um wichtige Ergebnisse der neueren Arbeiten ergänzt. Angelehnt an das Modell zur Qualität inklusiver Bildungsangebote werden in einem ersten Schritt Aussagen zur Wahl der Schulform getroffen: Was bewegt Eltern, ihr Kind an einer inklusiven Schule oder an einer Förderschule anzumelden? Unterscheiden sich Kinder, die an inklusiven Schulen angemeldet werden, von denen, für die Eltern die Förderschule als passenden Förderort beurteilen, und welche Kinder und Jugendlichen mit Behinderung nehmen am Gemeinsamen Unterricht teil? Im Anschluss an diese Fragen wird die Ergebnisqualität schulischer Bildung betrachtet, bevor ausgewählte Befunde zu Anpassungserfordernissen im Bereich der Schul- und Unterrichtsorganisation berichtet werden. Abschließend wird das Konzept der wechselseitigen Anpassung thematisiert, da in den Befunden deutlich werden wird, dass die Qualität der Anpassung der Schule an die jeweiligen Schüler Auswirkungen auf die Zufriedenheit und Belastung aller beteiligten Akteure hat.

Kinder mit Körperbehinderung und ihre Eltern

Ein durch die nationalen und internationalen Studien gesicherter Befund ist, dass Kinder und Jugendliche aller Formen und Schweregrade von körperlichen Beeinträchtigungen und chronischen Krankheiten am Gemeinsamen Unterricht teilnehmen. Neben Kindern mit Mehrfachbehinderungen wird von gemeinsamen Lernsituationen berichtet, in denen Kinder mit cerebral bedingten Lähmungen teilnehmen, Kinder mit Spina bifida, Duchenne Muskeldystrophie, Kleinwuchs oder Kinder, die auf dauerhafte Beatmung angewiesen sind. Allerdings zeigt sich, dass im Vergleich hierzu im statistischen Durchschnitt der Unterstützungsbedarf der Schülerinnen und Schüler, die eine Förderschule besuchen, im Hinblick auf Pflege, Therapie oder im lebenspraktischen Bereich deutlich erhöht ist. Haupt und Wieczorek (2012) stellen ebenso wie Lelgemann, Lübbeke, Singer und Walter-Klose (2012) fest, dass insbesondere selbstständigere und sprachlich kompetente Schülerinnen und Schüler mit einem geringeren Unterstützungsbedarf im Bereich Pflege den Gemeinsamen Unterricht besuchen. Einen Überblick der Ergebnisse der Studie von Haupt und Wieczorek (2012), die sich speziell mit Kindern und Jugendlichen mit infantiler Cerebralparese beschäftigte, gibt die Tabelle 2.

Tab. 2: Vergleich der Schülerschaft, die eine Förderschule (n = 127) besucht, mit der, die den Gemeinsamen Unterricht (n = 41) besucht (nach Haupt/Wieczorek, 2012, S. 12f.)

Kompetenzen und Unterstützungsbedarf	Schülerinnen und Schüler mit ICP an Förderschulen	Schülerinnen und Schüler mit ICP im Gemeinsamen Unterricht
auf den Rollstuhl angewiesen	58 %	46 %
gut verständliches Sprechen	43 %	68 %
Sprechen mit Hilfsmittel/Sprechen nicht möglich	32 %	7 %
Hilfe beim Anziehen benötigt	85 %	61 %
Hilfe auf der Toilette	85 %	58 %
Schwierigkeiten beim Schreiben	69 %	56 %
hat Physio- und/oder Ergotherapie	87 %	22 %
Förderung in Unterstützter Kommunikation UK	34 %	17 %

Die Unterschiede der Schüler zwischen den Schulformen werden in dieser Studie auch durch den Befund untermauert, dass am Gemeinsamen Unterricht zwar vereinzelt Kinder mit Mehrfachbehinderung teilnehmen – 2 % der befragten Eltern gaben an, dass ihr Kind eine schwere Mehrfachbehinderung habe. An den Förderschulen allerdings stieg die Prozentzahl ums 15fache deutlich an: 31 % der befragten Förderschuleltern hatten ein Kind mit schwerer Mehrfachbehinderung.

Vor diesem Hintergrund wird auch der Befund von Lelgemann und Kollegen (2012) verständlich, dass Eltern von Förderschülern eine barrierefreie Raumgestaltung sowie das Therapie- und Pflegeangebot der Schule besonders wichtig sind (Tab. 3). Einige der Eltern geben zudem an, dass sie sich einen Wechsel ihres Kindes in den Gemeinsamen Unterricht vorstellen könnten, wenn diese Bedingungen auch hier realisiert werden könnten.

Auf der anderen Seite zeigte sich, dass Eltern, deren Kinder am Gemeinsamen Unterricht teilnahmen, die Schule vor allem wegen der Möglichkeit des sozialen Lernens und des sozialen Kontaktes zu den Mitschülern ohne Behinderung auswählten. Auch war ihnen das Ganztagsangebot der integrativen Schule besonders wichtig.

Tab. 3: Merkmale, die für Eltern bei der Entscheidung für eine Förderschule oder eine integrative/inklusive Schule von Bedeutung sind (Lelgemann/Lübbeke/Singer/Walter-Klose, 2012)

Für Eltern an beiden Schulformen gleich wichtig	Für Förderschuleltern wichtiger	Für Integrations-/Inklusionsschuleltern wichtiger
• gutes Lehrer-Schüler-Verhältnis • Umgang mit Behinderung an der Schule • Zusammenarbeit Schule und Elternhaus • personelle Ausstattung • Selbstständigkeitsentwicklung • Leistungsentwicklung • Berufsaussichten • Ausstattung Lehr- und Lernmittel • Teilnahme am Sportunterricht • Hausaufgaben-/Freizeitsituation	• Therapieangebot • behindertengerechte Architektur • Pflegeangebot	• Entwicklung sozialer Fähigkeiten • sozialer Kontakt zu Mitschülern • Ganztagsangebot

Vergleiche zwischen Eltern, deren Kinder jeweils die unterschiedlichen Schulformen besuchten, machten weiterhin deutlich, dass für das Gelingen des Schulbesuchs das elterliche Engagement unterschiedlich bedeutsam war und die Eltern unterschiedlich belastet wurden.

So fand Haupt (1997) heraus, dass die Eltern, deren Kinder den Gemeinsamen Unterricht besuchten, durch Fahrdienste und Hilfeleistungen in der Schule stärker belastet waren als die Eltern, deren Kinder eine Förderschule besuchten. Haupt kam zu dem Schluss, dass es »für die Entscheidung der Eltern und für die Beratung der Eltern hinsichtlich der Schulwahl bedeutsam [ist], vorhandene Belastungen und mögliche Entlastungen realistisch zu berücksichtigen« (Haupt, 1997, S. 155). Ein ähnliches Ergebnis replizierte die Autorin zusammen mit Wieczorek 15 Jahre später. Während 66 % der befragten Eltern von Kindern mit ICP im Zusammenhang mit dem Gemeinsamen Unterricht Belastungen angaben, lag die Zahl bei den Förderschuleltern nur bei 27 %. Lelgemann und Kollegen (2012) beschreiben in diesem Zusammenhang, dass die von ihnen befragten Eltern der Integrationsschüler bereits bei der Wahl der Schulform mehr Engagement und Einsatz zeigen müssen. Sie verbringen häufig viel Zeit für die Recherche nach der richtigen Schule. Insgesamt kommen die Autoren zu dem Schluss, dass

> »der Einfluss des Elternhauses eine große Rolle hinsichtlich der Wahl des Schulortes sowie des Zustandekommens einer inklusiven Lernsituation *[spielt]*. Fast alle Eltern, deren Kinder sich im gemeinsamen Unterricht befinden, beschreiben darüber hinaus, dass sie sich auch vor Ort für das Gelingen einsetzen und in der Schule engagieren.« (Lelgemann/Lübbeke/Singer/Walter-Klose, 2012, S. 48f.)

Insbesondere Unterstützungsleistungen für Fahrdienste, Unterricht, Wahrnehmung und Vertretung der Bedürfnisse der Kinder gegenüber der Schule werden hier genannt.

Zusammengenommen wird deutlich, dass der Unterstützungsbedarf der Schüler sowie die Ressourcen der Familie eine wesentliche Bedeutung für das Gelingen des Gemeinsamen Unterrichts haben, denn einerseits müssen Eltern durch ihr Engagement Probleme der Schulanpassung kompensieren, andererseits scheint der Unterstützungsbedarf der Schülerinnen und Schüler bislang nicht an jeder Schule erfüllt werden zu können. Der Gemeinsame Unterricht muss in diesem Zusammenhang – wie es im Modell zur Qualität inklusiver Bildungsangebote dargestellt ist – als wechselseitige Anpassung von Schüler und Schule verstanden werden. Je besser die Schule an die Schülerinnen und Schüler angepasst ist, desto geringer ist deren Belastung.

In diesem Zusammenhang scheint abschließend auch das Ergebnis der Arbeit von Gebhard, Olliges und Schumacher (2013) beachtenswert. Die Autoren begleiteten eine Förderschule, die sich für Kinder ohne Behinderung geöffnet hat, und fragten die Eltern der nichtbehinderten Kinder, warum sie diese Schule für ihr Kind ausgewählt hätten. Die Befragten begründeten ihre Schulwahl damit, dass aus ihrer Sicht die Ziele der Inklusion an der untersuchten Förderschule besonders gut gelingen könnten, da die Schule hinsichtlich Personal- und Sachausstattung sehr gut ausgestattet sei, die Beteiligten im Rahmen des Modellprojekts sehr engagiert und motiviert seien und in der Schule Kompetenzen vorhanden seien, Kinder mit Behinderung besonders zu fördern und möglichen Herausforderungen z. B. aufgrund von Verhaltensauffälligkeiten angemessen zu begegnen.

Befunde zu den Ergebnissen schulischer Bildung

Nach der UN-Konvention soll der Gemeinsame Unterricht derart gestaltet werden, dass sich Kinder und Jugendliche mit Behinderung bestmöglich im Gemeinsamen Unterricht im schulischen und sozialen Bereich entwickeln können. Betrachtet man die Ergebnisse wissenschaftlicher Studien, findet man, dass Schülerinnen und Schüler mit Körperbehinderung und durchschnittlicher Begabung im Gemeinsamen Unterricht gleiche oder eher tendenziell bessere Bildungsergebnisse erzielen als vergleichbare Mitschüler, die eine Förderschule besuchen (Carr/Halliwell/Pearson, 1983; Center/Ward, 1984). Als Grund hierfür werden u. a. das größere Lernangebot der Regelschule angegeben sowie ein Unterricht, der von den Schülerinnen und Schülern mit Behinderung als herausfordernder erlebt wird (Caffyn/Mallett, 1992).

Der Vergleich mit den Mitschülern ohne Behinderung an der allgemeinen Schule ergibt jedoch, dass die Schulleistungen der Schüler mit Körperbehinderung bei gleicher Intelligenz im Mittel schlechter ausfallen. Auch müssen die Schülerinnen und Schüler mit Körperbehinderung mit höherer Wahrscheinlichkeit eine Jahrgangsstufe wiederholen. Wesentliche Gründe für diesen Unterschied sind eine höhere Belastung der Schüler mit Behinderung aufgrund ihrer körperlichen Beeinträchtigungen (z. B. Schmerzen), die Notwendigkeit von Krankenhausaufenthalten oder Erschwernisse infolge mangelnder Unterrichtsanpassungen (Haupt, 1974; Center/Ward, 1984; Haupt/Gärtner-Heßdörfer, 1986).

Im sozialen Bereich lassen sich sowohl in der Förderschule als auch in der allgemeinen Schule Beispiele von positiv und negativ erlebten Situationen finden, wobei die Wahrscheinlichkeit, soziale Akzeptanz zu erleben, in der Förderschule deutlich erhöht ist. Mindestens 30 % der Schülerinnen und Schüler mit Körperbehinderung berichten von Schwierigkeiten aufgrund sozialer Ausgrenzung in der Regelschule. Diese Prozentzahl ist im Vergleich zu ihren Mitschülern ohne Behinderung deutlich erhöht (Yude/Goodman, 1999). Neben offenen Diskriminierungen durch einzelne Mitschüler erlebten die Kinder und Jugendlichen mit Behinderung auch Diskriminierungen durch mangelnde Anpassungen des Unterrichts (Lightfoot/Wright/Sloper, 2000; Prellwitz/Tamm, 2000). In ihren Klassen hatten die Schüler mit Behinderung häufig eine geringe Bedeutung für das soziale Gefüge: Sie traten eher in den Hintergrund (Armstrong/Rosenbaum/King, 1992). Viele Kinder und Jugendliche mit Körperbehinderung waren bemüht, sich konform zu verhalten oder durch den Einsatz spezifischer Strategien Teil der Klassengemeinschaft zu werden (Doubt/McColl, 2003). Dafür verzichteten sie auch auf die Verwendung von Hilfsmitteln oder Nachteilsausgleichen (z. B. Extra-Zeit in Prüfung bei langsamer Arbeitsgeschwindigkeit), wenn sie befürchteten, dass diese Hilfe dazu führen könnte, ausgegrenzt zu werden (Egilson/Traustadottir, 2009a). Insgesamt hatten Schülerinnen und Schüler mit Behinderung, die fröhlich und sozial kompetent waren, es leichter, Teil der Gruppe zu werden als Kinder und Jugendliche mit Verhaltensauffälligkeiten, Intelligenzminderung oder Sprachstörungen (Yude/Goodman, 1999; Egilson/Traustadottir, 2009b; Lelgemann/Lübbeke/Singer/Walter-Klose, 2012).

Die Forschungssituation zur Entwicklung im persönlichen Bereich ist als unzureichend zu beschreiben. Bemerkenswert ist jedoch der Befund, dass Kinder und Jugendliche mit Körperbehinderung – trotz der bereits beschriebenen sozialen und leistungsbezogenen Erschwernisse – häufig mit dem Besuch der allgemeinen Schule sehr zufrieden sind, und zwar zufriedener als ihre Mitschüler ohne Behinderung (Rich, 1981; Uhrlau, 2006). Der gesundheitsbezogene Bereich wurde bislang in den meisten Studien vernachlässigt. Lediglich in wenigen Studien wurde als Begleitphänomen beschrieben, dass in allgemeinen Schulen häufig kaum auf die gesundheitliche Entwicklung der Schüler geachtet wurde, dass aufgrund von Unwissenheit der Lehrkräfte Symptome nicht geglaubt wurden und Schüler zum Teil nur unter Schmerzen und gesundheitsgefährdenden Bedingungen am Unterricht teilnehmen konnten (Lightfoot/Wright/Sloper, 1999). Auch wurden spezifische Themen, die in der Entwicklung von Menschen mit Körperbehinderung wichtig sind – z. B. Umgang mit Leben, Tod, Schmerzen, Sexualität – in den allgemeinen Schulen nur unzureichend thematisiert (Uhrlau, 2006).

Neben der Zufriedenheit der Schülerinnen und Schüler wurde in den Arbeiten von Haupt und Wieczorek (2012) sowie Lelgemann und Kollegen (2012) auch die Zufriedenheit der Eltern untersucht. Beide Forscherteams berichten, dass sowohl die Eltern, deren Kinder eine Förderschule besuchten, als auch die Eltern, deren Kinder in einer integrativen Schule unterrichtet wurden, überwiegend sehr zufrieden mit dem schulischen Bildungsangebot waren. Lediglich 23 Familien in der Studie von Haupt und Wieczorek, das waren 18 % der befragten Förderschuleltern, sähen ihr Kind lieber in einer anderen Schule, acht Eltern davon lieber im Gemeinsamen Unterricht. In der Arbeit von Lelgemann und Kollegen findet sich ein ähnlicher Befund: 82 % der Eltern von Förderschülern würden ihre Kinder wieder an der Förderschule anmelden. Weiterhin gab mehr als ein Drittel der befragten 700 Förderschuleltern an, dass sie sich die Teilnahme ihres Kindes am Gemeinsamen Unterricht gut vorstellen könnten, wenn die Bedingungen in den Schulen für ihr Kind geeignet wären. Fragte man die Eltern, deren Kind mit Behinderung eine integrative Schule besuchte, fand man eine Bereitschaft von 92 % der Eltern, ihr Kind wieder an die inklusionsorientierte Schule anzumelden.

Eine letzte Perspektive im Zusammenhang mit den Ergebnissen schulischer Bildung ist der Blick auf die Entwicklung der Mitschülerinnen und Mitschüler ohne Behinderung. Während im Bereich der Leistungsentwicklung in den Jahren 1970 bis 2010 nur wenige Studien durchgeführt wurden, hier ergeben sich keine Hinweise auf negative oder positive Effekte (vgl. Walter-Klose, 2012, S. 304), wurde das Thema von der Grazer Arbeitsgruppe um Gasteiger-Klicpera noch mal aufgegriffen, indem Lehrkräfte zu ihrer Einschätzung der Entwicklung von Schülern mit und ohne Behinderung befragt wurden. Gebhardt et al. (2011) fanden, dass Lehrkräfte für Schülerinnen und Schüler mit körperlichen Beeinträchtigungen sehr positive Entwicklungen im leistungsbezogenen, sozialen und persönlichen Bereich annahmen, die jene für Kinder mit Lernbehinderung oder geistiger Behinderung übertrafen. Die zweite Perspektive der Untersuchung der Arbeitsgruppe wurde von Schwab et al. (2012) publiziert und richtet sich nach den eingeschätzten Effekten auf Schüler ohne Behinderung, die am Gemeinsamen Unterricht teilnehmen. Die Autoren fanden, dass die Lehrkräfte, unabhängig davon, ob sie in einer Förderschule oder im Gemeinsamen Unterricht arbeiteten, positive Effekte des gemeinsamen Lernens im leistungsbezogenen, persönlichen und sozialen Bereich für die Mitschüler ohne Behinderung annahmen, wenn sie am Gemeinsamen Unterricht mit einem Kind mit Körperbehinderung teilnahmen. Hatte das Kind dagegen einen sonderpädagogischen Förderbedarf im Bereich sozioemotionale Entwicklung, indem es z. B. Verhaltensstörungen zeigte, wurden die Effekte auf die Mitschüler weniger positiv beurteilt.

Positive Effekte des Gemeinsamen Unterrichts auf die Einstellungen der Mitschüler sowie Hinweise für eine mit dem Schulalter zunehmend differenzierende Betrachtung von Menschen mit Behinderung, wie Walter-Klose (2012) sie im Rahmen der Analyse der internationalen Arbeiten beschreibt, lassen sich auch in den neueren schweizerischen Studien von Gasser und Kollegen (2011; 2012) finden. Die Autoren gingen in ihren Arbeiten der Frage nach, welche Effekte das gemeinsame Lernen auf die Einstellungen von Kindergarten- und Grundschulkindern gegenüber Kindern mit körperlicher oder geistiger Behinderung hat und wie die befragten Kinder moralisch argumentieren, ob sie in einer Lern- oder Freizeitaktivität ein Kind mit Behinderung ein- oder ausschließen. In einem ersten Schritt fragten Gasser, Chilver-Stainer und Buholzer (2011) die Kindergartenkinder und Grundschüler, ob es richtig oder falsch sei, Kinder mit Behinderung auszuschließen. Sie fanden, dass 89 % der befragten Kinder den Ausschluss von Mitschülern als falsch beurteilten und 76 % der Kinder diesen Ausschluss mit moralischen Argumenten begründeten. Dies veränderte sich, als die Autoren den Kindern konkretere Situationen vorlegten, in denen es darum ging, dass eine kleine Gruppe gemeinsam eine gute schulische Leistung erbringen, sportlich erfolgreich oder einfach gemeinsame Freizeit miteinander verbringen solle. Auf die Frage, ob eher ein Kind mit Behinderung in die Gruppe aufgenommen werden solle oder ein Kind ohne Behinderung, wählten im Rahmen dieser Situationen nur 53 % der Kinder ein Kind mit Behinderung für die jeweilige Gruppenaktivität aus. Auch fanden sie, dass die Mitschülerinnen und Mitschüler mit zunehmendem Alter den Situationskontext berücksichtigen: Wurde schulische Leistung als wichtig beurteilt, wurden eher Kinder mit geistiger Behinderung ausgeschlossen, bei sportlichen Aktivitäten eher Kinder mit körperlicher Behinderung. Eine weitere Beobachtung war, dass Kinder ohne Behinderung, die integrative Angebote besuchten, eine höhere Bereitschaft zeigten, Kinder mit Behinderung in ihre Gruppe aufzunehmen, als Kinder, die keine Erfahrungen mit Behinderung im Alltag machen konnten. In der Folgestudie von Gasser und Kollegen aus dem Jahr 2012 erhielten die Autoren ähnliche Ergebnisse. Auch hier treffen die älteren Kinder komplexe Entscheidungen und wägen zwischen moralischen Überlegungen, z. B. ob man Kinder mit Behinderung aus der Gruppe ausschließen darf, und der Bedeutung des Erfolgs der Gruppe ab. Die Autoren weisen mit ihrer Studie darauf hin, dass Kinder in inklusionsorientierten Klassen in Wertkonflikten stehen und empfehlen, diese im Unterricht zu berücksichtigen:

»Um Kinder in der Auseinandersetzung mit Konflikten zwischen moralischen Ansprüchen einerseits und Erfolg im schulischen, sozialen und sportlichen Bereich anderseits zu unterstützen, ist [es] wichtig, dass sich Lehrpersonen solcher Wertkonflikte bewusst sind. Auch sollten Lehrpersonen Erfolg und Kooperation nicht als Gegensätze verstehen, sondern Unterrichtsbedingungen schaffen, nach welchen Schülerinnen und Schüler beides realisieren können. Damit sind Lehr- und Lernangebote angesprochen, welche kooperatives und individuelles Lernen initiieren und stützen.« (Gasser/Chilver-Stainer/Buholzer/Perrig-Chiello, 2012, S. 40)

Bedeutsame Einflussgrößen des schulischen Bildungsangebots auf das Lernen und Leben in der Schule

Der Blick auf die Befunde zu den Ergebnissen schulischer Bildung macht deutlich, dass die Anpassung der Schule an den Schüler mit Körperbehinderung eine wesentliche Rolle für die schulische Entwicklung der Einzelnen spielt: Viele Kinder und Jugendliche mit Körperbehinderung haben zusätzliche Belastungen aufgrund ihrer körperlichen Beeinträchtigung zu bewältigen. So benötigen sie mehr Zeit bei der Bearbeitung der Hausaufgaben oder können sich nicht so lange konzentrieren. Schmerzen können die Aufmerksamkeit beeinträchtigen, oder zusätzliche Zeiten für Therapien reduzieren potenziell zur Verfügung stehende Zeit für Hausaufgaben und das Treffen von Freunden. Wichtiges Ziel des schulischen Bildungsangebotes muss es vor diesem Hintergrund sein, die Kinder und Jugendlichen mit Körperbehinderung nicht zusätzlich zum Lehrangebot zu belasten, sondern im Gegenteil behinderungsbedingte Belastungen zu minimieren und durch Anpassungen an den Schüler zu ermöglichen, dass dieser sein Potenzial bestmöglich entfalten kann.

Dieses hohe Ziel stellt eine große Herausforderung dar. So beschreiben beispielsweise Hemmingsson und Borell (2002), dass dies in Schweden – einem Land mit viel Erfahrung mit Gemeinsamem Unterricht – nur teilweise gelingt. 56 % der untersuchten Schüler mit Körperbehinderung beklagen Probleme bei der Anpassung des Unterrichts und organisatorischen Abläufen in der Schule. 35 % Prozent berichten Erschwernisse durch fehlende Hilfs-, Lehr- und Lernmittel, und 29 % beklagen, dass Lehrer und Mitschüler zu wenig Verständnis für die Folgen der körperlichen Beeinträchtigung für das Lernen und Leben in der Schule haben.

Im Folgenden werden Befunde der 88 Studien zusammengetragen, die sich mit Merkmalen der Schul- und Unterrichtsorganisation beschäftigen, wobei im Besonderen auf Schwierigkeiten fokussiert wird, da sie wichtige

Hinweise für Optimierungen geben. Die Darstellung der Befunde wird im Folgenden getrennt für die Bereiche Schulorganisation, Unterrichtsorganisation und die Lehrperson vorgenommen, wobei berücksichtigt werden muss, dass alle drei Faktoren miteinander interagieren.

Befunde zur Schulorganisation

Die Schulorganisation kann unter der Perspektive der baulichen Ausstattung sowie im Hinblick auf Organisationsstrukturen, personelle Strukturen und sächliche Strukturen betrachtet werden. Der Blick auf die Architektur ist dabei zuerst besonders wichtig. Erst die Ausstattung mit Rampen, Aufzügen, ausreichend breiten Türen und Fluren, barrierefreien Toiletten-, Sport-, Freizeit- und Klassenräumen ermöglichen, dass Schülerinnen und Schüler mit Körperbehinderung die Schule betreten und am Gemeinsamen Unterricht partizipieren können. Weiterhin wird eine Erweiterung des regulären Raumprogramms um Therapie-, Pflege- und Ruheräume als wichtig gesehen (Haupt/Gärtner-Heßdörfer, 1986). Tabelle 4 gibt einen Überblick über wesentliche Herausforderungen im Zusammenhang mit der Architektur, die in den Studien beschrieben wurden.

Tab. 4: Architektonische und bauliche Herausforderungen, die in den Studien zum gemeinsamen Lernen von Kindern und Jugendlichen mit und ohne Körperbehinderung benannt wurden (vgl. Walter-Klose, 2012, S. 384ff.)

Bereich	Schwierigkeiten
Zugang zur Schule und den Räumen	• Schule nur durch Hintereingang betretbar (Diskriminierung) • Türen zu schwergängig oder nicht selbstständig zu öffnen (fehlende automatische Türöffner) • nicht alle relevanten Räume zugänglich • Zugänglichkeit im Winter durch Schnee und Matsch erschwert
Flure und Hallen	• zu schmale Gänge und überfüllte Hallen • kleine Kanten auf dem Fußboden • lange Wege von den Unterrichtsräumen zu den barrierefreien Toiletten • Türen schwer zu öffnen, keine automatischen Türöffner • Schließfächer, Regale und Wasserspender zu hoch angebracht
Räume	• zu wenig Platz in den Klassenräumen und zu kleine Manövrierflächen für Rollstuhlfahrer • keine Räume für Einzelförderung, Therapie, Rückzug, Beratungsgespräche, Lagerung der Hilfsmittel • Regale in den Klassen zu hoch angebracht • Raumausstattung insbesondere in naturwissenschaftlichen Laborräumen nicht barrierefrei

Bereich	Schwierigkeiten
Aufzug	• nicht selbstständig benutzbar • komplizierte Regelungen, bei denen erst ein Lehrer den Aufzug entriegeln muss • Aufzüge bei Feueralarm nicht nutzbar • Aufzüge beim Defekt nicht sofort repariert
Toilette & Waschräume	• Toilette nicht barrierefrei und zu klein • Wege zur barrierefreien Toilette sehr lang • Waschbecken zu hoch angebracht
Freizeit- und Sportbereich	• Freizeit- oder Sportbereich nur schwer bzw. nicht zu erreichen • keine extra Umkleidekabinen (z. B. zur Wahrung der Intimsphäre bei Schülern mit Inkontinenzproblemen) • Cafeterien nicht zugänglich
Pausenhof	• uneben, so dass Schüler Angst hatten, hinzufallen oder geschubst zu werden • keine Barrierefreiheit im Winter • Spielplätze nicht nutzbar

Neben einer barrierefreien Raumausstattung konnten schulorganisatorische Abläufe den Alltag erleichtern, aber auch erschweren. Zu kurze Pausen zwischen den Stunden, zu enge Flure oder umständliche Regelungen zur Aufzugnutzung hatten zur Folge, dass Schülerinnen und Schüler mit Behinderung bei Raumwechseln oder einem Besuch der Toilette zu spät in die Folgestunde kamen (Caffyn/Mallett, 1992; Lightfoot/Wright/Sloper, 1999; Lelgemann/Lübbeke/Singer/Walter-Klose, 2012).

Das Schulklima hatte einen Einfluss auf das Lernen und die soziale Teilhabe und war aus Sicht der Schüler von wesentlicher Bedeutung. Sie wünschten sich Verständnis, Toleranz und Respekt von den Mitschülern und den Lehrern. Schüler mit Inkontinenz beispielsweise beklagten, dass Lehrer ihnen ihre Symptome nicht glaubten oder ihnen nur wenig Taktgefühl entgegenbrachten (Cavet, 2000).

In mehreren Studien wurde bemängelt, dass die Aufnahme in die Schule nicht von genauer Diagnostik begleitet wurde (Gregory/Fairgrieve/Anderson/Hammond, 1992; Haupt, 1997) – und dies, obwohl eine systematische Diagnostik in staatlichen Vorgaben festgelegt und gerade aufgrund komplexer körperlicher Behinderungen indiziert war (Best, 1977). Gregory und Kollegen (1992) stellten zudem fest, dass der Therapiebedarf der Kinder, insbesondere im Bereich der Ergotherapie, durch Lehrer und Eltern nicht erkannt wurde. Die Autoren forderten eine Unterstützung durch beratende Therapeuten.

Die Kooperation mit Therapeuten – dieser Bereich betrifft sächliche und personelle Strukturen – wurde sehr anschaulich in der Arbeit von Hemmingsson und Kollegen angesprochen (Hemmingsson/Gustavsson/Townsend, 2007; Hemmingsson/Lidström/Nygård, 2009). Die Autoren stellten fest, dass eine Zusammenarbeit zwischen Lehrern und Therapeuten – in Schweden sind sie extern in spezifischen Gesundheitszentren organisiert – notwendig ist, diese allerdings in der Praxis mit einer Vielzahl von Schwierigkeiten verbunden sein kann. So wurden für die Kinder und Jugendlichen verordnete Hilfsmittel mangels Fachwissen der Lehrer häufig nicht eingesetzt, die Verantwortlichkeit für Wartung der Hilfsmittel blieb ungeklärt und kooperative Treffen kamen nur aufgrund der Initiative von Eltern zustande, wobei sich die Lehrer in der Studie durch die Therapeuten kontrolliert fühlten und Therapeuten sich als »Motivator« beschrieben. Von allen Beteiligten wurde diese Kooperation einerseits als wichtig, andererseits aber auch als spannungsreich beschrieben. Probleme konnten weiterhin entstehen, wenn nicht geklärt war, ob Schul- oder Gesundheitsbehörden die Kosten für die Hilfsmittel und die Beratungszeit zu tragen hatten. Auch wünschten sich die Eltern in der Studie von Haupt und Wieczorek (2012) kürzere Entscheidungswege bei der Bereitstellung von Hilfsmitteln.

In den neueren Arbeiten von Haupt und Wieczorek (2012) sowie Lelgemann, Singer, Lübbeke und Walter-Klose (2012) wird neben der Bedeutung einer wertschätzenden Haltung des Schulpersonals und dem Therapie- und Pflegeangebot in der Schule auch die Möglichkeit des Ganztagsbesuchs der Schule betont, der für viele Eltern sehr wichtig ist.

Befunde zur Unterrichtsorganisation

Damit Kinder und Jugendliche mit Körperbehinderung am Gemeinsamen Unterricht teilhaben können, sind die Anpassungen des Unterrichts von besonderer Bedeutung. Dies zeigt sich insbesondere im Bereich Sport. Wie Seymour, Reid und Bloom (2009) berichten, bietet der Sportunterricht gute Möglichkeiten des gemeinsamen Lernens und der Kontaktaufnahme untereinander. In der Praxis werden diese Möglichkeiten häufig nicht genutzt: Kinder und Jugendliche mit Körperbehinderung werden vom Sportunterricht ausgeschlossen oder bekommen Extra-Rollen. So berichten Pivik, McComas und LaFlamme (2002), dass einige Schüler als »Helfer des Lehrers« eingesetzt wurden und sich in Folge dieser Sonderrolle diskriminiert fühlten.

Aus diesem Grund bemühen sich viele Lehrer, den Unterricht für alle Schüler anzupassen. Die Adaptionen betreffen beispielsweise die Gewährung von Nachteilsausgleichen, die Kooperation und den Einsatz mit Schulbegleitern, die Anpassung der Aufgabengestaltung sowie die Anpassung der Lerninhalte und der Lernziele selber. Ein Überblick über die in den 88 Studien beobachteten Methoden und Unterrichtsanpassungen gibt die Tabelle 5.

Tab. 5: In den Studien benannte Möglichkeiten und Erfordernisse der Unterrichtsanpassung (vgl. Walter-Klose, 2012, S. 389)

Bereich	Erläuterungen
Einzelarbeit	• Einzelarbeit im Klassenzimmer mit den Mitschülern • Einzelarbeit alleine im Nebenzimmer oder zusammen mit dem Schulbegleiter wurde häufig als separierend erlebt
Individuelle Instruktion und Lernunterstützung	• spezifische sonderpädagogische Förderung im Bereich der Kommunikation, Interaktion und sozialen Kompetenz • Unterstützung bei der Verarbeitung der Behinderung sowie den Themen Behinderung, Krankheit, Außenseiterdasein, Partnerschaft, Sexualität und Berufswahl
Gleicher Unterricht für alle	• Individualisierung des Unterrichts für alle Schüler im Hinblick auf Unterrichtsziele und Lehrplan (zieldifferenter Unterricht) • Gestaltung von Aufgaben und Unterrichtssituationen, die alle auf ihrem jeweiligen Lernniveau bearbeiten können
Klassenatmosphäre	• Schaffen einer wertschätzenden Klassenatmosphäre
Anpassung von Prüfungen und Benotung	• Anpassungen des Aufgabenformats von Prüfungen (multiple choice statt freie Aufgabenbeantwortung) • individuell angepasste Aufgabenlänge • Anpassung der Benotungsstrategien (z. B. individuelle Bezugsnormorientierung) • Gewährung eines Nachteilsausgleiches (z. B. Zeitverlängerung) • Aufgabenbearbeitung mit Hilfe eines Schulbegleiters
Anpassung der Unterrichtsmaterialien	• Erstellung individueller Arbeitsmaterialien • Anfertigungen von Kopien der Folien und Tafelbilder, wenn die Kinder nicht mitschreiben konnten • Verwendung visueller Hinweisreize für Schüler, die Probleme der Selbstorganisation haben • Videoaufnahmen des Unterrichts bei längerer krankheitsbedingter Abwesenheit
Einsatz von Schulbegleitern	• Schulbegleiter als individualisierte Hilfe für den Schüler • Schulbegleiter als Assistent des Lehrers zum flexiblen Einsatz für alle Schüler

Bereich	Erläuterungen
Gewährung von Pausen und Erholungszeiten	• Erlaubnis zusätzlicher Erholungspausen während des Unterrichts • früheres Entlassen aus dem Klassenzimmer
Diagnostik	• individuelle Lern- und Prozessdiagnostik zur Individualisierung und Evaluation der Entwicklung

Als übergreifendes Thema neben den spezifischen Unterrichtsmethoden entstanden für die Pädagogen in der allgemeinen Schule neue Schwierigkeiten, die zu bewältigen waren. Ein zu gewährender Nachteilsausgleich für einen Schüler mit Körperbehinderung beispielsweise stand im Gegensatz zur Forderung der Gleichbehandlung aller Schüler (Llewellyn, 2000). Eine zweite Herausforderung für die Lehrkräfte stellte die Entscheidung dar, wie viel selbstständige Leistung sie von den Kindern mit Behinderung erwarten konnten und wie viel Hilfestellung diese benötigten (Strong/Sandoval, 1999).

In mehreren Studien wurden Wünsche und Probleme aufgrund krankheitsbedingter Abwesenheit sehr differenziert angesprochen (Jones/Clatterbuck/Marquis/Turnbull/Moberly, 1996; Mukherjee/Lightfoot/Sloper, 2000). Kinder und Jugendliche, die längere Krankenhausaufenthalte zu bewältigen hatten, wurden aus dem Klassenverbund herausgerissen und konnten dem Lernstoff in der Schule nicht mehr folgen. Sie begrüßten es sehr – so wurde es in diesen Arbeiten beschrieben –, wenn die Lehrkräfte sich um Möglichkeiten bemühten, dass sie weiterhin die Unterrichtsinhalte während ihrer Abwesenheit mitbekamen. Auch wünschten sich die Schülerinnen und Schüler, dass die Lehrer und die Klasse den Kontakt hielten, so dass mit der Rückkehr in die Klassengemeinschaft nicht stets ein sozialer Neuanfang verbunden war.

Eine wichtige Bedeutung für die Anpassung des Unterrichts spielten die Eltern. Sie gaben wichtige Informationen über den Gesundheitszustand, medizinische Maßnahmen und therapeutische Notwendigkeiten der Kinder und Jugendlichen an die Lehrer weiter. Die Eltern waren eine elementare Wissensquelle für die Lehrkräfte (z. B. Hemmingsson/Lidström/Nygård, 2009).

Ein letztes Themengebiet, das im Zusammenhang mit Unterrichtsanpassungen von zentraler Bedeutung ist, ist der Einsatz von Schulbegleitern oder Assistenten. In der internationalen Literatur ist diese Kooperation häufig untersucht, und positive wie negative Effekte werden sehr deutlich beschrieben. Schulbegleiter ermöglichen für viele Schülerinnen und Schüler mit Behinderung erst eine Teilnahme am Schulgeschehen, unterstützen bei Toilettengängen und pflegerischen Handlungen. Hier waren sie umso mehr von Bedeutung, je mehr Barrieren in der Schule waren oder je weniger die Lehrerinnen und Lehrer in der Lage waren, den Unterricht an die Bedürfnisse der Kinder und Jugendlichen mit Behinderung anzupassen. Gleichzeitig waren mit dem Einsatz von Schulbegleitern neue Herausforderungen für die Lehrer und die Schüler verbunden. So wurden Schwierigkeiten beschrieben, wenn die Aufgaben und Rollen zwischen Assistent und Lehrer nicht klar geregelt waren. In mehreren Studien wurde beklagt, dass häufig zu wenig Zeit für Absprachen zwischen Lehrern und Schulbegleitern zur Verfügung stand. Auch wurde es als Problem benannt, dass Schulbegleiter die Autonomie- und Sozialentwicklung der Kinder und Jugendlichen negativ beeinflussen konnten, z. B. wenn in Beziehungen unter Gleichaltrigen stets ein Erwachsener anwesend war. Gewünscht wurde von den Beteiligten ein Schulbegleiter, der sich als »Schatten« im Hintergrund aufhielt und nur dann half, wenn die Schüler oder Lehrer es selber wünschten (Egilson/Traustadottir, 2009a).

Befunde zur Lehrkraft

Die Lehrkraft ist die zentrale Figur für das Gelingen des Gemeinsamen Unterrichts, denn sie führt den Unterricht durch und hat die Möglichkeit, diesen an die Bedürfnisse der unterschiedlichen Kinder und Jugendlichen anzupassen. Betrachtet man die vielseitigen Anpassungserfordernisse und neuen Aufgaben, die auf Lehrkräfte im Gemeinsamen Unterricht zukommen, wird verständlich, warum in der Studie von Lelgemann und Kollegen (2012) das Zwei-Pädagogen-System von vielen Befragten favorisiert wird: Eine Lehrkraft der allgemeinen Schule arbeitet in einer Klasse mit einer Sonderpädagogin, einem Sonderpädagogen zusammen, so dass sich beide mit ihren individuellen Kompetenzbereichen optimal ergänzen können. Haben die Kinder und Jugendlichen jedoch nur einen geringeren sonderpädagogischen Unterstützungsbedarf, kann für die Unterrichtsgestaltung auch nur eine zeitweise Beratung ausreichen. So erklärt sich, dass Walter-Klose (2012, S. 396) nach der Durchsicht der nationalen und internationalen Studien zum Ergebnis kommt, dass die Bereitschaft der Lehrer zum Gemeinsamen Unterricht umso höher ist,

- »je weniger der Schüler körperlich beeinträchtigt ist,
- je sozial kompetenter der Schüler ist,
- je weniger der Unterricht an den Schüler angepasst werden muss,

3 Empirische Befunde zum Gemeinsamen Unterricht

- je mehr Erfahrungen mit gemeinsamem Unterricht oder mit Unterricht für Schüler mit Körperbehinderung an der Schule bestehen,
- je mehr Erfahrungen die Lehrer selbst mit gemeinsamem Unterricht haben,
- je besser die sonderpädagogischen Beratungsmöglichkeiten an der Schule sind,
- je besser sich die Lehrer in sonderpädagogischen Fragen und didaktischen Methoden ausgebildet fühlen,
- je mehr die Lehrer das Gefühl haben, als Lehrer Einfluss auf die Schüler ausüben zu können,
- je besser die Möglichkeiten der Kooperation an der Schule sind,
- je jünger die Lehrer sind und
- je unterstützender die architektonischen, räumlichen, sächlichen, personellen und organisatorischen Schulstrukturen wahrgenommen werden.« (Walter-Klose, 2012, S. 396)

Interessant in diesem Zusammenhang ist auch folgender Befund von Lelgemann, Lübbeke, Singer und Walter-Klose (2012): Fragt man Lehrkräfte, ob sie sich vorstellen können, eine Schülerin mit einer Köperbehinderung, einen Schüler mit Körperbehinderung und zusätzlichem Unterstützungsbedarf beim Sprechen und in der Pflege sowie einen Schüler mit einer zusätzlichen geistigen Behinderung im Gemeinsamen Unterricht zu beschulen, findet sich einerseits, dass die Bereitschaft zum Unterricht aller Schüler mit der Erfahrung der Lehrkräfte im Zusammenhang mit dem gemeinsamen Lernen steigt. Zweitens zeigt sich aber auch, dass selbst die erfahrenen Lehrkräfte, die an erfolgreichen inklusiven Schulen arbeiten, ihr Angebot für Kinder mit einem erhöhten Unterstützungsbedarf kritisch betrachten: Während 98 % der Lehrkräfte kein Problem bei der Aufnahme eines Schülers mit Körperbehinderung in ihren Unterricht sehen, führt das zusätzliche Vorhandensein eines erhöhten Pflegebedarfs sowie die Abhängigkeit von einem Sprachcomputer zum Sprechen dazu, dass nur 78 % dem Gemeinsamen Unterricht in der eigenen Klasse zustimmen. Hat das Kind neben einer Körperbehinderung eine zusätzliche geistige Behinderung, sind mit 41 % weniger als die Hälfe der Lehrkräfte der Meinung, sie können den Schüler in ihrer Klasse angemessen unterrichten. Dieser Befund weist deutlich auf die bereits eingangs beschriebene Wechselwirkung von Merkmalen des Schülers mit Merkmalen des schulischen Bildungsangebots hin.

Bezogen auf das Fachwissen der Lehrkräfte zeigt sich, dass neben Kursen in Methoden der Unterrichtsgestaltung und medizinischer, therapeutischer und pflegerischer Erfordernisse besonders Fortbildungen zu den Auswirkungen der Behinderung auf das Erleben und Verhalten der Kinder und Jugendlichen erwünscht sind oder von den Beteiligten gefordert werden. Ein Überblick über den aus allen 88 Studien ermittelten Fortbildungsbedarf gibt Tabelle 6.

Tab. 6: Überblick über den in 88 Studien geäußerten Fortbildungsbedarf der Lehrkräfte

- Sonderpädagogisches Fachwissen und Diagnostik
- Wissen über pädagogische Maßnahmen im Umgang mit den Schülerinnen und Schülern sowie zur Förderung des sozialen Miteinanders
- Wissen über Hilfsmittel, wie z. B. Rollstühle, Kommunikationshilfen, Positionierungshilfen
- Wissen über Nachteilsausgleiche
- Medizinisches Fachwissen im Zusammenhang mit den Schädigungen
- Aufklärungstraining über Körperbehinderung, Erfahrungen an einer Schule für körperbehinderte Schülerinnen und Schüler
- Zusammenarbeit
- Beratungskompetenzen

Nimmt man all diese Befunde zusammen, wird deutlich, dass mit der Gestaltung des Gemeinsamen Unterrichts auch eine Veränderung der Lehrerrolle einhergeht (vgl. Soodak/Podell/Lehman, 1998; Strong/Sandoval, 1999): Sie ist verantwortlich für die Unterrichtsgestaltung, benötigt erweitertes sonderpädagogisches Fachwissen und bekommt die Zusammenarbeit mit Assistenten, Kollegen und Therapeuten als neuen Aufgabenschwerpunkt hinzu. Damit Lehrkräfte alle diese Anforderungen meistern können, scheint eine Unterstützung durch das Schul- und Bildungssystem notwendig, um die Lehrkräfte nicht massiv zu überfordern.

4 Empfehlungen für den Aufbau inklusiver Bildungssysteme

Als wichtigster Befund der empirischen Arbeiten kann das Ergebnis betrachtet werden, dass Gemeinsamer Unterricht mit Kindern und Jugendlichen mit Körperbehinderung in vielen Schulen bereits erfolgreich durchgeführt wird. Dies betrifft vor allem Kinder und Jugendliche mit einem geringen Unterstützungsbedarf in den Bereichen Pflege und Therapie.

Meistens werden die Schülerinnen und Schüler zielgleich mit ihren Mitschülern unterrichtet.

Die in den Studien beschriebenen Erfahrungen weisen zweitens darauf hin, dass für Kinder und Jugendliche mit Körperbehinderung ein umfassender Anpassungsbedarf der Schule besteht, die den Bedarf einer barrierefreien Architektur übersteigt. Das Thema Gesundheit kommt beispielsweise neu in die Schule und verlangt organisatorische Regelungen, Kooperationen mit Ärzten, Therapeuten und Pflegediensten. Die notwendigen Anpassungserfordernisse kann man mit der Abbildung 3 veranschaulichen.

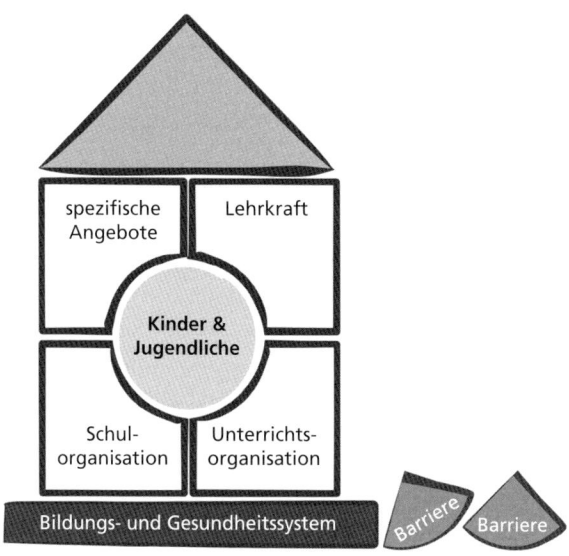

Abb. 3: Anpassungserfordernisse beim Aufbau inklusiver Bildungssysteme

Neben dem Abbau von Barrieren ist eine Ausrichtung der gesamten Schul- und Unterrichtsorganisation auf die Bedürfnisse der Kinder und Jugendlichen im schulleistungsbezogenen, sozialen, persönlichen und gesundheitsbezogenen Bereich notwendig. Die Schülerinnen und Schüler mit und ohne Behinderung müssen im Mittelpunkt aller Anpassungsbemühungen stehen. In Gesprächen mit ihnen und ihren gesetzlichen Vertretern müssen besondere Anpassungserfordernisse geklärt und Anpassungswege abgesprochen werden.

Auf der Ebene der Schulorganisation erfordert die Ausrichtung an den individuellen Bedürfnissen der Kinder und Jugendlichen eine Bereitschaft,

Barrieren in der Schule kontinuierlich abzubauen und schulübliche Regelungen zu hinterfragen, wenn sie für einzelne Schülerinnen und Schüler eine Erschwernis darstellen. Dies könnte beispielsweise die Schulregel sein, dass Erstklässler stets im Obergeschoss unterrichtet werden und Musik nur im Musikraum stattfinden darf.

Neben den Schülerinnen und Schülern spielen die Lehrkräfte für die Inklusion eine zentrale Rolle. Sie gestalten einen Unterricht, der alle Kinder fördert und das soziale Miteinander stärkt. Weiterhin müssen spezifische sonderpädagogische Themen, wie z. B. der Umgang mit der eigenen Behinderung im Unterricht, aufgenommen sowie therapeutische und pflegerische Aspekte in die Unterrichtssituation einbezogen werden. Auch ist der Einsatz von Schulbegleitern für viele Kinder und Jugendliche notwendig. Diese Anforderungen sind für die allgemeine Schule neu und bringen Veränderungen im Aufgabenbereich und für die Rolle der Lehrkraft mit. Hier wird deutlich, dass die Vielzahl neuer Aufgaben für eine Lehrkraft nur zu bewältigen sein wird, wenn sie sich fachlich und methodisch für diese Aufgaben ausgebildet fühlt, ausreichend Zeit zur Verfügung hat und von Eltern, sonderpädagogischem, medizinischem und therapeutischem Fachpersonal Unterstützung erfährt.

Für die benannten Anpassungen benötigen die Schulen Ressourcen und unterstützende Verfahrensregelungen durch die Schulverwaltung. Ausbildungscurricula für Lehrkräfte an den Universitäten müssen verändert und Finanzmittel zur Verfügung gestellt werden, die auch die Kooperationen mit Ärzten, Therapeuten und Beratungsstellen absichern. Ein Überblick über unterschiedliche Anpassungserfordernisse liefert Tabelle 7.

Tab. 7: Anpassungserfordernisse des schulischen Bildungsangebots aus der Perspektive der Schülerschaft mit körperlichen Beeinträchtigungen und chronischen Krankheiten

| Lehrkräfte | ◆ Lehrkräfte benötigen spezifische Kompetenz (vgl. Tab. 6) sowie Beratungsangebote in folgenden Bereichen
– Anwendung differenzierender Unterrichtstechniken
– Förderung des sozialen Miteinanders und der Gemeinschaft
– Wissen über Behinderungen, Ursachen und Auswirkungen der Beeinträchtigungen auf das schulische Lernen, die soziale und persönliche Entwicklung sowie auf Gesundheit der Kinder und Jugendlichen
– Wissen und Kompetenzen im Bereich interdisziplinäre Zusammenarbeit mit Eltern, Kollegen und Vertretern anderer Fachbereiche
– medizinisches, therapeutisches, rehabilitatives und sonderpädagogisches Fachwissen
– Auseinandersetzung mit dem eigenen Menschenbild und einer Haltung |

	gegenüber Menschen mit Behinderungen • Auseinandersetzung mit der Neudefinition der Lehrerrolle

Unterrichtsorganisation	• Individualisierung des Unterrichts mit Blick auf die unterschiedlichen Lernziele im Bereich schulleistungsbezogene, soziale, persönliche und gesundheitsbezogene Entwicklung (vgl. Tab. 5)
	• Einbezug von Hilfsmitteln und angepassten Lehr- und Lernmitteln
	• den Faktor Zeit einplanen
	  – Schüler benötigen ggfs. mehr Zeit für die Bewältigung von Aufgaben
	  – Schüler benötigen ggfs. mehr Ruhe- und Erholungspausen
	  – Lehrer benötigen Zeit für die individuelle Instruktion der Schüler
	  – Lehrer benötigen Zeit für Gespräche mit den Schülern sowie Eltern und zur Kooperation mit externen Fachkräften, Schulbegleitern und Kollegen
	• Gewährung des Nachteilsausgleiches
	• geplanter Einsatz von Schulbegleitern, die geschult und in Absprache zwischen Lehrer, Schüler und Schulbegleiter eingesetzt werden

Schulorganisation	• Aufbau und Aufrechterhaltung eines wertschätzenden Schulklimas, geprägt vom Bemühen um Verständnis und Wertschätzung der Unterschiedlichkeit aller Schüler • kontinuierliche Reflexion der Schulorganisation im Hinblick auf die Barrierefreiheit und den Abbau von schulorganisatorischen Erschwernissen • Reduktion der Klassenstärke integrativer/inklusiver Klassen wegen des zusätzlichen Zeitaufwands der Lehrkräfte für Unterricht, Kooperation und Gespräche • Schaffung von unterstützenden Bedingungen (Beratung, Fortbildung, zeitliche und räumliche Ressourcen) für die Lehrkräfte • Überprüfung von möglichen Schwierigkeiten der Stunden- und Pausenplanung (z. B. zu spät zum Unterricht erscheinen aufgrund zu kurzer Pausen oder zu langer Wege) sowie der Erfordernisse von Raumwechseln für die Schülerschaft • Schaffung eines Kooperationsnetzwerks, in dem bei Bedarf beratende Sonderpädagogen, Therapeuten, Sozialpädagogen, Psychologen und Ärzte zur Verfügung stehen • Kooperation mit oder Angebot von medizinisch-therapeutischen Dienstleistungen (Physiotherapie, Ergotherapie, Logopädie) an den Schulen, wenn ein Therapiebedarf vorliegt • Organisation der Beförderung zur Schule • Einbeziehen der Schülerinnen und Schüler mit Behinderung, ihrer Eltern sowie der Lehrkräfte in eine sonderpädagogische Aufnahme- und Verlaufsdiagnostik (umfassende Kind-Umfeld-Analyse) • Regelungen zur Dokumentation relevanter kinderbezogener Informationen in den Bereichen Gesundheit, Therapie, Pflege und spezifischer pädagogischer Absprachen, auf die alle beteiligten Lehrkräfte Zugriff haben • Reduktion von Personalwechseln und Mitarbeiterfluktuation, wenn für den Unterricht einzelner Schüler ein hoher Wissensstand und spezifische Kompetenzen erforderlich sind (s. o.) • Reflexion des Architektur- und des Raumprogramms (vgl. Tab. 4)

Bildungs- und Gesundheitssystem	◆ Unterstützung der Inklusionsanstrengungen der Schulen vor Ort ◆ Unterstützung der flexiblen Adaptionsfähigkeit der Schulen ◆ Zur-Verfügung-Stellen von personellen und finanziellen Ressourcen, um die oben genannten Erfordernisse umzusetzen ◆ Aufbau eines Beratungssystems für die Schulen, Familien aller Schüler im Bereich pädagogischer und sozialrechtlicher Beratung ◆ Hilfestellungen für die Schulen in Fach- und Verwaltungsfragen (z. B. bei der Beantragung von medizinischen Hilfsmitteln oder Schulbegleitern) ◆ Möglichkeiten der Ausbildung von Schulbegleitern ◆ Klärung der Kostenübernahme für medizinische Hilfsmittel, die in der Schule erforderlich sind, sowie Regelungen für kurzfristige Hilfe bei unklarer Kostenübernahme ◆ Förderung einer respektierenden Haltung gegenüber Menschen mit Behinderung, Inklusion und Gleichbehandlung aller Menschen in ihrer Verschiedenheit

Die an dieser Stelle nur kurz skizzierten Anpassungserfordernisse machen deutlich, dass durch die Aufnahme von Kindern mit Behinderung in der allgemeinen Schule keine inklusive Schule entsteht. Die für viele Kinder erforderlichen Anpassungen und die Veränderung des Schulsystems wird Zeit benötigen, wenn die Ziele der UN-Konvention erreicht werden sollen. Man könnte es auch so ausdrücken: Die allgemeine Schule muss sich auf den Weg machen und in den nächsten Jahren von inklusiven Schulen und Förderschulen lernen, damit alle Schülerinnen und Schüler angemessen unterstützt sowie die Lehrkräfte und Eltern nicht überlastet werden. Auf Seiten der Förderschulen sind die Beteiligung am Aufbau wohnortnaher Unterrichtsstrukturen, der Wissenstransfer sowie der Aufbau eines Unterstützungs- und Beratungssystems wichtige Schritte. Dennoch wird die Förderschule für einige Schülerinnen und Schüler mit Körperbehinderung auf dem Weg zur Inklusion die Schule der Wahl bleiben.

Literatur

Armstrong, Robert W./Rosenbaum, Peter L./King, Susanne: Self-perceived social function among disabled children in regular classrooms. In: Journal of Developmental and Behavioral Pediatrics 13 (1), 1992, S. 11–16

Bergeest, Harry/Boenisch, Jens/Daut, Volker: Körperbehindertenpädagogik. Bad Heilbrunn: Klinkhardt, 2011

Best, Gary A.: Mainstreaming characteristics of orthopedically handicapped students in California. In: Rehabilitation Literature 38 (6–7), 1977, S. 205–209

Bielefeldt, Heiner: Menschenrecht auf inklusive Bildung. Der Anspruch der UN-Behindertenrechtskonvention. In: Vierteljahresschrift für Heilpädagogik und ihre Nachbargebiete VHN 79 (1), 2010, S. 66–69

Boban, Ines/Hinz, Andreas: Qualitätsentwicklung des gemeinsamen Unterrichts durch den »Index für Inklusion«. In: Behinderte 4/5, 2003, S. 2–13

Bortz, Jürgen/Döring, Nicola: Forschungsmethoden und Evaluation für Human- und Sozialwissenschaftler. Heidelberg, 2006

Bürli, Alois: Integration/Inklusion aus internationaler Sicht – einer facettenreichen Thematik auf der Spur. In: Bürli, Alois/Strasser, Urs/Stein, Anne-Dore (Hrsg.): Integration/Inklusion aus internationaler Sicht. Bad Heilbrunn: Klinkhardt, 2009, S. 15–61

Caffyn, Rachel/Mallet, Dorothy: From special school to mainstream: Perspectives of physically disabled pupils. In: Educational and Child Psychology 9 (1), 1992, S. 64–72

Carr, Janet/Halliwell, M. D./Pearson, A. M.: Educational Attainments of Spina Bifida Children Attending Ordinary or Special Schools. In: Special Education 10 (3), 1983, S. 22–24

Cavet, Judith: »It's a delicate thing«: Coping with a hidden disability in mainstream schools. In: British Journal of Special Education 27 (3), 2000, S. 154–159

Center, Yola/Ward, James: Integration of Mildly Handicapped Cerebral Palsied Children into Regular Schools. In: The Exceptional Child 31 (2), 1984, S. 104–113

Deppe-Wolfinger, Helga: Zur Geschichte integrativer Klassen und Schulen. In: Deppe-Wolfinger, Helga/Prengel, Annedore/Reiser, Helmut (Hrsg.): Integrative Pädagogik in der Grundschule. Bilanz und Perspektiven der Integration behinderter Kinder in der Bundesrepublik Deutschland 1976–1988. München: DJI, 1990, S. 11–26

Ditton, Hartmut: Qualitätskontrolle und Qualitätssicherung in Schule und Unterricht. Ein Überblick zum Stand der empirischen Forschung. In: Helmke, Andreas/Hornstein, Walter/Terhart, Ewald (Hrsg.): Qualität und Qualitätssicherung im Bildungsbereich. In: Zeitschrift für Pädagogik 41, Beiheft, 2000, S. 73–92

Doubt, Lorma/McColl, Mary Ann: A secondary guy. Physically disabled teenagers in secondary schools. In: Canadian Journal of Occupational Therapy 70 (3), 2003, S. 139–151

Egilson, Snaefridur T./Traustadottir, Rannveig: Assistance to pupils with physical disabilities in regular schools: Promoting inclusion or creating dependency? In: European Journal of Special Needs Education 24 (1), 2009a, S. 21–36

Egilson, Snaefridur T./Traustadottir, Rannveig: Participation of students with physical disabilities in the school environment. In: American Journal of Occupational Therapy 63 (3), 2009b, S. 264–272

Gasser, Luciano/Chilver-Stainer, Jennifer/Buholzer, Alois: Einstellungen nicht behinderter Kinder gegenüber Kindern mit einer körperlichen oder geistigen Behinderung in integrativen und nicht integrativen Schulklassen. In: Schweizerische Zeitschrift für Heilpädagogik 16 (1), 2011, S. 30–35

Gasser, Luciano/Chilver-Stainer, Jennifer/Buholzer, Alois/Perrig-Chiello, Pasqualina: Soziales und moralisches Denken von Kindern über den Ein- und Ausschluss behinderter Kinder. In: Zeitschrift für Pädagogische Psychologie 26 (1), 2012, S. 31–42

Gebhard, Britta/Olliges, Christina/Schumacher, Jennifer: »Inklusion einmal anders«: Eine Förderschule auf dem Weg zur inklusiven Schule. In: Zeitschrift für Heilpädagogik 64 (3), 2013, S. 116–123

Gebhardt, Markus/Schwab, Susanne/Reicher, Hannelore/Ellmeier, Barbara/Gmeiner, Sonja/Rossmann, Peter/Gasteiger-Klicpera, Barbara: Einstellungen von LehrerInnen zur schulischen Integration von Kindern mit einem sonderpädagogischen Förderbedarf in Österreich. In: Empirische Sonderpädagogik 4, 2011, S. 275–290

Gregory, James F./Shanahan, Timothy/Walberg, Herbert: Therapy needs of children in mainstream education. In: British Journal of Occupational Therapy 55 (7), 1992, S. 271–274

Haupt, Ursula: Dysmelie-Kinder am Ende der Grundschulzeit. Eine exemplarische Untersuchung an körperbehinderten Kindern in Normalschulen. Neuburgweier, 1974

Haupt, Ursula: Eltern berichten über Erfahrungen mit der Schule ihrer körperbehinderten Kinder. In: Zeitschrift für Heilpädagogik 48 (4), 1997, S. 152–156

Haupt, Ursula/Gärtner-Heßdörfer, Ursula: Integration körperbehinderter Schüler in das Gymnasium. Mainz, 1986

Haupt, Ursula/Wieczorek, Marion: Schülerinnen und Schüler mit cerebralen Bewegungsstörungen – Eltern berichten über Erfahrungen mit der Schule ihrer Kinder. Düsseldorf: bvkm, 2012

Hattie, John A.C.: Visible learning. A synthesis of over 800 meta-analyses relating to achievement. Abingdon: Routledge, 2008

Heimlich, Ulrich: Inklusion und Sonderpädagogik – Die Bedeutung der Behindertenrechtskonvention (BRK) für die Modernisierung sonderpädagogischer Förderung. In: Zeitschrift für Heilpädagogik 2, 2011, S. 44–54

Heid, Helmut: Qualität von Schule – Zwischen Bildungstheorie und Bildungsökonomie. In: v. Buer, Jürgen/Wagner, Cornelia (Hrsg.): Qualität von Schule. Ein kritisches Handbuch. Frankfurt a. M.: Peter Lang, 2009, S. 55–66

Hemmingsson, Helena/Borell, Lena: Environmental barriers in mainstream schools. In: Child 28 (1), 2002, S. 57–63

Hemmingsson, Helena/Gustavsson, Anders/Townsend, Elizabeth: Students with Disabilities Participating in Mainstream Schools: Policies that Promote and Limit Teacher and Therapist Cooperation. In: Disability & Society 22 (4), 2007, S. 383–398

Hemmingsson, Helena/Lidström, Helene/Nygård, Louise: Use of assistive technology devices in mainstream schools: Students' perspective. In: American Journal of Occupational Therapy 63 (4), 2009, S. 463–472

Hinz, Andreas: Heterogenität in der Schule. Integration – Interkulturelle Erziehung – Koedukation. Hamburg: Curio-Verlag, 1993

Hinz, Andreas: Von der Integration zur Inklusion – terminologisches Spiel oder konzeptionelle Weiterentwicklung? In: Zeitschrift für Heilpädagogik 53, 2002, S. 354–361

Jones, David E./Clatterbuck, Chris C./Marquis, Janet G./Turnbull III, H. Rutherford/ Moberly, Rebecca L.: Educational Placements for Children Who Are Ventilator Assisted. In: Exceptional Children 63 (1), 1996, S. 47–57

Klemm, Klaus: Inklusion in Deutschland – eine bildungsstatistische Analyse. Gütersloh: Bertelsmann-Stiftung, 2013

Klemm, Klaus/Preuss-Lausitz, Ulf: Gutachten zum Stand und zu den Perspektiven der sonderpädagogischen Förderung in den Schulen der Stadtgemeinde Bremen. 2008. Im Internet unter http://www.bildung.bremen.de/sixcms/media.php/13/Sonderp%E4da gogisches%20Gutachten.pdf [09.08.2012]

Kobi, Emil: Was bedeutet Integration? Analyse eines Begriffs. In: Eberwein, Hans (Hrsg.): Behinderte und Nichtbehinderte lernen gemeinsam. Handbuch der Integrationspädagogik. Weinheim; Basel: Beltz, 1997, S. 71–79

Konferenz der Kultusminister KMK – Statistik. Datensammlung Sonderpädagogische Förderung in allgemeinen Schulen ohne Förderschulen 2011/2012 Berlin: Sekretariat der Ständigen Konferenz der Kultusminister der Länder in der Bundesrepublik Deutschland. 2013

Lelgemann, Reinhard/Lübbeke, Jelena/Singer, Philipp/Walter-Klose, Christian: Forschungsbericht. Qualitätsbedingungen schulischer Inklusion im Förderschwerpunkt körperliche und Motorische Entwicklung, 2012. Im Internet unter http://www.uni-wuerzburg.de/fileadmin/06040400/downloads/Forschung/Forschungsbericht_uni_-wuerzburg_fertig.pdf [13.02.2014]

Lightfoot, Jane/Wright, Suzanne/Sloper, Patricia: Supporting pupils in mainstream school with an illness or disability: Young people's views. In: Child: Care, Health and Development 25 (4), 1999, S. 267–283

Liket, Theo: Freiheit und Verantwortung: das niederländische Modell des Bildungswesens. Gütersloh: Bertelsmann-Stiftung, 1995

Llewellyn, Ann: Perceptions of mainstreaming: a systems approach. In: Developmental Medicine & Child Neurology 42, 2000, S. 106–115

Luhmann, Niklas: Die Gesellschaft der Gesellschaft. Frankfurt a. M.: Suhrkamp, 1997

Mukherjee, Suzanne/Lightfoot, Jane/Sloper, Patricia: The inclusion of pupils with a chronic health condition in mainstream school: What does it mean for teachers? In: Educational Research 42 (1), 2000, S. 59–72

Organisation for Economic Co-operation and Development OECD: Education Policy Analysis. Chapter 1: Diversity, Inclusion and Equity: Insights from special needs provision (p. 9–37). Paris: OECD Publications, 2003

Pivik, Jayne/McComas, Joan/LaFlamme, Marc: Barriers and Facilitators to Inclusive Education. In: Exceptional Children 69 (1), 2002, S. 97–108

Prellwitz, Maria/Tamm, Maare: How Children with Restricted Mobility Perceive their School Environment. In: Scandinavian Journal of Occupational Therapy (7), 2000, S. 165–173

Reiser, Helmut: Vom Begriff Integration zum Begriff Inklusion – Was kann mit dem Begriffswechsel angestoßen werden? In: Sonderpädagogische Förderung 48 (4), 2003, S. 305–312

Reiser, Helmut: Inklusion – Vision oder Illusion? In: Katzenbach, Dieter (Hrsg.): Vielfalt braucht Struktur. Heterogenität als Herausforderung für die Unterrichts- und Schulentwicklung. Frankfurt a. M.: J. W. Goethe-Universität, 2007, S. 99–108

Rich, Yisrael: Physically impaired mainstreamed pupils' reactions to school. In: Psychological Reports 49 (3), 1981, S. 929–930
Rost, Detlef H.: Interpretation und Bewertung pädagogisch-psychologischer Studien. Eine Einführung. Weinheim: Beltz PVU, 2009
Sander, Alfred: Von der Integrationspädagogik zur Inklusionspädagogik. In: Sonderpädagogische Förderung 48 (1), 2003, S. 313–329
Schwab, Susanne/Gebhardt, Markus/Tretter, Tobias/Rossmann, Peter/Reicher, Hannelore/Ellmeier, Barbara/Gmeiner, Sonja/Gasteiger-Klicpera, Barbara: Auswirkungen schulischer Intergartion auf Kinder ohne Behinderung – eine empirische Analyse von LehrerInneneinschätzungen. In: Heilpädagogische Forschung 38 (2), 2012, S. 54–65
Seymour, Helena/Reid, Greg/Bloom, Gordon A.: Friendship in inclusive physical education. In: Adapted Physical Activity Quarterly 26 (3), 2009, S. 201–219
Soodak, Leslie C./Podell, David M./Lehman, Laurie R.: Teacher, Student, and School Attributes as Predictors of Teachers' Responses to Inclusion. In: Journal of Special Education 31 (4), 1998, S. 480–497
Strong, Kristine/Sandoval, Jonathan: Mainstreaming Children with a Neuormuscular Disease: A Map of Concerns. In: Exceptional Children, 65 (3), 1999, S. 353–366
Uhrlau, Katrin: »Es war eine harte Schule«. Menschen mit Körperschädigungen ziehen Bilanz aus ihrer Schulzeit in der Allgemeinen Schule; eine qualitative Studie auf systemtheoretischer Basis als Beitrag zu einer Individuum bezogenen Schulentwicklung. Oldenburg, 2006
United Nations: Übereinkommen über die Rechte von Menschen mit Behinderung. Bundesgesetzblatt, Teil II, 35, 2008, S. 1419–1457
United Nations Educational, Scientific and Cultural Organization UNESCO: Guidelines for Inclusion. Ensuring Access to Education for All. 2005
United Nations Educational, Scientific and Cultural Organization UNESCO: Die Salamanca Erklärung und der Aktionsrahmen zur Pädagogik für besondere Bedürfnisse. Linz: Österreichische UNESCO Kommission, 2010
Walter-Klose, Christian: Kinder und Jugendliche mit Körperbehinderung im gemeinsamen Unterricht. Befunde aus nationaler und internationaler Bildungsforschung und ihre Bedeutung für Inklusion und Schulentwicklung. Oberhausen, 2012
Walter-Klose, Christian: Kinder und Jugendliche mit Körperbehinderung im gemeinsamen Unterricht. In: Zeitschrift für Grundschulforschung 6 (1), 2013, S. 59–71
Wang, Margaret C./Haertel, Geneva D./Walberg, Herbert J.: Toward a knowledge base for school learning. In: Review of Educational Research 63 (3), 1993, S. 249–294
Wocken, Hans: Das Haus der inklusiven Schule. Baustellen – Baupläne – Bausteine. Hamburg: Feldhaus, 2011
Yude, Carole/Goodman, Robert: Peer Problems of 9- to 11-year-old children with hemiplegia in mainstream schools. Can these be predicted? In: Developmental Medicine & Child Neurology 41, 1999, S. 4–8

Heterogene Schülerschaft – heterogene Bedingungen. Befunde eines empirischen Forschungsprojektes zur schulischen Inklusion im Förderschwerpunkt körperliche und motorische Entwicklung

Philipp Singer

Der gemeinsame Schul- und Unterrichtsbesuch von Schülern mit und ohne körperliche und mehrfache Beeinträchtigungen erfordert sehr häufig die Erfüllung vieler unterschiedlicher Bedingungen.[9] Die inklusive Schulsituation wird von allen beteiligten Personen (Schüler, Eltern, Lehrkräfte, Schulleitungen etc.) umso positiver beurteilt, je zahlreicher und wirksamer diese notwendigen Bedingungen an der Schule bereitgestellt werden. Zu

---

9 Aufgrund der besseren Lesbarkeit wird nur von »Schülern« gesprochen. Gemeint sind immer beide Geschlechter, also Schülerinnen und Schüler.

diesen beiden zentralen Aussagen kommt das Forschungsprojekt »Ermittlung von Qualitätsbedingungen für den Ausbau gemeinsamer Beschulung (schulische Inklusion) und Sicherung des bestmöglichen Bildungsangebots (§24, 2e der UN-Konvention) von Schülern mit dem Förderbedarf körperliche und motorische Entwicklung«. Dessen Ergebnisse bilden die Grundlage für diesen Beitrag.[10]

Um das Zustandekommen der Forschungsergebnisse nachvollziehbar zu machen, gibt dieser Beitrag zunächst einen knappen Überblick über den Anlass und den Untersuchungsaufbau der Studie. Anschließend stellt er zentrale Ergebnisse zur aktuellen Situation der schulischen Inklusion im Förderschwerpunkt körperliche und motorische Entwicklung (kmE) vor. Der nachfolgende Abschnitt widmet sich der Frage nach Einstellungen der Schüler, Lehrkräfte und Eltern an Förderschulen und allgemeinen Schulen zur Umsetzung schulischer Inklusion. Im Mittelpunkt des letzten Abschnittes stehen schließlich die Bedingungen einer erfolgreichen schulischen Inklusion von Schülern mit körperlichen und mehrfachen Beeinträchtigungen. Besondere Beachtung erfahren dabei sozial-integrative Aspekte, deren Bedeutung für das Gelingen schulischer Inklusion oftmals unterschätzt wird.

1 Anlass und Untersuchungsaufbau der Studie

Der Lehrstuhl Sonderpädagogik II der Universität Würzburg (Lelgemann, Lübbeke, Singer und Walter-Klose) untersuchte im Auftrag des Landschaftsverbandes Rheinland (LVR) zwischen Juni 2010 und Juli 2012 Bedingungen schulischer Inklusion im Förderschwerpunkt kmE. Ausgangs- und Fixpunkt der Untersuchung war Artikel 24 der UN-Behindertenrechtskonvention (UN-BRK), der das Recht auf eine bestmögliche inklusive Lernsituation für alle Kinder und Jugendliche mit Behinderungen anerkennt und geeignete Maßnahmen einfordert. Für den LVR als

---

10 Der gesamte Forschungsbericht zu dem von Lelgemann, Lübbeke, Singer und Walter-Klose gemeinsam durchgeführten Forschungsprojekt steht unter folgender Adresse zur Einsicht und zum Download zur Verfügung: http://www.sonderpaedagogik-k.uni-wuerzburg.de/forschung/ermittlung_von_qualitaetsbedingungen_fuer_den_ausbau_gemeinsamer/

Auftraggeber und überregionalen Träger von 41 Förderschulen sollte, dem Anspruch der Konvention entsprechend, untersucht werden, unter welchen Voraussetzungen eine gleichberechtigte Teilhabe im allgemeinen Schulsystem für Schüler mit einer Körper- und Mehrfachbehinderung ermöglicht werden kann. Zu dieser Fragestellung lagen bis dato nur wenige wissenschaftliche Erkenntnisse vor (vgl. Bergeest/Boenisch/Daut, 2011, S. 231f.; Lelgemann, 2010).

Die Ergebnisse der Studie basieren auf der Triangulation von drei wissenschaftlichen Methoden, anhand derer die Bedingungen einer bestmöglichen Schulsituation für Schüler mit einer körperlichen oder mehrfachen Behinderung untersucht wurden. Zunächst durchsuchte Walter-Klose die für die Fragestellung relevanten nationalen und internationalen Datenbanken der Pädagogik und Psychologie systematisch nach wissenschaftlichen Studien zum Gemeinsamen Unterricht von Kindern und Jugendlichen mit Körperbehinderung und wertete diese aus (vgl. Walter-Klose, 2012). Auf Basis dieser umfassenden Literaturanalyse sowie vorhandener Fachexpertise und Diskussionen mit Fachkolleginnen und -kollegen aus Praxis und Wissenschaft wurden anschließend eine qualitative Interviewstudie und, in einem dritten Schritt, eine quantitative Fragebogenerhebung konzipiert und durchgeführt.

Ziel der Interviewstudie war es, anhand der integrativen Erfahrungen von Schülern mit Körperbehinderung, ihrer Eltern, Lehrkräfte und Schulleitungen Bedingungen eines gelingenden inklusiven Schulbesuches zu ermitteln. Hierzu bildete die Forschungsgruppe zwei Stichprobengruppen: Eine Gruppe umfasste Schüler mit einer Körperbehinderung, die sich aktuell in einer gelingenden integrativen/inklusiven Schulsituation befinden. Für die andere Gruppe wurden Schüler ausgewählt, die vom Gemeinsamen Unterricht an die Förderschule gewechselt waren (»Wechsler«). Es wurden jeweils die Schüler selbst sowie ihre Eltern, Lehrkräfte und Schulleitungen interviewt. Bei der Auswahl der Schüler wurde zudem auf ein ausgewogenes Verhältnis hinsichtlich Geschlecht, Migration und sozialer Herkunft geachtet. Mit 84 Leitfadeninterviews weist diese qualitative Erhebung eine überdurchschnittlich hohe Anzahl an Interviews auf.

Mit der anschließenden quantitativen Fragebogenerhebung sollten die Befunde der Interviewstudie überprüft und in der Breite abgesichert werden. Damit die Ergebnisse vor allem auch für Schüler mit schwereren Beeinträchtigungen Aussagekraft besitzen, wurden in diesem Befragungsteil alle Schüler ab Klasse acht sowie alle Eltern und Lehrkräfte von acht Förderschulen mit dem Förderschwerpunkt körperliche und motorische Entwicklung (kmE) einbezogen. An den integrativen/inklusiven Schulen erhielten aus jeder Jahrgangsstufe die Schüler und Eltern einer Klasse mit Gemeinsamem Unterricht sowie ein Parallelzug ohne Gemeinsamen Unterricht einen Fragebogen. Ebenso wurden alle Lehrkräfte dieser Schulen befragt. Durch die zusätzliche Teilnahme von 19 allgemeinen Schulen aller Schulformen (Grund-, Real-, Haupt- und Gesamtschulen sowie Gymnasien) erweiterte sich die Perspektive der Erhebung in einem für den schulischen Inklusionsprozess sehr wesentlichen Punkt: So ist damit auch die Sichtweise von Eltern und Lehrkräften abgebildet, die bisher nicht oder nur wenig mit dem Thema der schulischen Inklusion vertraut waren.

Die Teilnahme von 4011 Befragten ermöglichte ein sehr differenziertes und alle Schulformen umfassendes Bild zur aktuellen Situation und zukünftigen Ausgestaltung inklusiver Schulsituationen im Förderschwerpunkt kmE. Tabelle 1 zeigt die Verteilung der Stichprobe sowie die Rücklaufquoten der quantitativen Erhebung im Überblick.

Tab. 1: Anzahl befragter Eltern, Schüler, Lehrkräfte und Mitarbeitender sowie Rücklaufquote der Fragebögen in Klammern

	Förderschule kmE	Integrations-/Inklusionsschule	Allgemeine Schule	Gesamt
Eltern	704 (50 %)	584 (56 %)	778 (42 %)	2066 (49 %)
Schüler	388 (mind. 62 %)[11]	604 (95 %)	–	992
Lehrkräfte	328 (70 %)	133 (47 %)	370 (43 %)	831 (53 %)
Mitarbeitende	122 (67 %)	–	–	122 (67 %)
Gesamt	1542 (62 %)	1321 (67 %)	1148 (43 %)	4011 (57 %)

2 Aktuelle Situation der schulischen Inklusion im Förderschwerpunkt körperliche und motorische Entwicklung

Wer oder was entscheidet darüber, ob Schüler mit körperlichen oder mehrfachen Beeinträchtigungen eine inklusive Schule oder eine Förderschule besuchen? Diese Frage stellt sich vorwiegend dann, wenn Eltern für

---

11 Aufgrund der Schätzung wird auf eine Angabe der Gesamtresponderquote bei den Schülern verzichtet.

ihre Kinder bewusst einen inklusiven Lernort und nicht den Besuch einer Förderschule in Betracht ziehen. Eingeworfen werden könnte, diese Frage zu stellen, stehe bereits im Widerspruch zum inklusiven Anliegen, jeder Schüler mit einer Behinderung habe das Recht, eine allgemeine Schule zu besuchen. Aber: Das alleinige Pochen auf formale Ansprüche – so könnte mit der Studie entgegnet werden – verhilft nicht dazu, die sogenannte Inklusionsquote zu steigern. Noch viel weniger lässt sich durch diesen einseitigen Blick die pädagogische Qualität inklusiver Bildungsprozesse verbessern. Aufgrund der sehr heterogenen Gruppe der Schüler mit körperlichen und mehrfachen Beeinträchtigungen müssen vielmehr differenzierte Antworten auf die unterschiedlichen behinderungs- und persönlichkeitsbezogenen sowie die soziokulturellen Voraussetzungen des einzelnen Schülers gefunden werden.

Zentrale Befunde der Studie zeigen eine Realität, der zufolge die Frage nach der Entscheidung über den Schulort nach wie vor gestellt, ja sogar mit Nachdruck gestellt werden muss, um zukünftig mehr Schülern mit Behinderung den Zugang zu inklusiven Lernsituationen zu ermöglichen. *Dass* diese Frage noch gestellt werden muss, deutet zugleich auf eine anhaltende Kluft mittlerer Größe zwischen Anspruch und Wirklichkeit inklusiver Schulentwicklungsprozesse im betreffenden Förderschwerpunkt hin. Oder anders formuliert: Die Realität schulischer Inklusion im Förderschwerpunkt kmE erinnert aktuell eher noch an die sogenannte Praxis der Integration. Denn solange das Elternhaus, der individuelle Unterstützungsbedarf und nicht zuletzt die Persönlichkeit des Schülers zu einem hohen Maße darüber entscheiden, ob eine inklusive Schul- und Lernsituation möglich wird und auch gelingt, kann nicht von einer Wirklichkeit gesprochen werden, die dem inklusiven Anspruch auf eine möglichst freie Schulortwahl und, allgemeiner, auf mehr Gerechtigkeit im Bildungswesen bereits entsprechen würde.

Zahlreiche allgemeine Schulen sind gegenwärtig noch nicht vertraut mit den Anforderungen, die mit Inklusion einhergehen. Oftmals mangelt es vielen allgemeinen Schulen auch an personellen, fachlichen oder finanziellen Ressourcen, um bestmögliche Bedingungen für eine gelingende schulische Inklusion zu schaffen. Sind Schulen hingegen mit ausreichend Ressourcen ausgestattet und gibt es dort eine inklusionsunterstützende Haltung, so minimiert sich der Einfluss der Größen Elternhaus, Unterstützungsbedarf und Schülerpersönlichkeit auf das Gelingen schulischer Inklusion. Letzteres scheint aber derzeit eher noch die Ausnahme zu sein.

Bedeutung des Elternhauses

Vor diesem Hintergrund kommt dem Elternhaus nach wie vor eine relativ große Bedeutung im Kontext schulischer Inklusion zu. Das im Inklusionsgedanken implizit enthaltene Ziel, schulische Bildungswege von der sozialen Herkunft zu entkoppeln, scheint den Ergebnissen der Studie zufolge momentan noch in weiter Ferne zu liegen. Vielmehr weisen die Ergebnisse beider Teilstudien auf einen deutlichen Zusammenhang zwischen der Ermöglichung und des Gelingens eines inklusiven Schulbesuchs sowie vorhandenen soziokulturellen Voraussetzungen aufseiten des Elternhauses hin.

Wie die nachfolgenden Interviewauszüge beispielhaft zeigen, werden viele Eltern vor allem bei der Suche nach einer für das eigene körperbehinderte Kind geeigneten inklusiven Schulsituation mit vielfältigen Anforderungen konfrontiert:

»Wie gesagt, wir haben uns bestimmt fünf oder sechs Schulen angesehen, sodass er auch durchaus die Möglichkeit hatte, das entscheiden zu können.« (Mutter eines Schülers im Gemeinsamen Unterricht)

»Ich habe an fünf Schulen hospitiert.« (Mutter eines Schülers im Gemeinsamen Unterricht)

»Ich hab mir auch alle Schulformen angeguckt. Ich war in der Waldorfschule, ich hab mir die Körperbehindertenschule angeguckt, ich hab mir Privatschulen angeguckt. Außer dieser Schule hier habe ich mich mir eigentlich, was so für uns, in unserem Bereich und in unserem Wohnviertel oder Wohnbezirk auch möglich war, habe ich mir angeguckt.« (Mutter eines Schülers im Gemeinsamen Unterricht)

»Ich hab mich dann danach informiert, mich mit dem Thema natürlich dann extrem auseinandergesetzt, nachdem ich die Erfahrung *[= als negativ eingestufte Beratung durch das Gesundheitsamt]* gemacht habe. Hab diese Schule entdeckt und war ganz, ganz frühzeitig hier, hab mich informiert und alles in die Wege geleitet und so. Diesen ganzen bürokratischen Ablauf halt.« (Mutter eines Schülers im Gemeinsamen Unterricht)

Manche Eltern wählten auch den juristischen Weg, um Inklusion für ihr Kind durchzusetzen:

»Ja, es war ne harte Zeit, einfach dagegen anzugehen, weil man hat ja als Normalsterblicher kaum eine Möglichkeit, das *[= Besuch einer Förderschule]* abzuwenden [...]. Ja, ich habe Gott sei Dank 'ne sehr gute und bekannte Anwältin gefunden, musste natürlich viel Geld blechen.« (Mutter eines Sohnes im Gemeinsamen Unterricht)

Auch im Hinblick auf die Aufrechterhaltung der inklusiven Schulsituation berichten viele Eltern davon, dass sie sich auf vielfältige Weise in die inklusive Schul- und Unterrichtssituation einbringen. Genannt werden hier weite Fahrten in die Schule am Morgen und am Nachmittag, persönliche Unterstützung im Unterricht bei Ausfall der Schulbegleitung oder ein mehrfaches Vorsprechen in der Schule, um auf die Bedürfnisse ihres körperbehinderten Kindes aufmerksam zu machen.

Die Ergebnisse der Studie zeigen folglich, dass den Eltern oftmals die zeitlichen und finanziellen Ressourcen zur Verfügung stehen müssen, um eine inklusive Lernsituation für das eigene Kind zu ermöglichen. Nicht selten sind diese Ressourcen selbst soziokulturell bedingt, ebenso wie die Möglichkeit, den inklusiven Weg überhaupt erst als für das eigene Kind vorstellbar zu betrachten und anschließend auch durchsetzen zu können.

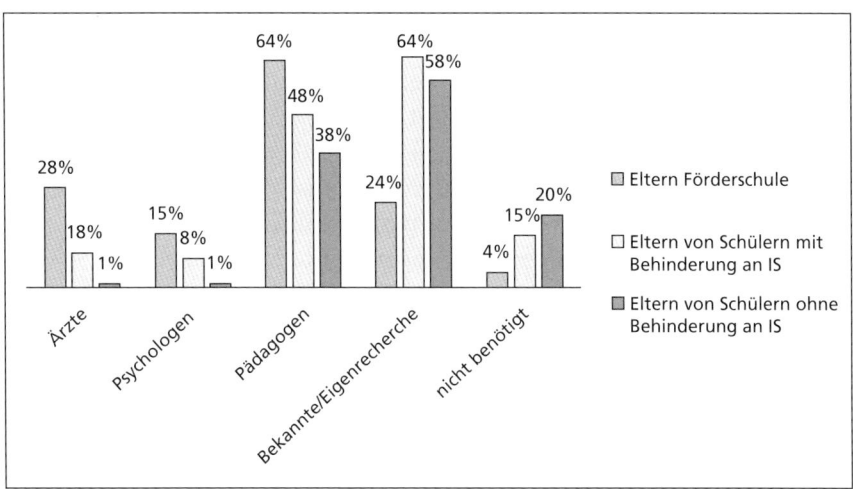

Abb. 1: Beratung zur Schulwahl erfolgte durch ... (Mehrfachnennungen waren möglich; IS = integrative/inklusive Schule, FS = Förderschule)

Untermauert wird die These, dass Eltern zur Ermöglichung einer inklusiven Schulsituation selbst in hohem Maße aktiv werden müssen, durch die Ergebnisse der quantitativen Erhebung zur Frage, wer die Eltern bei der Wahl der Schule beraten hat. Abbildung 1 zeigt, dass Eltern eines Kindes mit Behinderung vorwiegend durch Bekannte oder auf eigene Recherche hin zu einem Platz im Gemeinsamen Unterricht gelangt sind. Professionelle Beratung durch Ärzte, Pädagogen und Psychologen spielte eine im

Vergleich zu Eltern, deren Kind an einer Förderschule ist, geringere Rolle. Dieser Unterschied erklärt sich allerdings zum Teil sicherlich auch dadurch, dass die an der Studie teilgenommenen Kinder und Jugendlichen an den Förderschulen schwerere Behinderungen mit einem höheren Unterstützungsbedarf hatten.

Einfluss des Unterstützungsbedarfes und der Persönlichkeit des Schülers

Dem erklärten inklusiven Ziel, allen Schülern unabhängig von ihrer Behinderung oder Herkunft die Möglichkeit auf den Besuch einer allgemeinen Schule zu geben, stehen in vielen Fällen aber nicht nur fehlende soziokulturelle Voraussetzungen auf Elternseite entgegen. Eine große Rolle im Hinblick auf das Gelingen schulischer Inklusion spielen derzeit außerdem die Höhe des behinderungsspezifischen Unterstützungsbedarfs im lebenspraktischen und unterrichtlichen Bereich sowie häufig auch die Persönlichkeit des Schülers.

Dass ein (gelingender) inklusiver Schulbesuch umso eher möglich wird und offenbar umso besser funktioniert, je geringer der Unterstützungsbedarf des Schülers ist, ist zwar kein übermäßig überraschender Befund der Studie. Allerdings ist dieses Ergebnis ein empirischer Beleg dafür, dass die schulische Inklusion im Förderschwerpunkt kmE sehr differenziert zu betrachten ist und noch einiger Anstrengung bedarf. Vor allem für Schüler mit mehrfachen Beeinträchtigungen und einem erhöhten Pflegebedarf scheinen die Bedingungen für einen inklusiven Schulbesuch, bis auf wenige Ausnahmen, noch nicht erfüllt zu sein. Demnach stellt vor allem ein erhöhter Pflegebedarf derzeit noch eines der gewichtigsten Ausschlusskriterien vom inklusiven Schulbesuch dar. Haben Schüler außerdem neben der körperlichen eine weitere Beeinträchtigung im kognitiven, sozial-emotionalen oder sprachlichen Bereich, wird ein Wechsel in eine Förderschule umso wahrscheinlicher. Der Unterstützungs-, Pflege- und Therapiebedarf der Schüler in Förderschulen mit dem Förderschwerpunkt kmE liegt daher, wie beide Teilstudien zeigen, derzeit deutlich über dem der Schüler in den an der Studie beteiligten integrativen/inklusiven Schulen.

Die Studie liefert darüber hinaus den weiteren interessanten Befund, dass Schüler mit einer körperlichen oder mehrfachen Beeinträchtigung häufig selbst in hohem Maße für das Gelingen ihrer inklusiven Schulsituation eintreten müssen. Mit Nachdruck ist darauf hinzuweisen, dass dies nicht auf integrative/inklusive Schulen zutrifft, die sich verantwortlich und mit großem Engagement der Umsetzung schulischer Inklusion widmen.

Diese Schulen, die häufig mit ausreichend Ressourcen[12] ausgestattet sind, unterstützen die Schüler nach Kräften und sorgen für ein positives soziales Klima an der Schule. Inklusion wird hier nicht als Aufgabe des einzelnen Schülers oder der einzelnen Schülerin begriffen, sondern ist Ausdruck einer von der gesamten Schulgemeinschaft getragenen Haltung, die die Vielfalt der Schüler ausdrücklich wertschätzt.

Fehlen hingegen für Inklusion benötigte Ressourcen, Strukturen und Haltungen an einer Schule, verlangt dies den Schülern und ihren Eltern häufig enorme Kraftanstrengungen ab, um die inklusive Schulsituation aufrechtzuerhalten. Nicht selten führen diese Anstrengungen zu einer so hohen psychischen Belastung bei den Schülern, dass es schließlich zu einem Abbruch der inklusiven Schulsituation kommen kann. Als Gründe für ein Scheitern der inklusiven Schulsituation nennen die interviewten körperlich beeinträchtigten Schüler sowie ihre Eltern vor allem vielfältige Belastungen im sozialen Bereich (u. a. Ausgrenzung und Hänseleien durch Mitschüler; fehlende Unterstützung durch Lehrkräfte; Nicht-Teilnahme an Ausflügen und Klassenfahrten aufgrund der Behinderung) und im Unterrichts- bzw. Lern- und Leistungsbereich (u. a. fehlende differenzierende Förderung; keine Gewährung von Nachteilsausgleichen; zu große Klassengrößen). Diese Belastungen wurden an diesen Schulen häufig nicht wahrgenommen oder konnten durch fehlende Ressourcen nicht gemindert werden.

Die Ergebnisse der Interviewauswertung sprechen dafür, dass an allgemeinen Schulen ohne konzeptionelle inklusive Ausrichtung, die zudem von der gesamten Schulgemeinschaft getragen wird, Schüler mit Beeinträchtigungen all ihre psychischen Kräfte mobilisieren müssen, um den genannten Widrigkeiten entgegenzuwirken. Eine die allgemeinen Schulen in Integrations- und Inklusionsfragen seit vielen Jahren beratende Förderschullehrkraft schildert diese Problematik folgendermaßen:

»Ich merke das in der Regelschulberatung: Geglückte Integration oder Inklusion oder diese Einzelsachen erfolgen eigentlich immer nur bei extrem psychisch stabilen Kindern [...]. Das sind die Kinder, die irgendwie einfach eine Ausstrahlung haben, vielleicht das Glück hatten, dass sie so sind, von ihren Eltern, von der Familie irgendwie dahingebracht werden, die trotz wirklich größeren Handicaps es schaffen, ihre Stellung auch in so einer Gruppe zu haben. Die packen's. Und die setzen sich auch gegen so Ignoranz von Leh-

---

12 Die Ressourcen bzw. Bedingungen einer gelingenden schulischen Inklusion im Förderschwerpunkt körperliche und motorische Entwicklung werden im vierten Abschnitt dieses Beitrages dargestellt.

rern durch. Und die haben den Mut, selber zu sagen: ›Ich brauche die Zeitverlängerung, ihr seht doch: Und dann fängt der Arm an zu zittern.‹ Die sagen so was selber.«

Diese Aussage wird durch die Beschreibung der Persönlichkeit derjenigen Schüler der Stichprobe gestützt, bei denen es zu einem Abbruch der integrativen/inklusiven Schulsituation kam. Eltern und Lehrkräfte schildern sie zusammenfassend überwiegend entweder als »durchaus verhaltensauffällig, eher wenig interessiert an Gruppenprozessen oder auch provokativ« oder als »zurückgezogen, still, wenig belastbar und mit weniger Selbstvertrauen versehen«.

Ein übergeordnetes Ziel inklusiver Schulentwicklungsmaßnahmen – insbesondere im Förderschwerpunkt kmE – sollte also sein, das Gelingen eines inklusiven Schulbesuches nicht mehr in diesem Ausmaß von einem proaktiven und soziokulturell begünstigten Elternhaus abhängig zu machen. Ebenso wenig dürfen darüber der Unterstützungsbedarf und die Persönlichkeit des Schülers entscheiden. Hierzu können sowohl schulpolitische Entscheidungen (z. B. Bereitstellung ausreichender Ressourcen, Aufbau eines umfassenden und neutralen Beratungsangebotes) als auch innerschulische Entwicklungsprozesse (z. B. Implementierung inklusiver Strukturen und Prozesse) einen entscheidenden Beitrag leisten. Diese Maßnahmen gilt es noch wesentlich entschiedener als bisher einzuleiten, vor allem wenn vor dem Hintergrund der UN-BRK dem Wunsch vieler Eltern und Schüler nach einem inklusiven Bildungsangebot entsprochen werden soll.

3 Einstellungen zur Umsetzung schulischer Inklusion

In der aktuellen Diskussion um schulische Inklusion entsteht häufig der Eindruck, alle Schüler mit Behinderung und deren Eltern wünschten sich ein inklusives Bildungsangebot. Belastbare Zahlen für den Förderschwerpunkt kmE fehlten zu Beginn der Studie allerdings. Mit der Befragung von rund 400 Schülern an Förderschulen kmE sowie 700 Eltern von Kindern, die diese Schulen besuchen, wurde dieser oft pauschal unterstellte Wunsch erstmals einer empirischen Überprüfung unterzogen. Im Gegenzug wurden ca. 500 Lehrkräfte und 1350 Eltern an integrativen/inklusiven Schulen sowie an allgemeinen Schulen dazu befragt, wie sie eine Auf-

3 Einstellungen zur Umsetzung schulischer Inklusion

nahme von Schülern mit körperlichen und mehrfachen Beeinträchtigungen einschätzen. Die wichtigsten Ergebnisse sind nachfolgend aufgeführt.

Eine entscheidende Frage ist zunächst, wie die direkt Betroffenen, also die Schüler an Förderschulen kmE und deren Eltern, einem Besuch einer allgemeinen Schule gegenüberstehen. Abbildung 2 zeigt, dass sich jeweils mehr als ein Drittel der Eltern und Schüler an Förderschulen kmE klar für eine inklusive Lernsituation aussprechen.

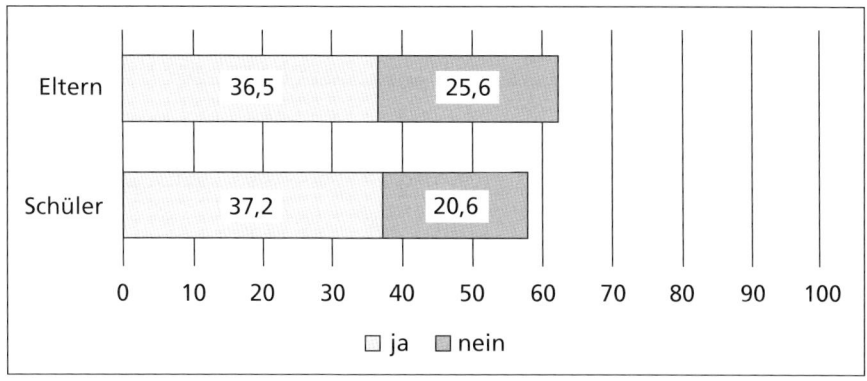

Abb. 2: Antworten der Eltern und Schüler in Prozent auf die Frage: »Würdest Du gerne eine Schule besuchen, an der Schüler und Schülerinnen mit und ohne Behinderung gemeinsam lernen?« (entsprechende Formulierung für die Eltern)

Im Vorgriff auf die im nächsten Abschnitt beschriebenen Bedingungen schulischer Inklusion im Förderschwerpunkt kmE wären den Schülern im Falle eines inklusiven Schulbesuches gute soziale Kontakte zu den Mitschülern insgesamt am wichtigsten (Abb. 3). Auch in den qualitativen Antwortformaten nennen die Schüler ein gutes soziales Klima mit Abstand am häufigsten als das Bedeutendste: »Dass die Schüler nett sind und nicht mobben.« Abbildung 3 zeigt aber zugleich, dass den Schülern die dort angegebenen anderen Bedingungen, wie z. B. die Rücksichtnahme auf ihr individuelles Lern- und Schreibtempo und fachkompetentes Personal sowie äußere Rahmenbedingungen an den Schulen, fast genauso wichtig wären. Schüler, die einen höheren Unterstützungsbedarf im lebenspraktischen, gesundheitlichen und unterrichtlichen Bereich angegeben haben, schätzen die Erfüllung dieser Bedingungen fast immer als signifikant wichtiger ein.

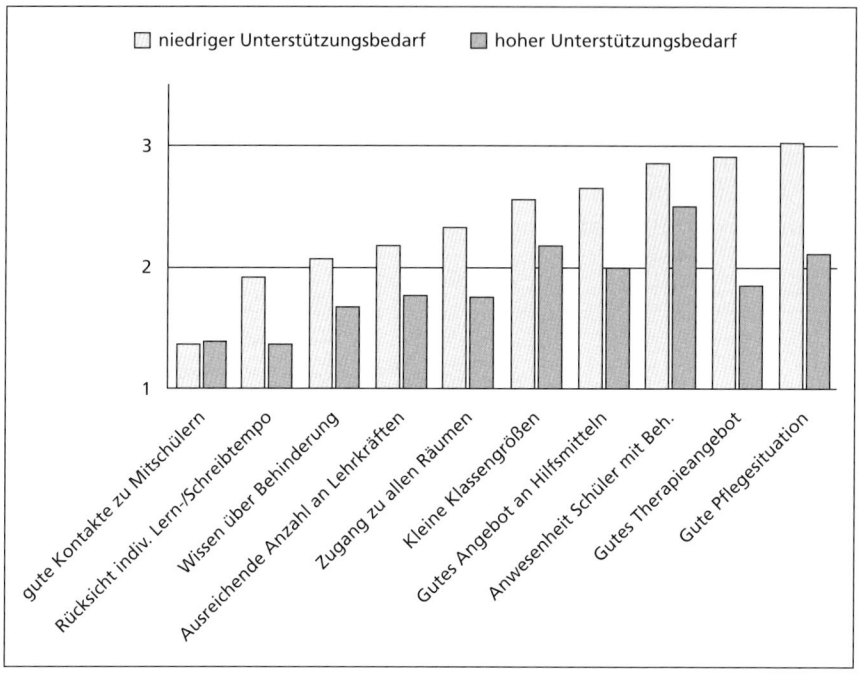

Abb. 3: Unterscheidung der Bedeutung von Bedingungen der Schüler mit hohem und niedrigem Unterstützungsbedarf in zehn Bereichen (Selbstauskunft der Schüler an Förderschulen; 1 = sehr wichtig, 3 = mittel, 5 = gar nicht wichtig)

Eltern verbinden mit dem Wunsch nach einem inklusiven Bildungsangebot vor allem die Hoffnung auf mehr Teilhabe ihrer Kinder im sozialen Bereich. Kontakte ihrer Kinder zu nichtbehinderten Mitschülern im Wohnumfeld sind ihnen dabei besonders wichtig. Sie haben beim Wunsch nach einer inklusiven Lernsituation zugleich auch die gesamtgesellschaftliche Ebene im Blick, wenn viele Eltern sinngemäß betonen, dass das »gegenseitige Verständnis späterer Generationen für Menschen mit Behinderung gestärkt« würde und man »Rücksicht und Toleranz nicht besser fördern« könne. Auch erwarten einige Eltern an einer allgemeinen Schule einen höheren Schulabschluss für ihr Kind und generell höhere Leistungsanforderungen in einer integrativen/inklusiven Klasse.

Auffällig ist, dass fast die Hälfte der Schüler und ihrer Eltern in dieser Frage unentschlossen ist. Die vielen und sehr differenzierten Antworten der Eltern geben in ihrer Gesamtheit jedoch ein sehr klares Bild ab. Ein Großteil würde sich demnach für eine inklusive Lernsituation entscheiden, wenn auch dort die von ihren Kindern benötigten Bedingungen erfüllt wären. Besonders wichtig wären diesen Eltern fachlich gut ausgebildete Lehrkräfte:

> »Da meine Tochter schon Erfahrungen auf der Regelschule gemacht hat und diese nicht gut waren, bin ich sehr skeptisch. Aber wenn sich die Bedingungen ändern, z. B. geschultes Personal, würde ich nochmal darüber nachdenken.«

Zwei Lehrkräfte in einer Klasse, ein therapeutisches Angebot an der Schule, kleinere Klassengrößen sowie ein barrierefreies Schulgelände und eine individuelle Förderung ihres Kindes führen die Eltern als weitere Bedingungen an, unter denen sie einen inklusiven Lernort für ihr Kind in Betracht ziehen würden:

> »Zurzeit stimmen die Rahmenbedingungen für das gemeinsame Lernen überhaupt noch nicht. Unter idealen Bedingungen würde ich den Gemeinsamen Unterricht sehr befürworten.«

Es ist also davon auszugehen, dass sich wesentlich mehr Eltern als die 36,5 % für einen inklusiven Lernort entscheiden würden, wenn sichergestellt wäre, dass ihre Kinder dort die benötigten Lernbedingungen vorfinden.

Allerdings ist mit der Erhebung auch darauf hinzuweisen, dass bei Eltern keine pauschale Unzufriedenheit mit der vom Kind besuchten Förderschule kmE vorliegt. Im Gegenteil zeigen sich die Eltern mit der Arbeit der Schule ihres Kindes überwiegend zufrieden, insofern knapp 82 % ihr Kind wieder dort anmelden würden. Wie sich zeigt, beurteilen viele dieser Eltern die Förderschule kmE unter den gegebenen aktuellen Bedingungen an allgemeinen Schulen als den geeigneteren Förderort für ihr Kind. Jedoch spricht sich auch ein Viertel der Eltern und ein Fünftel der Schüler ausdrücklich für den Verbleib an der Förderschule aus (Abb. 2). Einige dieser Eltern betonen zwar durchaus eine generell positive Haltung gegenüber der schulischen Inklusion, sie beurteilen die Förderschule aber aus unterschiedlichen Gründen als den geeigneteren Lernort für ihr Kind. Zum einen führen sie auch hier die besseren Bedingungen an, die viele Eltern nur an den Förderschulen als erfüllbar betrachten:

> »Der kleine Klassenverband, der geschützte Raum, die therapeutischen Angebote, die individuellen Lehrpläne und das Eingehen auf die Fähigkeiten (positiv wie negativ) sprechen für mich ganz klar für die Förderschule. An einer Regel- oder integrativen Schule würde mein Kind untergehen. Dazu kommt die räumliche und personelle Ausstattung.«

Zum anderen nehmen fast alle dieser Eltern Bezug auf die Schwere der Behinderung ihres Kindes, wenn sie sich ablehnend gegenüber einem möglichen Wechsel ihres Kindes in eine inklusive Lernsituation äußern:

> »Meine Tochter könnte dem Unterricht gar nicht folgen, sie sitzt nur kurze Zeit still, hat starke Verständnis- und Kommunikationsprobleme, sie lautiert ständig und ist nicht ruhig, nimmt vieles in den Mund und braucht ständig Hilfe.«

Der Forschungsbericht fasst die Haltung der Eltern mit Kindern an Förderschulen kmE zu einem inklusiven Bildungsangebot wie folgt zusammen:

> »Der Wunsch nach mehr Gemeinsamem Unterricht resultiert also nicht aus einer Unzufriedenheit mit den Förderschulen und deren Angeboten, sondern bringt den Wunsch nach stärkerer gesellschaftlicher Partizipation zum Ausdruck, unter der Prämisse, dass die bisherige Qualität der Förderung erhalten bleibt. Unter den gegebenen Voraussetzungen sehen viele Eltern diese Möglichkeiten derzeit noch eher an den Förderschulen verwirklicht, ziehen einen Wechsel aber umso eher in Betracht, je umfangreicher diese Bedingungen in einem inklusiven Angebot vorhanden sind.« (Lelgemann/Lübbeke/Singer/Walter-Klose, 2012a, S. 341)

Einstellungen an allgemeinen und integrativen/inklusiven Schulen

Inklusion kann aber nur dann als gewinnbringender Prozess für alle Beteiligten verlaufen, wenn sie auch von möglichst allen Beteiligten unterstützt und mitgetragen wird. Deshalb ist es notwendig, Lehrkräfte, Eltern und Schüler bereits vor der Einführung schulischer Inklusion in die Diskussion einzubeziehen. Schulleitungen tragen eine besondere Verantwortung dafür, dass entsprechende Gremien geschaffen werden und möglichen Ängsten und Sorgen mit dem nötigen Respekt begegnet wird.

Mit Hilfe von Fragebögen wurden Lehrkräfte und Eltern an integrations-/inklusionserfahrenen Schulen sowie an 19 allgemeinen Schulen ohne oder mit nur wenig integrativen/inklusiven Erfahrungen zu ihrer Haltung gegenüber der Aufnahme von Schülern mit körperlichen oder mehrfachen Beeinträchtigungen befragt. Diese für den Förderschwerpunkt erstmals erhobenen Daten liefern sehr differenzierte Hinweise zur aktuellen Situation und zur zukünftigen Ausgestaltung inklusiver Schulpolitik.

Ein Querschnitt durch alle befragten Gruppen zeigt sehr deutlich: Die definitive Zustimmung zur Aufnahme von Schülern mit Behinderungen hängt letztlich weniger von der Haltung gegenüber inklusiven Lernsituationen ab, insofern diese häufig bereits als positiv vorhanden beschrieben wird. Vielmehr ist entscheidend, ob die Schulen für die Umsetzung ausreichend Ressourcen zur Verfügung haben. Zugleich spiegeln die Ergebnisse aber ebenso die Unsicherheit vieler der potenziell am Prozess der schulischen Inklusion Beteiligten in der Frage wider, ob ein inklusives Bildungsangebot unabhängig von der Behinderung der Kinder und Jugendlichen sinnvoll und möglich ist.

Bereits in der qualitativen Interviewstudie diskutierten sehr viele der befragten Lehrkräfte und Eltern die Frage nach Möglichkeiten und Grenzen schulischer Inklusion für körperlich und mehrfach beeinträchtigte Schüler unter dem Hinweis auf die große Heterogenität in diesem Förderschwerpunkt. Diese Realität sollte in der quantitativen Erhebung möglichst abgebildet werden. Lehrkräfte und Eltern an integrativen/inklusiven und allgemeinen Schulen wurden daher nicht pauschal gefragt, ob sie sich eine Aufnahme von Schülern mit einer Körperbehinderung in ihre Schule bzw. Klasse ihres Kindes vorstellen können. Um ein differenzierteres und die Heterogenität möglichst widerspiegelndes Bild zu erhalten, wurde nach der Zustimmung zur Aufnahme folgender drei Schülergruppen gefragt:

- Schüler A: Nutzt einen Rollstuhl und hat keine weiteren Einschränkungen.
- Schüler B: Nutzt ebenfalls einen Rollstuhl und hat zusätzlich einen erhöhten Pflegebedarf (Hilfe beim Toilettengang, spricht schwer verständlich, nutzt einen Sprachcomputer).
- Schüler C: Nutzt einen Rollstuhl und hat zusätzlich eine geistige Behinderung.

Wie Abbildung 4 zeigt, können sich Eltern der allgemeinen Schulen zu fast 85 % vorstellen, dass Schüler A in der Klasse ihres eigenen Kindes unterrichtet wird, bei Schüler B sind es etwa 52 % und bei Schüler C immer noch etwa 25 %.

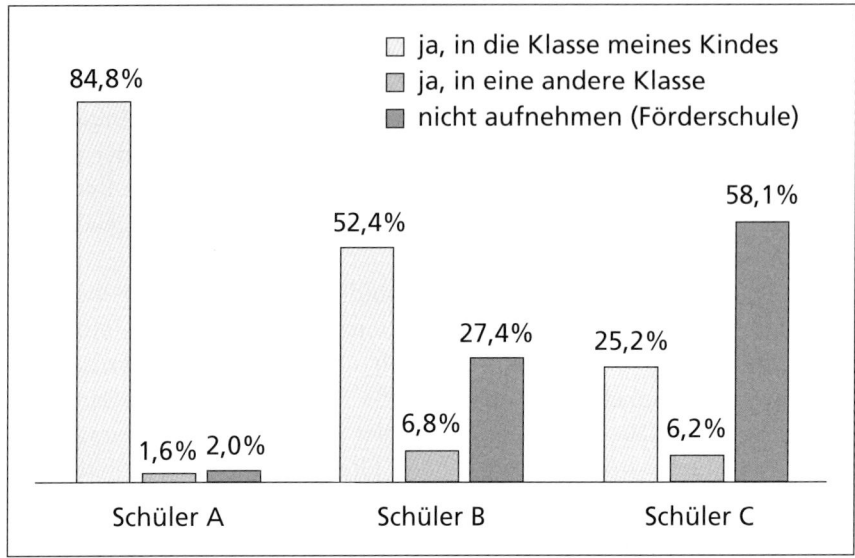

Abb. 4: Antworten der Eltern der allgemeinen Schulen zur Frage der Aufnahme des jeweiligen Schülers (fehlende Prozentzahlen = »mir egal«)

Eltern, die sich eine Aufnahme nicht vorstellen können, führen bei den Schülergruppen A und B vor allem fehlende Rahmenbedingungen als Begründung an, betonen aber gleichzeitig eine grundsätzlich aufgeschlossene Haltung in dieser Frage. Bei Schülern, die neben der körperlichen eine geistige Behinderung haben, sehen viele Eltern der allgemeinen Schulen die Förderschule als den geeigneteren Lernort an. Wenn auch manche Eltern hier die Aufnahme dieser Schüler von verbesserten Rahmenbedingungen abhängig machen, so überwiegen doch Bedenken, ob dies im Sinne aller Schüler wäre: Sie bezweifeln, dass Schüler mit einer geistigen Beeinträchtigung eine adäquate Förderung in inklusiven Lernsituationen erhalten; für das eigene Kind befürchten einige Eltern Leistungseinbußen. Tabelle 2 zeigt, dass die meisten Eltern der allgemeinen Schulen durch die Einführung schulischer Inklusion jedoch eher Vor- als Nachteile erwarten.

3 Einstellungen zur Umsetzung schulischer Inklusion

Tab. 2: Einschätzungen zur schulischen Inklusion durch Eltern an allgemeinen Schulen (Mittelwerte und Standardabweichungen; 1 = stimme voll und ganz zu, 5 = lehne völlig ab)

	m	sd
Das gemeinsame Leben und Lernen mit behinderten Mitschülern würde selbstverständlicher werden.	1,57	,81
Mehr Lehrkräfte in der Klasse kämen auch meinem Kind zugute.	1,66	,88
Mein Kind würde hilfsbereiter werden.	1,85	,87
Lehrkräfte mit einer sonderpädagogischen Ausbildung kämen auch meinem Kind zugute.	1,93	,99
Ich würde mein Kind von der Schule abmelden bzw. müsste sehr von einem solchen Vorhaben überzeugt werden.	4,42	1,06
Mein Kind wäre mit der möglichen Fremdheit behinderter Kinder überfordert.	4,10	1,05
Ein solcher Unterricht kann für behinderte Kinder nicht gut sein.	3,96	1,10
Mein Kind würde weniger lernen.	3,77	1,18
Mein Kind würde weniger Unterstützung erhalten.	3,40	1,11
Die Lehrkraft kann nicht gleichzeitig behinderte und nichtbehinderte Kinder unterrichten.	3,20	1,38

Vor allem die mit schulischer Inklusion einhergehenden Veränderungen im personellen Bereich (zwei Lehrkräfte pro Klasse; sonderpädagogisch ausgebildete Lehrkräfte) würden Eltern der allgemeinen Schulen begrüßen. Auch für die Entwicklung des sozialen Verhaltens (größere Hilfsbereitschaft des eigenen Kindes; gemeinsames Leben und Lernen) erwarten die Eltern überwiegend Vorteile. Die Befürchtung, das eigene Kind würde im Gemeinsamen Unterricht weniger lernen, äußern sie eher nicht. Ein Nebenbefund der Studie ist in diesem Zusammenhang, dass der bisherige Kontakt zu Menschen mit Behinderung eindeutig zu einer positiveren Einstellung gegenüber der Einführung schulischer Inklusion an der Schule des eigenen Kindes führt. So hatten 50 % der schulischer Inklusion skeptisch gegenüberstehenden Eltern sehr selten oder nie Kontakt mit Menschen mit Behinderung. Bei Eltern, die sich in dieser Frage aufgeschlossener zeigen, hatte lediglich ein Viertel sehr selten oder nie Kontakt zu Menschen mit Behinderung.

Die befragten Lehrkräfte an allgemeinen Schulen antworten auf die Frage zur Aufnahme der drei Schülergruppen tendenziell identisch wie die Eltern ihrer Schüler (Abb. 5). Allerdings beurteilen sie die Aufnahme aller drei Gruppen deutlich skeptischer. Können sich noch gut zwei Drittel der

Lehrkräfte ohne Erfahrung im integrativen/inklusiven Unterricht die Aufnahme von Schüler A vorstellen, so ist es bei Schüler B nur mehr fast jede zehnte und bei Schüler C lediglich etwa jede zwanzigste Lehrkraft.

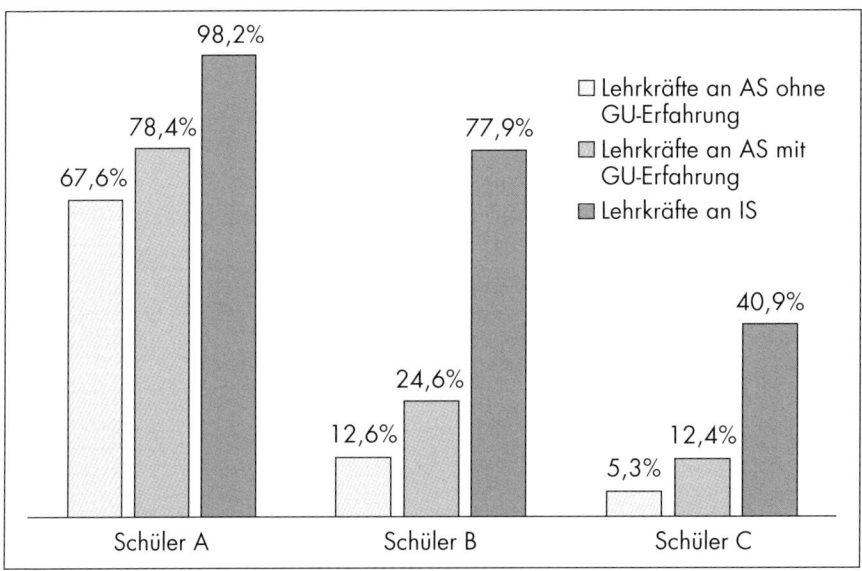

Abb. 5: Prozentzahl an Lehrkräften, die die Aufnahme von Schüler A, B, C in ihren Unterricht begrüßen, in Abhängigkeit ihrer Erfahrung; AS = allgemeine Schule, IS = integrative/inklusive Schule

Zugleich zeigt sich aber eine positivere Einschätzung der Lehrkräfte an allgemeinen Schulen, wenn diese im Verlauf ihrer beruflichen Laufbahn bereits Erfahrungen im Unterricht mit beeinträchtigten Schülern gemacht haben. Dies kann als klarer Hinweis darauf verstanden werden, dass Lehrkräfte die bisherigen Erfahrungen im integrativen/inklusiven Unterricht erstens überwiegend positiv beurteilen und zweitens einem inklusiven Unterricht aufgeschlossener gegenüberstehen, wenn sie bereits Erfahrungen damit machen konnten. Konsequenterweise liegt die Zustimmung zur Aufnahme aller drei Schülergruppen bei den an integrativen/inklusiven Schulen tätigen Lehrkräften am höchsten. Im Vergleich zu Lehrkräften mit integrativer/inklusiver Erfahrung an allgemeinen Schulen ist der Zustimmungswert dieser Gruppe sogar um das Drei- (Schüler B: 77,9 % vs. 24,6 %) oder annähernd Vierfache (Schüler C: 40,9 % vs. 12,4 %) höher.

Die Möglichkeit, ihre eher skeptische Antwort zu begründen, nutzten 400 Lehrkräfte der allgemeinen Schulen. Bei den Schülergruppen A und B nennen die Lehrkräfte vorwiegend die fehlende Barrierefreiheit des Schulgebäudes, eine zu geringe personelle Ausstattung der Schule und fehlendes fachlich entsprechend ausgebildetes Lehrpersonal. Hinzu kommen vor allem die nicht vorhandenen zeitlichen Ressourcen sowie zu große Klassengrößen. Diese Aspekte bereiten den Lehrkräften auch bei Schüler C Bedenken ob der Möglichkeit einer Aufnahme in die Schule. Allerdings wird bei dieser Schülergruppe zusätzlich die grundsätzliche Sinnhaftigkeit schulischer Inklusion in Frage gestellt. Eine angemessene Förderung von Schülern, die neben der körperlichen eine geistige Beeinträchtigung haben, sehen einige Lehrkräfte in der allgemeinen Schule nicht gewährleistet: »C könnte den Stoff doch u. U. gar nicht aufnehmen/umsetzen/wiedergeben«; »Bei einer Schwerst-Mehrfach-Behinderung ohne wahrnehmbare Interaktion mit der Umwelt und mit erhöhtem Geräuschpegel und bei geistiger Behinderung kann ich mir eine Inklusion nicht vorstellen«. Auch wenn Lehrkräfte der allgemeinen Schulen einer Aufnahme von Schülern mit einer geistigen Behinderung überwiegend skeptisch gegenüberstehen, zeigt sich auch in dieser Befragungsgruppe, dass bei Implementierung entsprechender Bedingungen die Zustimmung zur Aufnahme von körperlich und mehrfach beeinträchtigten Schülern deutlich steigen würde.

Lehrkräfte der integrativen/inklusiven Schulen äußern erwartungsgemäß deutlich weniger Bedenken in dieser Frage. Der Aufnahme von Schülern, die ausschließlich eine körperliche Beeinträchtigung haben und auf den Rollstuhl angewiesen sind, stimmen 98,2 % dieser Lehrkräfte zu (Abb. 5). Knapp 80 % können sich auch die Aufnahme von Schülern vorstellen, die zusätzlich einen erhöhten Pflegebedarf haben. Bereits erfüllte Bedingungen an diesen Schulen (Barrierefreiheit des Schulgebäudes; häufig zwei Lehrkräfte in der Klasse; Erfahrung im Unterricht mit Schülern unterschiedlicher Förderbedarfe und damit einhergehende Haltung) begünstigen die Offenheit in dieser Frage mit hoher Wahrscheinlichkeit. Mit beachtlichen 40,9 % liegt die Zustimmung zur Aufnahme von Schülern mit einer zusätzlichen geistigen Beeinträchtigung im Vergleich zu Lehrkräften an allgemeinen Schulen (ohne Erfahrung: 5,3 %; mit Erfahrung: 12,4 %) zwar deutlich höher; dennoch halten knapp 40 % – selbst an diesen relativ gut ausgestatteten Schulen – die Aufnahme dieser Schülergruppe für derzeit nicht möglich. Den Befragten zufolge müssten dafür vor allem die personellen Bedingungen noch wesentlich verbessert werden. Grundsätzlich wird die Sinnhaftigkeit schulischer Inklusion für diese Schülergruppe im Vergleich zu den Lehrkräften an allgemeinen Schulen jedoch weniger in Frage gestellt. Allerdings verdient in diesem Zusammenhang Beachtung, dass 46 % der an integrativen/inklusiven Schulen tätigen Lehrkräfte für die Beibehaltung von Förderschulen plädieren, da diese unter anderem »wichtig für manche Schülerinnen und Schüler« seien (Abb. 6).

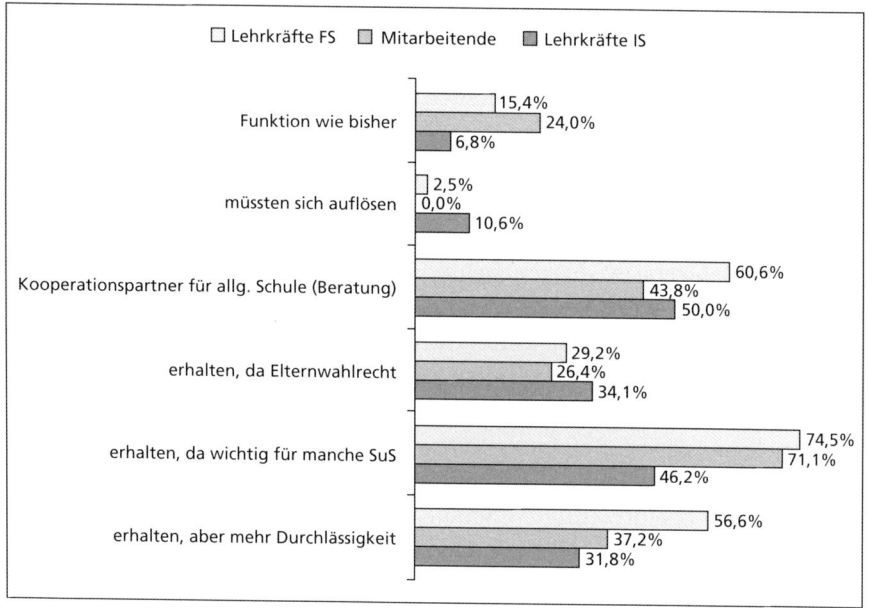

Abb. 6: Antworten von Lehrkräften und Mitarbeitern der Förderschulen und Lehrkräften von integrativen/inklusiven Schulen auf die Frage: »In welcher Funktion sehen Sie die Förderschule körperliche und motorische Entwicklung bei der Umsetzung der schulischen Inklusion?« (Mehrfachnennungen waren möglich)

Vor allem die Antworten der bereits in der schulischen Inklusion tätigen Lehrkräfte weisen nochmals darauf hin, dass die Erfordernisse bei der Umsetzung schulischer Inklusion aufgrund der großen Heterogenität im Förderschwerpunkt kmE sehr differenziert zu betrachten sind und eine klare – auch diagnostische – Benennung von Förder- und Unterstützungsbedürfnissen des einzelnen Schülers weiterhin notwendig ist. Die im nächsten Abschnitt beschriebenen Bedingungen schulischer Inklusion stützen diese These, da unter anderem deutlich wird, dass je nach Behinderungsbild unterschiedliche Unterstützungsbedürfnisse auftreten, für die im Sinne einer gelingenden Inklusion möglichst passgenaue Angebote vorzuhalten sind.

4 Bedingungen schulischer Inklusion im Förderschwerpunkt körperliche und motorische Entwicklung

Wie kann schulische Inklusion bei Schülern mit körperlichen und mehrfachen Beeinträchtigungen bestmöglich gelingen? Anhand der 84 Leitfadeninterviews wurde eine Vielfalt an wichtigen Bedingungen ermittelt, die für das Gelingen schulischer Inklusion im Förderschwerpunkt kmE aus Sicht der Befragten als notwendig erachtet werden. Die quantitative Erhebung von 4011 Befragten bestätigte diese Ergebnisse. Das in Abbildung 7 dargestellte Mehrebenen-Modell zeigt die Bedingungen schulischer Inklusion im Förderschwerpunkt kmE in systematisierter Form. Im Folgenden werden diese Ebenen mit ihren einzelnen Bedingungen zusammenfassend dargestellt, eine ausführliche Beschreibung des Modells findet sich im Forschungsbericht (vgl. Lelgemann/Lübbeke/Singer/Walter-Klose, 2012; 2012b). Der Schwerpunkt in diesem Beitrag konzentriert sich auf die Ebene der Haltungen und Einstellungen. Einerseits wird dieser Bereich für das Gelingen schulischer Inklusion in theoretischer Hinsicht oftmals unterschätzt, wohingegen er aber an erfolgreich inklusiv arbeitenden Schulen enorme Beachtung erfährt. Andererseits konnten gerade in diesem Bereich gewichtige Gründe für misslungene integrative/inklusive Settings ausgemacht werden.

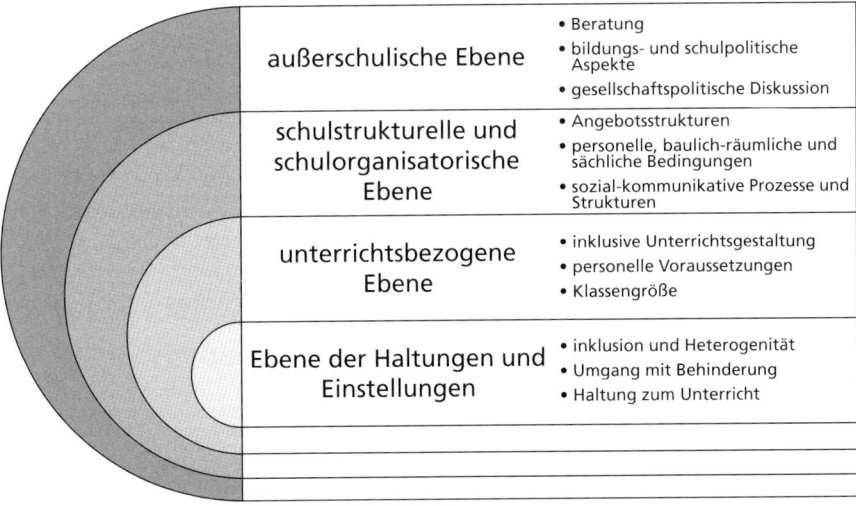

Abb. 7: Mehrebenen-Modell schulischer Inklusionsbedingungen für Schüler mit Förderschwerpunkt körperliche und motorische Entwicklung

Das Modell ist aus zwei Gründen mit Einschränkungen zu betrachten. Erstens berücksichtigt es alle für den Förderschwerpunkt kmE relevanten Bedingungen. Es enthält also auch diejenigen Bedingungen, die insbesondere für Schüler mit mehrfachen Beeinträchtigungen und einem erhöhten Pflegebedarf in einer inklusiven Lernsituation notwendig werden. Nicht immer müssen daher alle nachfolgend aufgeführten Bedingungen an einer inklusiven Schule vorhanden sein. Zugleich verweist dieser Umstand auf die heterogene Zusammensetzung der Schülergruppe mit diesem Förderschwerpunkt. Vor der Aufnahme von Schülern dieses Förderschwerpunktes ist daher im Einzelfall abzuklären, welche Bedingungen für den einzelnen Schüler erfüllt sein müssen, damit dieser ein möglichst passendes Lernangebot und Lernumfeld vorfindet.[13] Hierfür spricht auch der von den meisten Interviewten gegebene einleitende Hinweis, die Frage nach notwendigen Bedingungen sei aufgrund der großen Heterogenität der Schüler mit Förderbedarf kmE immer individuell zu betrachten und zu entscheiden.

Zweitens stellt das Modell die Bedingungen notwendigerweise in systematisierter Form dar. Allerdings ist im konkreten Schulalltag von einer vielfältigen Verflechtung der einzelnen Ebenen und Bedingungen auszugehen. Je besser diese dabei ineinandergreifen und aufeinander abgestimmt sind, umso positiver wird schulische Inklusion von allen Beteiligten erfahren werden. Nahezu alle im Interview Befragten legen sich daher auch nicht auf eine Hierarchie der Bedingungen fest, sondern betonen vielmehr die Interdependenzen zwischen den Ebenen und deren Bedingungen, ohne die schulische Inklusion kaum gelingen könne:

> »Am wichtigsten? Ach, das ist schwierig, das zu bewerten. Also ich meine, das eine ohne das andere funktioniert nicht. Also wenn jetzt, ich mein, die Räumlichkeiten müssen da sein bei nem körperbehinderten Kind, und es nützt nichts, wenn da keine Treppen sind, und die Akzeptanz ist nicht da. Aber so ein allgemeines Wohlfühlklima nützt auch nichts, wenn der Rest nicht da ist. [...] Ja, also das eine ohne das andere, das geht eigentlich nicht. Da würd' ich mich jetzt schwer tun.« (Mutter eines Schülers einer integrativen/inklusiven Schule zur Frage, was sie für das Gelingen schulischer Inklusion als am wichtigsten einschätze)

---

13 In diesem Zusammenhang wird auf die im Verlauf des Forschungsprojektes entwickelte Handreichung zur Entwicklung und Absicherung inklusiver Schulstrukturen für Schülerinnen und Schüler mit dem Förderschwerpunkt körperliche und motorische Entwicklung hingewiesen. Dieses Instrument kann bereits vor der Aufnahme des Schülers zur Abklärung wesentlicher benötigter Bedingungen dienen (vgl. auch der Beitrag in diesem Buch).

Haltungen und Einstellungen zur schulischen Inklusion

Haltung als Fundament schulischer Inklusion

Eine positive Einstellung zur schulischen Inklusion und damit auch zum Umgang mit Heterogenität bildet für viele Lehrkräfte, Eltern und Schüler aller Schulformen das Fundament inklusiver Schulentwicklungsprozesse:

> »Ich glaube, grundsätzlich von den Bedingungen her ist alles wichtig. Aber was ganz wichtig ist, dass man sich tatsächlich im Kopf erst mal irgendwie auseinandersetzt und sich darüber klar ist, will man das, dann kann man das auch gezielt angehen.« (Sonderpädagogin)

Anders als die Bedingungen der anderen Ebenen lassen sich Haltungen und Einstellungen bekanntlich nicht ohne Weiteres implementieren oder gar verordnen. Im Gegenteil: Bei einer »verordneten Inklusion« besteht die Gefahr, dass es zu einer – im Einzelfall zu betrachtenden – Reaktanz bei manchen Lehrkräften kommt, vor allem, wenn diese keine zusätzliche Unterstützung erhalten. Einige Eltern der Schüler, die die integrative Lernsituation verlassen haben und an eine Förderschule gewechselt sind, berichten von einem fragwürdigen Verhalten der vormaligen Lehrkraft gegenüber ihrem Kind. Meistens weisen diese Eltern jedoch zugleich darauf hin, dass es an der vormaligen allgemeinen Schule weder eine spezifische Ausrichtung auf noch eine von der gesamten Schulgemeinschaft getragene Unterstützung für inklusive Prozesse gab. Es ist deshalb davon auszugehen, dass auch die Lehrkraft im folgenden Beispiel vorab nicht in diesen Prozess mit einbezogen wurde bzw. die Aufnahme von Schülern mit sonderpädagogischem Förderbedarf mehr oder weniger ohne Einbezug der gesamten Schulgemeinschaft beschlossen wurde:

> »Er ist ja schon ziemlich gemobbt worden, aber nicht von den Kindern, sondern von den Lehrern [...]. Sie hatte so Sachen losgelassen: 28 Kinder und dann noch ein Rollstuhl in der Klasse, das wäre ihr zu viel. Das hat die ihm auch zu verstehen gegeben [...]. Und die hat ihm auch zu verstehen gegeben, dass er nicht mit auf Klassenfahrt dürfe. [...] Und dann war er natürlich auch noch psychisch am Ende. Sie haben ihn dann ignoriert, so dass er dann auch psychisch, ne, die Stühle umgeschmissen hat und Bücher auf den Tisch gehauen hat, um Aufmerksamkeit zu bekommen [...]. Sie hat auch noch nicht mal mit uns zusammengearbeitet. Also, dass sie abends mal angerufen hätte und gefragt hätte: ›Wie mache ich das am besten?‹ Sie hat das von vornherein abgelehnt: ›Dieses Kind will ich nicht haben‹, und hat dann auch entsprechend dafür gesorgt [...]. Das war eigentlich mehr das Mobbing von den Lehrern.« (Mutter eines Schülers über die ehemalige integrative Schulsituation)

Dass es zu Schwierigkeiten und großen Belastungen für die Schüler mit sonderpädagogischem Förderbedarf kommen kann, wenn Inklusion an der Schule nicht von möglichst allen Beteiligten mitgetragen wird, davon zeugt auch die Aussage einer Lehrkraft einer integrativen/inklusiven Schule, die einige Jahre andere Schulen mit einzelintegrativen Lernsettings beraten hat:

> »Ich habe eine Zeit lang auch Moderationsarbeit gemacht für GU an anderen GU-Schulen [...]. Und da haben wir immer wieder die Erfahrung gemacht, dass an den Schulen grundsätzlich dann große Probleme auftauchten, wenn klar war, dass nicht das ganze Kollegium Ja zum GU gesagt hat, sondern wenn das bestimmt wurde von der Schulleitung oder wodurch auch immer. Dann kam das immer wieder als Thema, wir wollten das ja eigentlich nicht, wenn Schwierigkeiten auftraten.« (Lehrkraft integrative/inklusive Schule)

Fehlt eine positive Haltung zum Gemeinsamen Unterricht als Fundament schulischer Inklusion, dies haben die Biographien der »Wechsler« eindeutig gezeigt, entstehen häufig überaus belastende schulische Situationen für Schüler mit sonderpädagogischem Förderbedarf. In der Folge entwickeln sich nicht selten psychiatrische Auffälligkeiten und Erkrankungen (u. a. Schulangst, allgemeine Angstzustände, Schlafstörungen, aggressive Verhaltensweisen, Rückzug). Zudem kann dies die gesamte familiäre Situation schwerwiegend belasten, wie viele Eltern eindrücklich berichten.

Allerdings tritt jede Schule als ein singuläres soziales System mit einer eigenen Geschichte und unterschiedlichen sozialen, kulturellen und personellen Voraussetzungen in Erscheinung. Daher ergibt es wenig Sinn, nach pauschalen Lösungen dafür zu suchen, wie und wodurch eine aufgeschlossene Haltung gegenüber einem inklusiven Bildungsangebot an der einzelnen Schule möglich wird. Dafür muss jede Schule letztlich eigene Wege finden, die dem komplexen System Schule und dessen Voraussetzungen Rechnung tragen. Das Forschungsprojekt liefert jedoch einige elementare und grundsätzliche Hinweise darauf, was vor allem vor oder zu Beginn der Aufnahme von Schülern mit sonderpädagogischem Förderbedarf beachtet werden sollte, um eine möglichst breite Zustimmung und Unterstützung inklusiver Prozesse zu erreichen.

Vorbereitung schulischer Inklusion

Um dieses Ziel zu erreichen, sollten die an der Umsetzung schulischer Inklusion Beteiligten nicht vor vollendete Tatsachen gestellt oder einzelnen Lehrkräften Schüler mit sonderpädagogischem Förderbedarf nicht einfach zugeteilt werden. Stattdessen ist es wichtig, die gesamte Schulgemeinschaft von Anfang an mit einzubeziehen. So äußern Eltern an allgemeinen Schulen lediglich zu knapp 5 %, dass sie im Vorfeld der Umsetzung schulischer Inklusion an die Schule des eigenen Kindes keinerlei Erwartungen hätten. Dass sich fast 74 % der Eltern an allgemeinen Schulen vorab Informationen darüber wünschen und 45 % gerne ein Mitspracherecht bei der Entscheidung hätten, zeigt, dass auch und vor allem die Eltern aktiv in diesen Prozess eingebunden werden wollen. Viele Befragte bestätigen diese Einschätzung. Auf die Frage, weshalb es mit der schulischen Inklusion an ihrer Schule so gut funktioniere, antwortet eine Lehrkraft, dass es unter anderem eine lange Vorlaufdiskussion gegeben habe sowie »viele Menschen, auch vonseiten der Schulverwaltung, die das begleitet haben. Es gab immer wieder auch die Möglichkeit, Kritik zu üben und zu revidieren.«

Die erfahrenen Lehrkräfte sowohl an den integrativen/inklusiven Schulen als auch an den Förderschulen betonen außerdem mit Nachdruck, wie wichtig es bei der Einführung schulischer Inklusion sei, »dass es denen, die es machen, nicht aufgedrückt wird, sondern dass die das auch wollen und Spaß daran haben« (Lehrkraft Förderschule) bzw., »dass das Lehrerteam, das dieses Kind aufnimmt, dass die nie dazu gezwungen werden, dass die erst mal da ›ja‹ zu sagen müssen« (Lehrkraft integrative/inklusive Schule). Letztlich müsse es gelingen, an der gesamten Schule eine Haltung zu entwickeln, »die auf größtmögliche Heterogenität Wert legt, also das wertschätzt und nicht als Problem sieht, sondern als eine Chance«, so die Schulleitung einer erfahrenen inklusiv arbeitenden Schule:

> »Weil eine Schule, die Heterogenität annimmt und sagt, das wollen wir nutzen, für die ist die Aufnahme von Kindern mit Förderschwerpunkten – und da würde ich die Hochbegabten auch zu zählen – eigentlich nur eine Erweiterung des Spektrums. Wir mussten keine neue Pädagogik erfinden. Für mich einer der Gründe, warum das hier im Vergleich zu anderen Schulen ganz gut hinhaut.«

Damit sich eine solche Haltung entwickeln könne, sei es neben der möglichst freiwilligen Zustimmung und der hiermit zusammenhängenden aktiven Einbeziehung der Beteiligten sehr wichtig, dieser Entwicklung auch Zeit zuzugestehen. Inklusion an der Schule könne nicht von heute auf morgen eingeführt und umgesetzt werden, sondern sei als ein Entwicklungsprozess zu verstehen:

> »Da glaube ich, ist es ein guter Weg, das irgendwie immer so ganz allmählich und vorsichtig anzufangen und die Kollegen und Kolleginnen das so über die Erfahrung mitkriegen zu lassen [...]. Hier war das ja so, dass es von Klasse fünf aus aufgebaut wurde und dass so nach und nach immer mehr

und mehr Kollegen und Kolleginnen damit in Kontakt kamen und dass es mittlerweile eigentlich keinen mehr gibt, der nicht in irgendeiner Klasse oder einem Fach im Gemeinsamen Unterricht unterrichtet.« (Sonderpädagogin integrative/inklusive Schule)

Zu dieser Entwicklung gehöre es auch, möglichen Ängsten, Sorgen und Befürchtungen der Lehrkräfte – insbesondere im Vorfeld und zu Beginn – mit Respekt zu begegnen und diese ernst zu nehmen, indem ihnen ausreichend Raum zur Erörterung gegeben wird:

> »Da hat's Ängste gegeben, ganz große Ängste. Hatte ich auch, als wir anfingen. Also: Ich kann sicherlich jetzt von mir persönlich sagen, mein Umgang mit Behinderten ist wesentlich freier, offener, angstfreier geworden, viel lockerer. [...] Und diese Ängste haben wir den Kolleginnen und Kollegen auch gelassen – oder, wo wir konnten, haben wir ihnen die genommen.« (Schulleitung integrative/inklusive Schule)

Den Umgang mit Heterogenität lernen

Eine ganz entscheidende weitere Voraussetzung für das Gelingen schulischer Inklusion liegt – neben dem Einbezug der Eltern und des Kollegiums – im Verhalten der Mitschüler gegenüber Schülern mit Beeinträchtigungen. Sehr deutlich haben dies auch die Biographien der »Wechsler« gezeigt, die teilweise von massiven Hänseleien und Ausgrenzungen durch Mitschüler zeugen. An den am Projekt beteiligten integrativen/inklusiven Schulen berichten die Schüler mit einer körperlichen Beeinträchtigung und ihre Eltern sowie die Lehrkräfte hingegen von einem ausgesprochen sozialen Umgang der Schüler untereinander:

> »Also da gibt es, ich bestaune das, selbst die stärksten oder größten Rüpel oder so, die sind sofort da und kümmern sich und machen und tun. Und da gab es eigentlich auch nie, wenn man fragte, auch für die Feueralarm-Übungen, da muss auch immer vorher bestimmt werden, also wer trägt das Kind die Treppe runter, oder wer kümmert sich, und wer begleitet oder so. Also da gab es immer jemanden.« (Lehrkraft einer integrativen/inklusiven Schule)

Woran könnte es liegen, dass sich Schüler ohne eine Behinderung ihren Mitschülern mit Behinderung gegenüber an bestimmten Schulen sehr sozial zeigen, während es an anderen Schulen zu massiven Ausgrenzungen und Ablehnungen von Schülern mit Behinderung kommt? Die Studie hält auch zu diesem von den Schülern mit körperlichen und mehrfachen Beeinträchtigungen als am wichtigsten eingestuften Bereich sehr zentrale Befunde fest und zeigt Wege zu einem positiven Umgang mit Heterogenität auf.

Voraussetzung für einen positiven sozialen Umgang zwischen den Schülern ohne und mit Behinderung ist zunächst sicherlich, dass die Lehrkräfte eine positive Haltung zur schulischen Inklusion vorleben: »Ich glaube, die Schüler kriegen dieses Menschenbild ja auch von den Lehrern vermittelt, weil: Ich gestehe auch jedem Kind zu, dass es erst mal Schwierigkeiten hat. Und das ist auch normal« (Lehrkraft einer integrativen/inklusiven Schule). Alle Interviewpersonen an den integrativen/inklusiven Schulen sprechen davon, dass Inklusion fest im Bewusstsein des gesamten Kollegiums verankert sei und Heterogenität ausdrücklich begrüßt und wertgeschätzt werde. Dieses Bewusstsein für schulische Inklusion bzw. für Schüler mit Beeinträchtigungen zeigt sich vor allem auch am Stellenwert, den diese Schulen in einem spezifischen Sinne dem sozialen Lernen einräumen, an der Förderung des Umgangs mit Heterogenität.

Alle integrativen/inklusiven Schulen stimmen demnach darin überein, dass dieser Umgang mit Heterogenität »durch ganz, ganz viele Erfahrungen« gezielt gelernt werden müsse, da die Schüler ohne Behinderung in Klasse fünf »so nicht ankommen«:

> »Ein ganz wichtiges Kriterium, und das ist wiederum relativ schwer zu organisieren, ist, alle, die da in der Klasse sind, sprich Schüler und Lehrer, akzeptieren so Dinge wie: Anders sein ist auch normal. Das ist so leicht nicht zu organisieren, das müssen wir über Jahre lernen zusammen [...]. Wenn die in der Fünf starten, muss es gelernt werden, und gerade auch die Eltern müssen das lernen, so, dass alle voneinander profitieren können.« (Sonderpädagoge integrative/inklusive Schule)

Auch – und gerade – die Schüler mit einer körperlichen Beeinträchtigung selbst schätzen diese sozialen Lernprozesse an ihrer Schule als sehr positiv ein: »Man wird auch sensibler für solche Dinge. Gerade meine Mitschüler sind sensibler solchen Dingen gegenüber geworden. Ich finde, was Sozialkompetenzen angeht, von beiden Seiten hat das echt viel gebracht« (Schüler einer integrativen/inklusiven Schule).

Das wesentliche Element, das dieses soziale Lernen an allen beteiligten integrativen/inklusiven Schulen unterstützt, ist ein offener Umgang mit der Thematik Behinderung. So könne, wie eine Sonderpädagogin einer dieser Schulen betont, »die Situation des Mobbens oder so was [...] auch nur dann passieren, wenn alles so im Obskuren bleibt: Was hat der denn? Und wenn wir da offen drüber sprechen, dann ist das, glaube ich, leichter.« Bei fast allen an der Schule Tätigen sei es so, dass immer wieder thematisiert werde,

»jeder Jeck ist anders, und zwar: Wo ist das Anderssein [...]? Und ich glaube, dass wir, wenn wir so was totschweigen oder wenn wir es nicht benennen, dass wir dann nicht arbeiten können. Deswegen rede ich mit den Kindern immer ganz offen. Wir reden auch über die Einschränkung, über Behinderung. [...] Dieser Umgang, und dass wir auch drüber lachen, oder Julian sagt mir dann, ›Ach, hab ich jetzt wieder den Behindertenbonus oder was?‹, ganz offen und auch ironisierend. Und deswegen erleben die das eigentlich gar nicht so.«

Diese Aussage findet Bestätigung bei der Schulleitung einer anderen integrativen/inklusiven Schule:

»Ich glaube, ein ganz entscheidender Punkt dabei ist, wir gehen da ganz offen damit um, also mit jeglichen Gerüchten und Ängsten auch, Fragen, Neugier und so. Denen begegnen wir dadurch, dass wir in Klasse fünf diese Schüler ganz offen vorstellen in der Klasse. Wenn sie das können, tun sie das selber, sie erklären ihre Behinderung. Manchmal gibt es sogar einen richtig kleinen Vortrag über so eine Behinderung. [...] Und dadurch ist so ein Stigma eigentlich auch gleich genommen, weil also, ich erlebe es hier wirklich ganz anders, für die Kinder ist das völlig normal, dass da jemand im Rollstuhl sitzt. Und die können dann ganz toll erklären, was der hat und warum und so.«

Auch im Umgang mit Nachteilsausgleichen für behinderte Schüler wird an den Schulen ein offener und transparenter Ansatz vertreten:

»Dass wir auch, und das ist auch gut, immer wieder offenlegen, warum nehmen wir den Schüler dann vielleicht aus der Gruppe mal raus oder mit anderen Schülern aus der Gruppe, oder wieso bekommt er eine Verlängerung, wieso schreiben sie für ihn, warum ist das und das.« (Sonderpädagogin integrative/inklusive Schule)[14]

Präventive Elemente inklusiver Arbeit

Neben diesem offenen und bewussten Umgang mit Heterogenität verweist auch die präventive Arbeit an den Schulen auf den hohen Stellenwert der Unterstützung sozial-integrativer Lernprozesse. Zum einen finden sich an den Schulen gezielte Maßnahmen zur Förderung dieser Prozesse, beispielsweise Anti-Mobbing-Training oder sogenannte Besprechstunden der einzelnen Klassen, in denen Probleme gezielt angesprochen werden:

---

14 Zu einer theoretischen Diskussion des Umgangs mit Behinderung im inklusiven Ansatz von Hinz vgl. Singer in diesem Buch.

> »Wir arbeiten generell auf dieser Ebene, friedliches Miteinander-Umgehen, sehr intensiv. Also da haben wir viele, viele kleine Einrichtungen, wo Eltern mitarbeiten, Schüler und so, dass das hier ein relativ friedliches Miteinander-Umgehen und ein sehr freundliches ist. Also das ist auch so, das kriegen wir auch immer von außen bestätigt. Das ist also schon mal so eine Gesamtatmosphäre. Ich will jetzt nicht sagen, das kommt nie vor, aber es kommt scheinbar ganz, ganz selten vor. Das ist eher so, dass behinderte Kinder dann verteidigt werden, ja, diese ganze Schulideologie ist ja auch darauf angelegt.« (Schulleitung integrative/inklusive Schule)

Zum anderen tritt das gesamte Kollegium möglichen Diskriminierungen von Schülern mit Behinderung offensiv entgegen. Eine bewusste Haltung gegenüber schulischen Inklusionsprozessen wird somit gelebt und vertreten:

> »Also zum Beispiel, man hört dann immer mal wieder so ein Wort, als Schimpfwort, ›Du Spasti‹, und da greifen wir immer beherzt ein und sagen: ›Was hast du denn da grad gesagt? Ja pfff.‹ Und dann sagen wir eben: ›Findest Du das passend an einer Schule mit körperbehinderten Kindern?‹ Huuuhh, also dann sind die, das ist nicht bewusst so. Und dann sagen wir aber: ›Das geht doch nun gar nicht. Stell dir mal vor, hinter Dir steht jetzt grad der Sowienoch im Rollstuhl, wie fühlt der sich denn dann?‹ Also da greifen auch hier Kolleginnen und Kollegen, das erlebt man immer wieder, sofort, sagen sofort was.« (ebd.)

Anwesenheit einer Peergroup

Im Hinblick auf sozial-integrative Prozesse betonen alle Befragungsgruppen, wie wichtig es für den Umgang mit Heterogenität, aber auch für die Schüler mit Behinderung selbst sei, »dass man als Rollstuhlfahrer nicht alleine hier ist«. Dieser körperbehinderte Schüler einer integrativen Schule sagt, er sehe es sehr positiv, dass mehrere Schüler mit körperlichen Beeinträchtigungen an der Schule sind. Denn dann sei dies auch »ganz normal«:

> »Da guckt man nicht hinterher, weil wenn man durch die Stadt fährt, dann gucken die Leute halt, und hier an der Schule, da unterhält man sich weiter, so ist alles ganz normal, und das ist eben cool. [...] Weil wenn man alleine mit 1300 Schülern ist, dann gucken die. Dann ist man was Besonderes und sticht aus der Masse raus. Aber das ist ja nicht das, was man will, sondern Normal-Sein.«

Eine andere Schülerin mit körperlicher Beeinträchtigung argumentiert sehr ähnlich:

> »Ja, also dieses Gefühl, ja, im weitesten Sinne, trotz aller Unterschiede unter Gleichen zu sein. Also einfach nicht mehr in der Position des ›erst mal am

schwächsten und deswegen am lautesten sein müssend zu sein‹, sondern der eine ist halt Spastiker und hat im Endeffekt viel zu viel Kraft, mit der er nichts anfangen kann, der daneben leidet unter Muskelschwund und hat so seine Problematik. Und es ist einfach jeder so besonders, dass man mit seiner Besonderheit nicht mehr auffällt – und man kann halt völlig normal sein.«

Zudem heben einige körperlich beeinträchtigte Schüler der integrativen Schulen die durch die Anwesenheit anderer Schüler mit ähnlichen Beeinträchtigungen bestehende Möglichkeit hervor, »dass man sich mit denen absprechen kann, dass man auch kennenlernt, wie die das alles handhaben, zum Beispiel, wie die 'ne Treppe runtergehen. Ganz einfache Sachen.« Insgesamt ist mit der Studie festzustellen, dass die Anwesenheit mehrerer körperlich beeinträchtigter Schüler einen selbstverständlicheren Umgang mit Behinderungen begünstigt bzw. Stigmatisierungsprozessen entgegenwirkt.

Die Ebene der Haltungen und Einstellungen stellt ein äußerst komplexes Gefüge dar, dessen einzelne Aspekte sich nicht einfach und ohne Weiteres in den Schulalltag implementieren lassen. Die Studie gibt allerdings wichtige und grundlegende Hinweise dazu, was in diesem Bereich beachtenswert erscheint und wie sich manches davon verwirklichen lassen könnte:

Zentral ist sicherlich eine Haltung, die Heterogenität wertschätzt und die Basis für sämtliche inklusive Schulentwicklungsprozesse und -maßnahmen bildet. Es ist jedoch mitnichten davon auszugehen, dass eine solche Haltung auch an allen Schulen anzutreffen ist. Meistens kommt es in diesen Fällen sicherlich zu keiner direkten Ablehnung von behinderten Schülern. Viele Lehrkräfte äußern vielmehr die Sorge, im Falle einer inklusiven Unterrichtssituation nicht allen Schülern gerecht werden zu können und von dieser neuen Situation vor allem aufgrund fehlenden Fachwissens oder fehlender personeller Unterstützung überfordert zu sein. Eine erhöhte Zustimmung zur inklusiven Schulentwicklung kann einerseits durch die Bereitstellung der in Anzahl und Qualität ausreichend vorhandenen Ressourcen erzielt werden. Diese werden sogleich zusammenfassend dargestellt. Es sind aber – andererseits – vor allem die soeben gezeigten kommunikativen, einbindenden Prozesse, denen an Schulen vor und während der Umsetzung schulischer Inklusion Beachtung geschenkt werden sollte, um eine möglichst breite Zustimmung zu bewirken. Hierzu zählt, Eltern und Lehrkräfte vorab in diesen Prozess mit einzubeziehen und Ängste, Sorgen und Befürchtungen ernst zu nehmen und zu diskutieren. Ziel sollte eine möglichst freiwillige Zustimmung zur inklusiven Schulentwicklung bei allen Beteiligten sein, damit insbesondere Schüler mit sonderpädagogischem Förderbedarf und deren Eltern Unterstützung erfahren und nicht in eine Art fortwährender Bittsteller-Position geraten.

Weiterhin schenken alle beteiligten integrativen/inklusiven Schulen insbesondere den sozial-integrativen Lernprozessen zwischen Schülern mit und ohne sonderpädagogischem Förderbedarf viel Beachtung. Sie überlassen diesen Bereich nicht sich selbst. Vielmehr wird eine bewusste Haltung zum Umgang mit Heterogenität (vor-)gelebt. Diese Prozesse erfordern eine kontinuierliche Aufmerksamkeit und müssen von den Lehrkräften, Schülern und Eltern täglich gelernt und sich immer wieder bewusst gemacht werden. Von entscheidender Bedeutung ist hierbei ein offener Umgang mit den unterschiedlichen Lernvoraussetzungen und Beeinträchtigungen der Schüler. Diese werden nicht verschwiegen, sondern offen thematisiert und bleiben dadurch nicht im Obskuren, was häufig Missverständnisse, Neid oder Missgunst hervorrufen würde. In diesem Kontext arbeiten diese Schulen mit vielen unterschiedlichen präventiven Elementen, um den sozial-integrativen Prozess zu unterstützen. Lehrkräfte wie Schüler und Eltern stellen schließlich heraus, dass die Anwesenheit von mehreren Schülern mit Beeinträchtigungen zu einer gewissen Normalisierung im Umgang mit Unterschiedlichkeiten beiträgt.

Um Lehrkräfte, Schüler mit und ohne sonderpädagogischen Förderbedarf und deren Eltern auf dem inklusiven Weg zu unterstützen, müssen aber neben der Berücksichtigung dieser wichtigen sozialen Faktoren ebenfalls ganz konkrete Voraussetzungen für einen inklusiven Unterricht sowie behinderungsspezifische Angebotsstrukturen geschaffen werden. Hierdurch können letztlich auch Vorbehalte gegenüber einer inklusiven Schulentwicklung abgebaut werden. Zwar müssen nicht für jeden Schüler mit einer körperlichen Beeinträchtigung alle der folgenden Bedingungen zwingend erfüllt sein; sind *erforderliche* Bedingungen zur Unterstützung der inklusiven Schul- und Unterrichtssituation jedoch nicht vorhanden, werden sich die Vorbehalte nachvollziehbarerweise mitunter eher noch vergrößern. Wie es die Schulleitung einer integrativen/inklusiven Schule auf den Punkt bringt, müsse die Situation so ausgestaltet werden, dass Inklusion »ein Vorteil für alle [ist]. Und das ist die Überschrift für mich für Inklusion: Es ist ein Vorteil für alle.« Dies bedeutet, dass unterstützende Ressourcen nicht nur von den Schülern mit unterschiedlichen Beeinträchtigungen, sondern vor allem auch von Lehrkräften benötigt werden, die im inklusiven Unterricht arbeiten und bisher keine oder nur wenig Erfahrung mit diesem schulischen Bildungsangebot machen konnten. Die erfahrene

Schulleitung führt diesen, unmittelbar bildungspolitisch relevanten Gedanken weiter aus:

> »Ich glaube, das Hauptproblem ist die Angst der, sag ich jetzt mal, Regelschullehrer – der Begriff ist ein bisschen schräg, aber – vor Überforderung. Das heißt, dass man ihnen zu den bereits geleisteten Aufgaben, und das ist erheblich, das ist einfach so, weil die Belastung ist für alle Lehrer sehr groß, noch neue Dinge oben drauf packt, ohne dass sie erkennen, inwieweit sie dafür Entlastung bekommen oder Unterstützung oder auch nur Begleitung. Das ist, glaube ich, ein ganz wesentliches Hindernis. Die Angst ist auch oft berechtigt, wenn ein Projekt auf die Schienen gesetzt wird, aber die Bedingungen nicht stimmen. [...] Wenn ich das in die Breite haben will, dann muss ich sagen, dann muss man gucken, welche Erfahrung habt ihr hier gemacht an der ...-Schule und welche Bedingungen braucht man. Und dann finde ich es auch korrekt zu sagen, okay, wenn jetzt Neue anfangen, die die Entwicklungschance nicht hatten wie wir, müssen gewisse Bedingungen schon mal einfach da [sein].«

Der abschließende Überblick fasst diese Bedingungen für einen inklusiven Unterricht sowie die von körperlich und mehrfach beeinträchtigten Schülern benötigten Rahmenbedingungen und Angebotsstrukturen zusammen. Hinzuweisen ist nochmals darauf, dass die Gewichtung der Darstellung nicht der Wichtigkeit und Notwendigkeit der einzelnen Bedingungen in der Praxis entspricht. Im Mittelpunkt des Beitrages steht mit der Ebene der Haltungen und Einstellungen vielmehr ein in der Praxis nicht einfach zu fassender und bei Schulwechseln oftmals besonders problematisch in Erscheinung getretener Bereich.

Bedingungen für den inklusiven Unterricht

Grundsätzlich erklären viele Lehrkräfte und Schulleitungen, dass ein inklusives Unterrichten zunächst ein Umdenken erfordere: »Wenn man im Kopf hat, wenn ich eine homogene Gruppe habe, dann bin ich am erfolgreichsten in meinem Unterricht, dann kann ich Inklusion vergessen«, so eine Schulleitung einer integrativen/inklusiven Schule. Vielmehr müsse ein Unterricht, auch und gerade mit körperlich und mehrfach beeinträchtigten Schülern, »Lernen in heterogenen Gruppen« möglich machen. Hierzu sollte ein inklusiver Unterricht die Prinzipien der (inneren) Differenzierung (Inhalte, Methoden), der Individualisierung und der Strukturierung besonders berücksichtigen, wie dies nahezu alle befragten Lehrkräfte übereinstimmend betonen. Der vorwiegend zielgleich ausgerichtete Unterricht, insbesondere in der Sekundarstufe, schließt hingegen bisher viele Schüler mit erhöhtem sonderpädagogischen Förderbedarf, die einen zieldifferenten Unterricht benötigen würden, von einem integrativen/inklusiven schulischen Bildungsangebot aus.

Für das Gelingen inklusiven Unterrichts benennen alle Befragungsgruppen personelle und damit einhergehende fachliche Kompetenzen weiterhin als äußerst wichtig und nahezu unerlässlich. In personeller Hinsicht sehen alle Befragten eine möglichst durchgehende Doppelbesetzung des Unterrichts mit einer allgemeinen Lehrkraft und einer Förderlehrkraft als zentral für das Gelingen inklusiven Unterrichts an (u. a. Bildung kleinerer Lerngruppen). Förderlehrkräfte sollten den Schülern mit sonderpädagogischem Förderbedarf jedoch nicht fest zugeordnet werden, da dies möglicherweise eine stigmatisierende Wirkung für diese Schüler zur Folge haben könnte. Vielmehr profitierten alle Schüler von der Doppelbesetzung des Unterrichts, wenn beide Lehrkräfte die gemeinsame Verantwortung für alle Schüler innehätten.

Als entscheidend für das Gelingen inklusiven Unterrichts werden insbesondere auch die fachlichen Kompetenzen der Förderlehrkräfte angesehen. Nur wenn Förderlehrkräfte dauerhaft an der Schule vor Ort seien, könnten folgende wichtige Aufgaben erfüllt werden:

- spezifische Adaption des Unterrichts an die Lernvoraussetzungen der Schüler mit Behinderung
- qualifizierte Beratung der allgemeinen Lehrkräfte sowie der Eltern und Schüler
- Übernahme von spezifischen Aufgaben (z. B. Gutachtenerstellung, Durchführung von Intelligenz- und Entwicklungstests, Verantwortung für den Hilfsmittelbereich)
- Bewusstseinsarbeit an der Schule und im Kollegium für Schüler mit Behinderungen

Förderlehrkräfte nur stundenweise anstatt dauerhaft an der Schule einzusetzen, lehnen alle Befragten ab, da in diesem Fall die benannten Aufgaben nicht qualifiziert genug erfüllt werden können und somit die Sorge besteht, Inklusion werde »durch die nur stundenweise Anwesenheit von Sonderpädagogen kaputtgespart.«

Fragt man Lehrkräfte an allgemeinen Schulen danach, was sie sich im Falle der Aufnahme von Schülern mit sonderpädagogischem Förderbedarf wünschen würden, stufen sie die personelle Unterstützung als am wichtigsten ein. Mehr als 80 % dieser Lehrkräfte äußern diesen Wunsch, und selbst die Lehrkräfte der integrativen/inklusiven Schulen, an denen sehr häufig eine Doppelbesetzung des Unterrichts verwirklicht ist, wünschen sich noch zu knapp 61 % zusätzliche personelle Unterstützung (Abb. 8). Zur weiteren Unterstützung ihrer Arbeit im inklusiven Unterricht erhoffen sich die Lehrkräfte beider Schulformen mehrheitlich Weiterbildungen, die vor allem die Themen Wissen über Behinderung, Lehr- und Lernmittel/Hilfsmittel sowie Unterrichtsmethoden berücksichtigen.

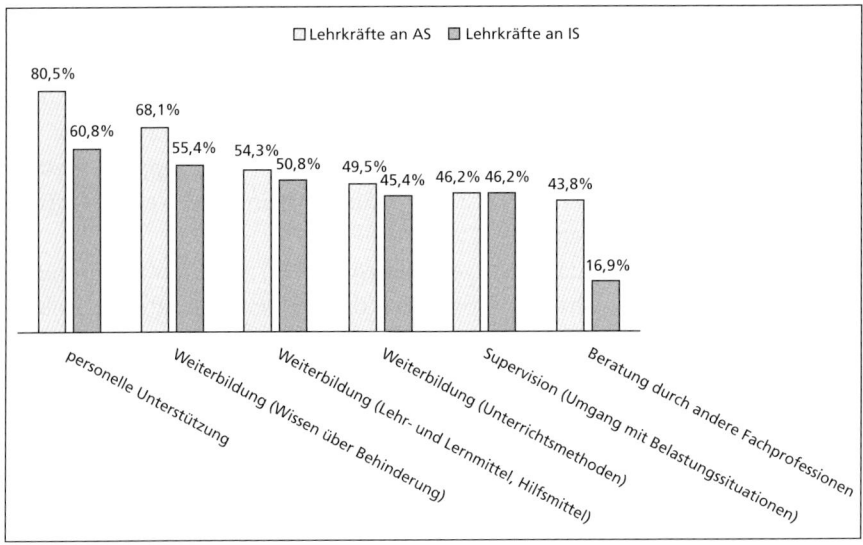

Abb. 8: Unterstützungswünsche der Lehrkräfte allgemeiner (AS) und integrativer/inklusiver Schulen (IS)

Neben diesen personellen, fachlichen und strukturellen Bedingungen wird zudem eine Klassengröße von maximal 21 bis 24 Schülern als notwendig angesehen, um möglichst allen Schülern in ihren unterschiedlichen Lernvoraussetzungen im inklusiven Unterricht gerecht werden zu können.

Schulstrukturelle und schulorganisatorische Voraussetzungen

Der Schulbesuch von Schülern mit einer körperlichen oder mehrfachen Beeinträchtigung erfordert weitere, spezifische baulich-räumliche Rahmenbedingungen sowie Angebote im Therapie-, Pflege- und Hilfsmittelbereich.

Barrierefreiheit und sächliche Hilfsmittel

Nahezu alle an der Studie Beteiligten sehen in einer barrierefreien Gestaltung des Gebäudes und Schulgeländes eine Art Zugangsvoraussetzung, damit körperlich und mehrfach beeinträchtigte Schüler die Schule überhaupt erst besuchen können. Genannt werden hier unter anderem Rampen, Türöffner, ausreichend große Flächen sowie funktionierende Aufzüge. Weiterhin werden ein Ruhe- oder Rückzugsraum, Räume zur Differenzierung und Gewährung des Nachteilsausgleiches sowie angepasste Sanitärräume angeführt. Auch weisen viele Befragte auf speziell von körperlich beeinträchtigten Schülern benötigte sächliche Hilfsmittel wie angepasste Tische und Stühle, Fördermaterialien für den Unterricht sowie eine angemessene finanzielle Ausstattung der Schule vor allem zu Beginn des Inklusionsprozesses hin.

Therapie und Pflege

Schüler mit einer körperlichen oder mehrfachen Beeinträchtigung sind außerdem sehr häufig in existenzieller Art auf therapeutische und pflegerische Maßnahmen angewiesen. Diese Angebote werden an allen Förderschulen kmE vor allem auch in dem Sinne verstanden, dass sie dort wesentlicher Bestandteil und wichtige Voraussetzung für Bildungsprozesse sind und dementsprechend in das pädagogische Gesamtkonzept der Schulen eingebettet werden. Derzeit bleibt Schülern mit einem erhöhten Pflege- und Therapiebedarf ein inklusives schulisches Bildungsangebot vor allem auch aufgrund fehlender pflegerischer und therapeutischer Angebote an allgemeinen, aber auch an bereits integrativ/inklusiv arbeitenden Schulen größtenteils noch verwehrt. Ein personelles und räumliches Angebot im Bereich Physio- und Ergotherapie sowie Logopädie müsste, darin sind sich alle Befragten einig, an einer Schule vorhanden sein, damit zukünftig auch Schüler mit einem erhöhten Pflege- und Therapiebedarf ein inklusives schulisches Bildungsangebot wahrnehmen können. In diesem Kontext ist auch darauf hinzuweisen, dass weit mehr als die Hälfte der befragten Schüler an Förderschulen die externe Durchführung der Therapie am Spätnachmittag nach der Schule aus unterschiedlichen Gründen ablehnt. Vor allem die pädagogisch-therapeutische Begleitung der Schüler, die enge Verzahnung mit dem Unterricht sowie die spezifische Expertise der Therapeutinnen und Therapeuten werden als klare Vorteile eines direkt an der Schule ansässigen therapeutischen Angebotes herausgestellt.

Weitere Angebote

Als wichtig wird außerdem häufig ein Ganztagsangebot benannt, das die Eltern entlaste sowie sozial-integrative Prozesse fördere und für therapeutische Angebote genutzt werden könne. Zur weiteren Unterstützung des Inklusionsprozesses solle Schulen ebenso ein sozialpädagogisches und schulpsychologisches Angebot zur Verfügung stehen, auf das direkt und zügig zugegriffen werden kann. Auch müsse es Angebote im Bereich der Berufswahlvorbereitung geben, die die spezifische Situation von Schülern mit körperlichen und mehrfachen Beeinträchtigungen berücksichtigen.

Aufbau kommunikativer und kooperativer Strukturen

Im schulorganisatorischen Bereich liegt für alle an einer inklusiven Schule tätigen Mitarbeiter eine große Herausforderung darin, dass durch die heterogene Schülerschaft und die unterschiedlichen Professionen mehr Absprachen und organisatorische Abläufe zu bewältigen sind. Viele Eltern, Lehrkräfte und Schulleitungen an den integrativen/inklusiven Schulen machen deutlich, wie wichtig es sei, funktionierende kommunikative und kooperative Strukturen zu etablieren. Dies sei besonders für Schüler mit körperlichen und mehrfachen Beeinträchtigungen wichtig, damit diese nicht unnötig immer wieder selbst erklären müssen, welche Einschränkung ihre Behinderung beispielsweise im Unterricht mit sich bringt oder wie die Regelungen zum Nachteilsausgleich gehandhabt werden. Viele Eltern der »Wechsler« bezeichnen auch einen fehlenden Informationsfluss an den vormaligen Schulen als Grund dafür, dass ihr Kind häufig in stigmatisierende Situationen geraten ist. Eine gute interdisziplinäre Zusammenarbeit der unterschiedlichen Professionen sowie feste Strukturen zum Austausch und zur Informationsweitergabe begrüßen daher insbesondere die Schüler und ihre Eltern. In diesem Zusammenhang ist ebenso auf die veränderte inhaltliche und zeitlich häufig intensivere Kooperation mit den Eltern hinzuweisen. Sie sollten als Fachleute in Bezug auf ihr Kind und dessen Behinderung unbedingt in den inklusiven Prozess einbezogen werden.

Konzeption für schulische Inklusion

Schließlich sollten Schulen, die sich für den inklusiven Weg entscheiden, diese bewusste Haltung auch durch eine inklusive Konzeption zum Ausdruck bringen und dem Stellenwert der schulischen Inklusion hierdurch

Rechnung tragen. Wesentliche Elemente einer solchen – kontinuierlich weiterzuentwickelnden – Konzeption sind insbesondere die Zielvorstellungen, Strukturen und benötigten Bedingungen des Inklusionsprozesses.

Außerschulische Rahmenbedingungen

Abschließend lässt sich mit der Studie auf Bedingungen für das Gelingen schulischer Inklusion hinweisen, die außerhalb der Einrichtung Schule liegen und vor allem eine bildungs- und schulpolitische Relevanz aufweisen:

- Um allen Schülern der Schule bestmögliche Lernbedingungen zu bieten, können und sollten Schulen, die sich für die Aufnahme von Schülern mit sonderpädagogischem Förderbedarf entscheiden, zwar einiges selbst gestalten und auf den Weg bringen. Die finanzielle Absicherung der für den Personenkreis benannten Bedingungen muss aber auf der anderen Seite auch politisch gewollt und durchgesetzt werden. So teilen viele der Befragten die Sorge, dass eine finanziell und fachlich nicht abgesicherte schulische Inklusion zur Verschlechterung der schulischen Bildungssituation für körper- und mehrfachbeeinträchtigte Schüler führen könnte.
- Weiterhin herrscht bei sehr vielen Eltern und Lehrkräften vor dem Hintergrund der UN-Konvention großer Unmut ob des mangelnden inklusiven Platzangebotes vor allem im Sekundarstufenbereich.
- Auch das Fehlen der seit langem geforderten Aufnahme behinderungsspezifischer Fragestellungen und entsprechender Unterrichtsmethoden in die Lehrerbildung der allgemeinpädagogischen Lehrämter wird häufig kritisiert. Für die Arbeit im inklusiven Unterricht sei die Aufnahme solcher Inhalte bereits in der Lehrerbildung zwingend erforderlich.
- Viele Eltern äußern zudem eine relativ hohe Unzufriedenheit mit den gegebenen Beratungsstrukturen und Beratungsinhalten zur Schulortwahl. Insbesondere geben sie ein fehlendes Angebot oder fehlende Ansprechpartner und eine einseitige Beratung als Gründe für diese Unzufriedenheit an. Zu etablieren wäre den Ergebnissen zufolge ein neutrales, unabhängiges und wohnortnahes Beratungssystem, das die Eltern und ihre Kinder bei der Wahl der für sie passenden Schule unterstützt.

5 Resümee

Viele Eltern und Schüler mit körperlichen und mehrfachen Beeinträchtigungen wünschen sich ein inklusives schulisches Bildungsangebot. Dass dies auf herausragende Weise umgesetzt werden kann, zeigen die am Projekt beteiligten integrativen/inklusiven Schulen. Einige Eltern und Schüler sehen andererseits die Förderschule kmE als den geeigneteren Lernort an. In jedem Fall wünschen sich alle Befragten ein schulisches Bildungsangebot, das an jedem schulischen Lernort bestmöglich abgesichert werden muss und dabei die Situation der großen Heterogenität im Förderschwerpunkt kmE berücksichtigt. Mit der Studie konnten die Bedingungen hierfür auf empirischer Ebene erstmals benannt werden.

Erfreulich ist, dass auch die Lehrkräfte aller Schulformen inklusiven Schulentwicklungsprozessen offen gegenüberstehen. Lediglich 9 % der Lehrkräfte der allgemeinen Schulen lehnen diesen Prozess komplett ab, die Hälfte der Förderschullehrkräfte wäre in unterschiedlichem Zeitumfang bereit, an eine inklusive Schule zu wechseln, und viele der Befragten können sich für diesen Prozess die Öffnung der Förderschulen für Schüler ohne sonderpädagogischen Förderbedarf vorstellen. Erwähnt werden muss aber auch, dass einige Befragte Zweifel haben, ob schulische Inklusion für alle Schüler der richtige Weg ist. Die Ergebnisse können dennoch als klarer Hinweis darauf verstanden werden, den schulischen Inklusionsprozess weiter voranzubringen. Nicht zuletzt auch deswegen, weil Lehrkräfte, Eltern und Schüler der Förderschulen und allgemeinen Schulen diesen Prozess zu einem großen Teil unterstützen (würden). Allerdings wird sehr deutlich, dass auch die Lehrkräfte ihre Zustimmung für den Inklusionsprozess berechtigterweise von den im Beitrag benannten Bedingungen abhängig machen. Gerade die Erfahrungen der »Wechsler« zeigen, dass Schulen im Fall einer Aufnahme von Schülern mit Beeinträchtigungen hierauf vorbereitet sein und schulischer Inklusion möglichst offen gegenüberstehen sollten. Ihnen muss aber ebenso die Erfüllung der mit diesem Forschungsprojekt benannten Bedingungen ermöglicht werden. Nur wenn beides zusammenkommt, eine Schule, die sich offen für inklusive Schulentwicklungen zeigt, und eine Politik, die diese Prozesse durch entsprechende Maßnahmen unterstützt, wird schulische Inklusion für alle Beteiligten als Vorteil verstanden werden können.

Literatur

Bergeest, Harry/Boenisch, Jens/Daut, Volker: Körperbehindertenpädagogik. Bad Heilbrunn: Klinkhardt, 2011

Lelgemann, Reinhard: Körperbehindertenpädagogik. Didaktik und Unterricht. Stuttgart: Kohlhammer, 2010

Lelgemann, Reinhard/Lübbeke, Jelena/Singer, Philipp/Walter-Klose, Christian: Forschungsbericht. Qualitätsbedingungen schulischer Inklusion im Förderschwerpunkt körperliche und Motorische Entwicklung, 2012a. Im Internet unter http://www.uni-wuerzburg.de/fileadmin/06040400/downloads/Forschung/Forschungsbericht_uni_-wuerzburg_fertig.pdf [03.12.2014]

Lelgemann, Reinhard/Lübbeke, Jelena/Singer, Philipp/Walter-Klose, Christian: Qualitätsbedingungen schulischer Inklusion für Kinder und Jugendliche mit dem Förderschwerpunkt Körperliche und Motorische Entwicklung. In: Zeitschrift für Heilpädagogik 11, 2012b, S. 465–473

Walter-Klose, Christian: Kinder und Jugendliche mit Körperbehinderung im gemeinsamen Unterricht. Befunde aus nationaler und internationaler Bildungsforschung und ihre Bedeutung für Inklusion und Schulentwicklung. Oberhausen: Athena, 2012

Die Schule vom Kind aus denken – Ein Leitfaden für die Inklusion von Schülerinnen und Schülern mit körperlicher Beeinträchtigung

Christian Walter-Klose

Die Anpassung der Schule und des Unterrichts an die Bedürfnisse aller Schülerinnen und Schüler mit und ohne Behinderung stellt das wesentliche Merkmal inklusiven Unterrichts dar. In diesem Sinne erfordert Inklusion, den Blick auf das einzelne Kind in seiner Individualität zu richten, seine Lern- und Unterstützungsbedürfnisse wahrzunehmen und die Umwelt derart anzupassen, dass eine bestmögliche Entwicklung im leistungsbezogenen, sozialen und persönlichen Bereich möglich wird.

Neben dieser individualisierten Betrachtungsweise zeigt die empirische Forschung, dass für Gruppen von Kindern mit ähnlichen Beeinträchtigungen ähnliche Unterstützungsbedürfnisse bestehen. Viele Kinder mit Körperbehinderung sind beispielsweise auf eine barrierefreie Architektur und

Raumgestaltung angewiesen und benötigen häufig Unterstützung im Bereich Therapie und Pflege (vgl. Lelgemann/Lübbeke/Singer/Walter-Klose, 2012; Walter-Klose, 2012; Haupt/ Wieczorek, 2013). So muss die Schule beim inklusiven Unterricht mit Kindern mit Körperbehinderung und chronischen Krankheiten auch Verantwortung für die gesundheitliche Entwicklung der Kinder übernehmen.

Ein Hilfsmittel zur Anpassung der Schule an die Unterstützungsbedürfnisse von Kindern und Jugendlichen mit körperlichen Beeinträchtigungen stellt der vorliegende Leitfaden dar (S. 192–202). In ihm werden Unterstützungsbedürfnisse von Kindern und Jugendlichen sowie Anpassungserfordernisse der Schule benannt, die nach Auswertung empirischer Forschungsarbeiten für viele Schülerinnen und Schüler wichtig sind. Er stellt eine Basis dafür dar, in einem gemeinsamen Gespräch mit allen Beteiligten den individuellen Unterstützungsbedarf eines Kindes, eines Jugendlichen zu reflektieren, Anpassungserfordernisse auf Seiten der Schul- und Unterrichtsorganisation zu benennen und festzulegen, wer für die jeweilige Anpassungshandlung oder Maßnahme im schulischen Kontext verantwortlich ist.

Der Leitfaden, wie er hier vorgestellt wird, basiert auf der Arbeit von Dugger Wadsworth und Knight (1999) und stellt eine Weiterentwicklung der Handreichung dar, die von Lelgemann, Lübbeke, Singer und Walter-Klose (2012) präsentiert wurde.

Grundlegende Hinweise zur Anwendung des Leitfadens

Die Anwendung des vorliegenden Leitfadens basiert auf fünf wesentlichen Grundlagen. Sie sind bei der Durchführung zu beachten.

Schulische Bildung umfasst den leistungsbezogenen, sozialen, persönlichen und gesundheitsbezogenen Bereich

Bei der Feststellung und Reflexion der individuellen Unterstützungsbedürfnisse und Anpassungserfordernisse steht die Frage im Mittelpunkt, welche Hilfestellungen ein Kind benötigt, so dass es sich bestmöglich im leistungsbezogenen, sozialen, persönlichen und gesundheitsbezogenen Bereich entwickeln kann. Diese Perspektive ergibt sich aus dem Artikel 24 der UN-Konvention über die Rechte von Menschen mit Behinderung und einem Verständnis von Bildung, das eine rein wissensbezogene Betrachtung von Lernen in der Schule übersteigt. Mit dieser Perspektive kann der Leitfaden einerseits isoliert zur Überprüfung der Anpassungserfordernisse einer inklusiven Lernsituation eingesetzt werden, andererseits aber auch bei der Erstellung von sonderpädagogischen Fördergutachten und individuellen Förderplänen helfen.

Partizipation des Kindes und seiner Eltern

Bei der Besprechung des Leitfadens und der Reflexion der Anpassung der Schulsituation ist eine Beteiligung des Kindes unerlässlich. Es hat so die Möglichkeit, seine Unterstützungsbedürfnisse zu benennen und Verbesserungsmöglichkeiten der schulischen Anpassung vorzuschlagen. Auch die Anwesenheit von Eltern, die viele wesentliche Informationen zur Beeinträchtigung, Biographie und Gesundheitsgeschichte ihres Kindes haben, ist in der Regel äußerst wichtig. Sie stellen eine Brücke zum Gesundheitssystem dar und können medizinische, pflegerische und therapeutische Notwendigkeiten, die auch im schulischen Kontext eine Rolle spielen, benennen. Neben dem Kind und den Eltern sollten die Klassenlehrkraft sowie andere wichtige Beteiligte (z. B. Schulbegleiter, Therapeut) an dem Gespräch teilnehmen.

Anpassung der Schule als dynamischer und flexibler Problemlöseprozess

Die Gestaltung einer inklusiven Bildungsumwelt erfordert die Bereitschaft, die Bedürfnisse aller Kinder und Jugendlichen wahrzunehmen und die Umwelt flexibel anzupassen – eine Anforderung, die Hehir und Katzmann (2012) als einen adaptiven Problemlöseprozess bezeichnen. In ihrer Auswertung erfolgreicher inklusiver Schulen zeigte sich, dass gute Schulen durch die Bereitschaft auffielen, Schwierigkeiten der Anpassung möglichst zeitnah zu bemerken und Adaptionsprobleme zusammen mit den Betroffenen zu beheben. Für die Anwendung des Leitfadens ergibt sich daraus die Empfehlung, die Unterstützungsbedürfnisse und Anpassungserfordernisse regelmäßig zu überprüfen und Mechanismen zu entwickeln, die gegenüber Anpassungsschwierigkeiten sensibel sind.

Multidimensionale Betrachtung der Schule

Mit Hilfe der Studien von Lelgemann, Lübbeke, Singer und Walter-Klose (2012) sowie Walter-Klose (2012) konnte gezeigt werden, dass Anpassungen der schulischen Bildungsumwelt in mehreren Bereichen notwendig sind, damit Kinder und Jugendliche mit körperlichen Beeinträchtigungen erfolgreich am Gemeinsamen Unterricht teilhaben können. Neben einer Anpassung der Schul- und Unterrichtsorganisation erfordert der Gemeinsame Unterricht häufig zusätzliche spezifische Angebote aus dem Bereich Pflege und Therapie und führt zu Veränderungen der Aufgaben der Lehrkräfte. Im Rahmen der Anwendung des Leitfadens werden die Anpassungserfordernisse in all diesen Bereichen überprüft und Unterstützungsbedürfnisse erfragt.

Kontinuierliche Weiterentwicklung des Leitfadens

Der Leitfaden befindet sich aktuell in der Entwicklungs- und Erprobungsphase, so dass Rückmeldungen, Kritik und Verbesserungsvorschläge stets erwünscht sind. Die Kontaktdaten sowie die jeweils aktuelle Version des Leitfadens zum Herunterladen finden Sie auf der Webseite des Lehrstuhls für Körperbehindertenpädagogik an der Universität Würzburg (www.sonderpaedagogik-k.uni-wuerzburg.de).

Literatur

Dugger Wadsworth, Donna F./Knight, Diane: Preparing the Inclusion Classroom for Students with Special Physical and Health Needs. In: Intervention in School and Clinic 34 (3), 1999, S. 170–175

Haupt, Ursula/Wieczorek, Marion: Schülerinnen und Schüler mit cerebralen Bewegungsstörungen – Eltern berichten über Erfahrungen mit der Schule ihrer Kinder. Düsseldorf: bvkm, 2012

Hehir, Thomas/Katzmann, Lauren: Effective Inclusive Schools. Designing Successful Schoolwide Programs. San Francisco: Jossey-Bass, 2012

Lelgemann, Reinhard/Lübbeke, Jelena/Singer, Philipp/Walter-Klose, Christian: Forschungsbericht. Qualitätsbedingungen schulischer Inklusion im Förderschwerpunkt körperliche und motorische Entwicklung, 2012. Im Internet unter http://www.uni-wuerzburg.de/fileadmin/06040400/downloads/Forschung/Forschungsbericht_uni_-wuerzburg_fertig.pdf [13.02.2014]

Walter-Klose, Christian: Kinder und Jugendliche mit Körperbehinderung im gemeinsamen Unterricht. Befunde aus nationaler und internationaler Bildungsforschung und ihre Bedeutung für Inklusion und Schulentwicklung. Oberhausen, 2012

Leitfaden für die Inklusion von Schülerinnen und Schülern mit körperlicher Beeinträchtigung

© Universität Würzburg -
Walter-Klose, Singer, Lelgemann & Lübbeke (2014)

Der Leitfaden dient dem Ziel, inklusive Schulsituationen für eine Schülerin bzw. einen Schüler mit dem Förderschwerpunkt körperliche und motorische Entwicklung zu ermöglichen und abzusichern.

Gemeinsam mit allen Beteiligten können auf diese Weise Unterstützungsbedürfnisse benannt, Anpassungen der Schul- und Unterrichtsorganisation besprochen sowie Aufgaben und Verantwortungsbereiche festgelegt und reflektiert werden, damit die Schülerinnen und Schüler sich gemäß der UN-Konvention über die Rechte von Menschen mit Behinderung bestmöglich im gemeinsamen Unterricht im schulischen, sozialen, persönlichen und gesundheitsbezogenen Bereich entwickeln können. Die handlungsleitende Frage für die Bearbeitung des Leitfadens lautet in diesem Sinne:

> *Welche Hilfestellungen benötigt die Schülerin bzw. der Schüler, um sich bestmöglich im leistungsbezogenen, sozialen, persönlichen und gesundheitsbezogenen Bereich entwickeln zu können?*

Ein gemeinsames Leitfadengespräch mit allen unmittelbar Beteiligten (z. B. Schülerinnen und Schüler, Eltern und Lehrkräfte) sollte bereits im Vorfeld einer inklusiven Schulsituation stattfinden, damit alle notwendigen Regelungen und Absprachen getroffen werden können und Zeit besteht, die notwendigen Anpassungen vorzunehmen.

Im Verlauf einer inklusiven Schulsituation kann der Leitfaden helfen, die Anpassungen zu reflektieren, um Belastungen aller Beteiligten, die aufgrund von Schwierigkeiten der Anpassung bestehen, abzubauen.

Leitfaden

Name: Geburtsdatum:

Klasse: Klassenlehrkraft:

Diagnosen und medizinischer Bedarf auf einen Blick
(wesentliche Diagnosen, Krankheiten, Allergien, Gefahren und Risiken)

Wesentliche Förderziele und Maßnahmen auf einen Blick

Ziel   Maßnahme

Die Schule vom Kind aus denken

Zusammenarbeit mit Eltern
(Absprachen mit den Eltern, Wünsche der Eltern, Hinweise zur Zusammenarbeit)

Datum	Absprache

Kontaktdaten
(Bitte tragen Sie hier alle wichtigen Telefonnummern ein, z. B. der Eltern, Großeltern, Ärzte, Therapeuten, Krankenhaus)

1. Medizinische Aspekte mit Einfluss auf die Schule

		Maßnahme, Absprache, Erläuterung	Verantwortlicher, Ansprechpartner
1.1	Allgemeine Vorkehrungen im Schulalltag		
1.2	Relevante Warnsignale (für gesundheitliche Probleme, Umgang mit Krisen)		
1.3	Vorgehen in Krisensituation (z. B. bei epileptischem Anfall)		
1.4	Medikamentengabe (Dauermedikation, Bedarfsmedikation, Dosierung – ggfs. ausführlicher auf Extrablatt)		
1.5	Notwendige medizinische Versorgung (z. B. Behandlungen, Sonden, Katheter, …)		
1.6	Notwendige Heilmittel und Therapien (z. B. Ergotherapie, Logopädie, Physiotherapie)		
1.7.	Notwendige Hilfsmittel (Ziel, Anwendung, Wartung)		

Weitere Hinweise
_____
_____
_____
_____

2. Unterstützung im lebenspraktischen Bereich und bei der Pflege

		Maßnahme, Absprache, Erläuterung	Verantwortlicher, Ansprechpartner
2.1	Ernährung		
2.2	Pflege		
2.3	Toilette		
2.4	Mobilität und Fortbewegung (z. B. Absprachen zum Wechsel der Klassenräume; Hilfen beim Tragen von Gegenständen)		
2.5	Kommunikation und Sprache		
2.6	Sonstiges		
2.7.	Spezielle Aufgaben der Schulbegleitung		

Weitere Hinweise

Leitfaden

3. Anpassung der Schulorganisation – Architektur und Raumgestaltung

		Maßnahme, Absprache, Erläuterung	Verantwortlicher, Ansprechpartner
3.1	Architektur (Umbauten, Rampen, Flure, Aufzugnutzung)		
3.2	Raumsituation (z. B. Pflege-/Therapieräume; Differenzierungsraum; Raum für Pause und Erholung)		
3.3	Klassenraumgestaltung (Sitzordnung, Regale, Beleuchtung, Temperatur)		
3.4	Individuelle Sitzanpassung		
3.5	Hilfsmittel in der Klasse (z. B. Installation, Lagerung, …)		
3.6	Fachräume		
3.7	Regelungen für Raumwechsel		

Weitere Hinweise
_____
_____
_____

4. Anpassung der Schulorganisation – Abläufe, organisatorische Hinweise, personelle Strukturen und Sachausstattung

		Maßnahme, Absprache, Erläuterung	Verantwortlicher, Ansprechpartner
4.1	Pausen (Absprache zu Pausenregelungen)		
4.2	Stundenplanung (Anpassung der Stundenplanung)		
4.3	Ausflüge		
4.4	Beförderung		
4.5	Dokumentation		
4.6	Ganztagesangebot		
4.7	Kooperationspartner (Ärzte, Kliniken, Therapeuten, Fachdienste, Supervision etc.)		
4.8	Fortbildungen für die Schule		

4.9	Lehr- und Lernmittel		
4.10	Einsatz weiterer technischer Geräte		
4.11	Möbel (Anschaffung, Veränderung, ...)		
4.12	Klärung von Fragen der Kostenübernahme		
4.13	Absprachen mit Hausmeister		
4.14.	Absprachen mit den Eltern zur Schulorganisation		

Weitere Hinweise

5. Anpassung des Unterrichts

		Maßnahme, Absprache, Erläuterung	Verantwortlicher, Ansprechpartner
5.1	Zielgleichheit im Unterricht		
5.2	Zieldifferenz im Unterricht		
5.3	Nachteilsausgleiche und Anpassung von Prüfungen (z. B. Zeitzugaben; Antwortformat; personelle Unterstützung; Antrag bei Schulverwaltung)		
5.4	Individuelle Unterstützung durch Lehrkraft		
5.5	Besondere Arbeitsmaterialien		

Leitfaden

5.6	Aufgaben der Schulbegleitung im Unterricht		
5.7	Einsatz von spezifischen Lernmitteln oder Hilfsmitteln im Unterricht		
5.8	Stärkung des sozialen Miteinanders der Klasse		
5.9	Regelungen mit Mitschülern		
5.10	Regelungen zu Pausen und Klassenraumwechseln		
5.11	Integration therapeutischer Aspekte in den Unterricht		
5.12	Absprachen zu einzelnen Fächern (z. B. Sport, Musik, Fachunterricht)		
5.13	Absprachen mit Eltern, die den Unterricht betreffen		
5.14	Regelung zu Krankheitsphasen (Videoaufzeichnung, Soziale Netzwerke, ...)		

Die Schule vom Kind aus denken _____

5.15.	Besondere Absprachen mit der Lehrkraft		

Weitere Hinweise

_____
_____
_____

Weitere Vereinbarung(en) zum Leitfaden und zum nächsten Reflexionsgespräch

_____
_____
_____

Wir haben die hier festgehaltenen Regelungen gemeinsam erarbeitet und sind mit der Weitergabe dieser Informationen an die beteiligten Mitarbeiterinnen und Mitarbeiter einverstanden.

Alle Beteiligten sind sich darüber hinaus in der Überzeugung einig, den inklusiven Prozess im Sinne des Schülers/der Schülerin aktiv mitzugestalten und in ihrem zuständigen Rahmen bestmöglich zu unterstützen.

_____, den ....

_____   _____
(Eltern)   (Schüler/Schülerin)

_____   _____
(Klassenlehrkraft)   (Schulleitung)

(   )   (   )
_____   _____

V

Inklusion: Beispiele aus der Schulpraxis und Beratung

Vorbemerkung

»Wenn den Kindern gute Lernbedingungen geboten werden könnten, würde ich die Inklusion befürworten. In der Realität sind Klassenstärke, Betreuungsschlüssel, räumliche Bedingungen, Lehrerausbildung etc. mangelhaft.«

»Gewährleistet sein sollte: Behinderungsgerechte Schule, Therapiemöglichkeiten, Pflege, geschultes Personal.«

(entnommen aus Lelgemann et al., 2012, S. 234)

Der folgende Teil dieses Buches umfasst sechs Praxisbeispiele zur inklusiven Schulentwicklung im Förderschwerpunkt körperliche und motorische Entwicklung. Zwei Förderschulen, das Kardinal-von-Galen-Haus und die Astrid-Lindgren-Schule, sowie ein staatlich anerkanntes Gymnasium, das Kleine private Lehrinstitut Derksen, berichten von ihrem Weg zur inklusiven Schule und stellen jeweils ihr pädagogisches Modell vor. Diese Schulen haben ihre unterrichtlichen Strukturen so verändert, dass gemeinsame Lernmöglichkeiten für Schülerinnen und Schüler mit körperlichen oder mehrfachen Beeinträchtigungen und ohne diese Beeinträchtigungen ermöglicht werden. Mit dem »Kompetenzzentrum Albatros-Schule«, dem »LWL-Beratungshaus« und dem mobilen »Beratungs-und Unterstützungsangebot Körperbehinderter« in Schleswig-Holstein werden außerdem drei Beratungsangebote dargestellt, die die Kinder und Jugendlichen, ihre Eltern und Lehrkräfte bei der inklusiven Beschulung unterstützen.

Wie die empirischen Befunde, die in diesem Buch an anderer Stelle beschrieben sind, zeigen, bedeutet die Inklusion von Schülerinnen und Schülern mit körperlichen oder mehrfachen Beeinträchtigungen aufgrund der beträchtlichen Heterogenität dieser Schülerschaft zumeist eine große Herausforderung. Eltern und vor allem mehrfach beeinträchtigte Schüler wünschen sich ein hohes qualitatives pädagogisch-therapeutisches und pflegerisches Angebot sowie eine intensive pädagogische Begleitung – an allen schulischen Bildungsorten. Die hier publizierten Praxisbeispiele begegnen dieser Herausforderung aus Sicht der Herausgeber auf äußerst gelungene Art und Weise. Sie spiegeln zugleich die derzeitige bildungspolitische Realität wider, die unterschiedliche Möglichkeiten der Realisierung schulischer Inklusion im Förderschwerpunkt körperliche und motorische Entwicklung zulässt.

Vorbemerkung

Wir hoffen, die Leserinnen und Leser durch die hier vorgestellten Beispiele zu ermutigen, eigene inklusive Entwicklungen anzustoßen. Um diese zukünftigen Entwicklungen – und ebenso andere aktuelle Beispiele – in einer weiteren Veröffentlichung dokumentieren zu können, freuen wir uns über Ihre Rückmeldung.

Reinhard Lelgemann
Philipp Singer
Christian Walter-Klose

Das Kardinal-von-Galen-Haus auf dem Weg zur inklusiven Schule

Guido Venth

1   Die Schule

Das Kardinal-von-Galen-Haus ist eine anerkannte Ersatzschule, Förderschule mit dem Schwerpunkt körperliche und motorische Entwicklung, in kirchlicher Trägerschaft. Sie befindet sich in Dinklage im Landkreis Vechta in Niedersachsen. Der Unterricht ist angelehnt an die Kerncurricula der Grundschule und der Hauptschule, orientiert sich bei vielen Schülern an den Anforderungen der Förderschule Lernen und bei einigen Schülern am Kerncurriculum der Förderschule Geistige Entwicklung.

Das Kardinal-von-Galen-Haus ist eine Ganztagsschule mit 60 Internatsplätzen. Im Schuljahr 2014/15 besuchen 312 Schülerinnen und Schüler das Kardinal-von-Galen-Haus. 36 dieser Schülerinnen und Schüler haben keinen sonderpädagogischen Unterstützungsbedarf. Seit dem Sommer 2012 bildet das Kardinal-von-Galen-Haus in jedem Jahrgang 1 eine inklusive Klasse. Die Schülerinnen und Schüler mit sonderpädagogischem Unterstützungsbedarf sind überwiegend mehrfachbehindert und weisen neben ihrer Körperbehinderung oft Lernbehinderungen, Sprachbehinderungen, Auffälligkeiten in ihrem Sozialverhalten auf. Sie besuchen die Schule bis zur 9. Klasse in maximal zwölf Schulbesuchsjahren.

2 Der Anfang

Im Oktober 2009 besuchte ich eine Landesausschusssitzung des Verbands Sonderpädagogik. Auf dieser Veranstaltung hielt die damalige Kultusministerin ein Grundsatzreferat über Inklusion. Sie kündigte an, dass die Inklusion in Niedersachsen umgesetzt werde, und sagte im Verlaufe ihres Referats: »Für uns sind alle inklusiven Settings denkbar.« Ich stellte nach dieser Äußerung die Zwischenfrage, ob dies bedeuten würde, dass auch Förderschulen Schüler ohne sonderpädagogischen Unterstützungsbedarf aufnehmen dürften. Die Kultusministerin hielt nach dieser Zwischenfrage kurz Rücksprache mit dem zuständigen Ministerialrat des Kultusministeriums, der sie begleitete, und bestätigte dann, dass auch dies denkbar sei. Zwei Tage später erhielt ich einen Anruf des Ministerialrates, indem ich gefragt wurde, ob ich meine Zwischenfrage ernst gemeint habe. Ich berichtete ihm, dass die Zwischenfrage eher spontan entstanden sei, ich aber, seitdem ich sie gestellt hätte, sehr viel darüber nachdenken müsste, ob dies eine echte Alternative und ein gangbarer Weg für Förderschulen in Niedersachsen sei. Er bestärkte mich am Ende unseres Telefonats darin, meine Schule sozusagen als Pilotprojekt in Niedersachsen auf einen inklusiven Weg zu bringen. In der Folgezeit begleitete Herr Dr. Wachtel alle unsere Bemühungen sehr wohlwollend und hilfreich.

Nach der Begegnung mit der Kultusministerin verfestigte sich beim Nachdenken der folgende Gedankengang immer mehr:

> »An Förderschulen mit dem Schwerpunkt körperliche und motorische Entwicklung wird es zumindest mittelfristig immer Schülerinnen und Schüler geben, die das besondere Förderangebot dieser Schule benötigen. Diese Schülerinnen und Schüler kommen nur in den Genuss inklusiver Bildung, wenn Schülerinnen und Schüler ohne Förderbedarf aufgenommen werden.«

Mit dieser Überlegung wendete ich mich im November 2009 auf einer Gesamtkonferenz, die zum Thema »Inklusion« gehalten wurde, an das Kollegium. Am Ende der Gesamtkonferenz wurden die einzelnen Partnerklassenteams der Schule beauftragt, sich mit dem Thema »Inklusion« zu beschäftigen. Im Januar 2010 führte ich gemeinsam mit unserem Geschäftsführer ein Gespräch mit dem Vorstand der Josefs-Gesellschaft. Die Josefs-Gesellschaft ist der Träger des Kardinal-von-Galen-Hauses. Parallel dazu führten wir Gespräche mit dem Landtagsabgeordneten unseres Landkreises mit der Bitte, dieses Projekt zu unterstützen. Der Landtagsabgeordnete des Landkreises Vechta gab uns nach einem Gespräch im Kultusministerium mit dem Schulfachlichen Dezernenten und dem damaligen Staatssekretär und späteren Kultusminister die Rückmeldung, dass beide es sehr begrüßen würden, wenn es im Kardinal-von-Galen-Haus in Dinklage zu einem Pilotprojekt in Niedersachsen kommen würde. Das Kardinal-von-Galen-Haus sei genau die richtige Schule, um diesen neuen Weg zu gehen.

3 Die Fragen

Der Vorstand der Josefs-Gesellschaft forderte uns auf, zu vier Fragen Stellung zu nehmen.

1. Was macht die Attraktivität der inklusiven Schule aus?
2. Warum sollen Eltern ihre Kinder zu uns schicken?
3. Worin liegt die pädagogische Bedeutung?
4. Wie soll und kann die Schule für Dinklager Eltern interessant gemacht werden, und wie kann geworben werden?

Nachdem wir uns mit der Waldhofschule in Templin in Brandenburg und der Sophie-Scholl-Schule in Gießen, Hessen, zwei Schulen angesehen hatten, die schon lange inklusiv arbeiten, beantworteten wir die Fragen des Vorstands der Josefs-Gesellschaft wie folgt:

1. Was macht die Attraktivität der inklusiven Schule aus?

Mit der Öffnung der Schule für Schülerinnen und Schüler ohne Förderbedarf wird die Schule im Kardinal-von-Galen-Haus im Land Niedersachsen eine Vorreiterrolle übernehmen und als eine der ersten Schulen die UN-Konventionen umsetzen. Rückmeldungen aus dem Niedersächsischen Kultusministerium bestärken uns in diesem Ansinnen. Wir setzen nicht nur ein schulpolitisches, sondern auch ein gesellschaftspolitisches Zeichen.

Viele Fachleute heben die Vorteile des Gemeinsamen Unterrichts hervor. Zuletzt hob Professor Werning, Universität Hannover, auf der Bundeshauptversammlung des vds die Vorteile für Schülerinnen und Schüler mit Unterstützungsbedarf, aber auch für die Schülerinnen und Schüler ohne Unterstützungsbedarf im Gemeinsamen Unterricht hervor. Im Januar haben wir die Förderschule in Templin in Brandenburg besucht, die schon seit einigen Jahren so arbeitet. Der Schulleiter konnte uns berichten, dass mehr Schüler ohne Unterstützungsbedarf angemeldet werden, als die Schule aufnehmen kann. Obwohl es im Ort noch zwei andere Grundschulen gibt, ist seine Schule dermaßen attraktiv, dass nicht alle Kinder berücksichtigt werden können. Ähnliches berichtete die Schulleiterin der Sophie-Scholl-Schule in Gießen in Hessen, die ebenfalls Kinder ohne sonderpädagogischen Unterstützungsbedarf aufnimmt. Zusammenfassend lässt sich sagen, dass die Attraktivität unserer Schule in dem besonderen

Angebot liegt. Wir machen etwas Neues, etwas gesellschaftspolitisch Richtungsweisendes.

2. Warum sollen Eltern ihre Kinder zu uns schicken?

Die Beispiele der beiden o. g. Schulen, die schon so arbeiten, stimmten uns zuversichtlich, dass auch wir Eltern finden werden, die dieses neue Schulangebot annehmen. Viele Beispiele aus Integrationskindergärten zeigen, dass die Integrationsgruppen für die Eltern von Kindern ohne sonderpädagogischen Unterstützungsbedarf sehr interessant sind. Gut darstellen lassen sich die Vorteile, die auch diese Kinder im Gemeinsamen Unterricht haben:

- kleinere Lerngruppen
- personelle Doppelbesetzungen
- individuelle Förderung
- offene Unterrichtsformen
- selbstständiges Lernen

In Templin erfuhren wir, dass die Schülerinnen und Schüler ohne Unterstützungsbedarf, die nach der Primarzeit weiterführende Schulen besuchen, dort ohne Probleme klarkommen. Ein überdurchschnittlich hoher Anteil besucht anschließend das Gymnasium. Hieraus lässt sich ableiten, dass Gemeinsamer Unterricht qualitativ hochwertiger Unterricht sein kann. Dies muss vermittelt werden.

3. Worin liegt die pädagogische Bedeutung?

Gemeinsamer Unterricht funktioniert nur mit offenen, zukunftsweisenden Unterrichtsformen. Wir werden uns methodisch-didaktisch umstellen und dieser neuen Anforderung anpassen müssen. Die Bereitschaft im Kollegium ist vorhanden. Natürlich gibt es an der einen oder anderen Stelle auch Skeptiker und/oder Kolleginnen und Kollegen, die gewisse Ängste haben, aber ein Großteil des Kollegiums ist bereit zur Veränderung und, das Neue zu wagen. In mehreren Dienstbesprechungen wurden inhaltliche Diskussionen geführt. Auf einer Gesamtkonferenz zeigte ich den Film von Reinhard Kahl, »Treibhäuser der Zukunft«. In diesem Film werden Schulprojekte beschrieben, in denen offener, jahrgangsübergreifender Unterricht praktiziert wird. Außerdem ist vorgesehen, dass wir mit einer Arbeitsgruppe in die konzeptionelle Umgestaltung einsteigen.

4. Wie soll und kann die Schule für Dinklager Eltern interessant gemacht werden, und wie kann geworben werden?

Bevor wir uns an die Eltern wenden, müssen Gespräche mit der Stadt Dinklage, die Träger der Dinklager Grundschulen ist, und den Grundschulen selbst geführt werden. Das werden sicherlich keine einfachen Gespräche werden, da wir den beiden Grundschulen in Dinklage natürlich Schüler abziehen werden. Wir müssen darauf hinweisen, dass aufgrund der Verpflichtung, die die Bundesrepublik Deutschland durch die Ratifizierung der Behindertenrechtskonvention eingegangen ist, kein Weg an dieser Entwicklung vorbeiführt. Nicht nur wir, sondern auch die anderen Schulen vor Ort müssen sich verändern. Ich glaube auch, dass es sich in der heutigen Zeit niemand ernsthaft leisten kann, gegen diese neue Entwicklung zu sein. Im zweiten Zug wenden wir uns an die Öffentlichkeit und insbesondere an die Dinklager Eltern. Dies geschieht zum einen über die Medien, zum anderen aber auch über die Kindergärten. Wir werden uns bemühen, in allen Kindergärten zu Elternabenden eingeladen zu werden, um unser neues Projekt vorzustellen. Wie viele Eltern sich dann letztendlich für uns entscheiden, kann im Vorfeld ganz schlecht abgeschätzt werden. Wir sind uns aber sicher, dass dieses Projekt, wenn es sich herumspricht, auch für Eltern der Nachbarkommunen interessant ist und wir nicht nur Anfragen aus Dinklage, sondern aus den benachbarten Gemeinden bekommen.

Zusammenfassend hatten wir es damals mit vier unterschiedlichen Problemfeldern zu tun:

1. Gelingt ein vernünftiges Finanzierungskonzept?
2. Gelingt es, das Kollegium auf den Weg zu bringen, sich methodisch-didaktisch zu verändern und auf diese neue Schule einzulassen?
3. Wird dieses Projekt von der Kommune und den benachbarten Schulen akzeptiert und angenommen?
4. Gelingt es, das Interesse der Elternschaft der Kinder ohne sonderpädagogischen Förderbedarf in Dinklage und Umgebung zu wecken?

Im April 2010 bekamen wir ein Schreiben des Vorstands der Josefs-Gesellschaft, in dem geäußert wurde: »Der Vorstand der Josefs-Gesellschaft hält die derzeitigen Inklusionsüberlegungen im Schulbereich des Kardinal-von-Galen-Hauses für gut und bittet, diese zu vertiefen.«

4 Der Weg

Daraufhin gründeten wir im Kollegium eine Arbeitsgruppe »Inklusion«, die den Auftrag bekam, die Bildung einer ersten inklusiven Klasse im Sommer 2012 vorzubereiten. Es sollte eine Klasse mit 18 Schülern werden, in der zwölf Schüler ohne Unterstützungsbedarf gemeinsam mit sechs Schülern mit Unterstützungsbedarf unterrichtet werden. Die Mitglieder der Arbeitsgruppe besuchten zur inhaltlichen Vorbereitung andere Schulen, die schon inklusiv arbeiteten, aber auch Schulen, die mit sehr offenen Unterrichtsformen unterrichteten. Im Einzelnen wurden folgende Schulen besucht:

- Waldhofschule Templin
- Sophie-Scholl-Schule Gießen
- Grundschule am Ottermeer Wiesmoor
- Grundschule Borchshöhe Bremen
- Grundschule Brockdorf
- Werner-Dicke-Schule Hannover
- Ludgerus-Schule Vechta

In der Arbeitsgruppe wurde folgendes Vorgehen abgesprochen:

- Gespräch im Kultusministerium
- Gespräch mit dem Bürgermeister der Stadt Dinklage
- Gespräch mit den Schulleitern der Dinklager Schulen
- Gespräch mit den Dezernenten der Landesschulbehörde
- Gespräch mit den Leiterinnen der Dinklager Kindergärten
- Elternabende in den Kindergärten
- Hospitationen der Eltern im Kardinal-von-Galen-Haus
- Elternabend im Kardinal-von-Galen-Haus
- Erarbeitung eines Finanzierungsmodells
- ständige Information des eigenen Kollegiums

Am 16.09.2010 führte ich ein Gespräch im Kultusministerium. In diesem Gespräch erläuterte mir der zuständige Jurist, dass das Schulgesetz geändert werden müsse, damit wir als Förderschule Schülerinnen und Schüler ohne sonderpädagogischen Unterstützungsbedarf aufnehmen können. Ein entsprechender Gesetzentwurf lag zum damaligen Zeitpunkt schon vor. Eine weitere Bedingung sei, dass wir ein erweitertes pädagogisches Konzept vorlegen.

Das Gespräch mit dem Dinklager Bürgermeister und den Schulleitern der Dinklager Grundschulen ergab, dass sowohl der Bürgermeister als auch der Schulleiter der benachbarten Grundschule ihre volle Unterstützung zusagten. Der Leiter der zweiten Dinklager Grundschule äußerte Bedenken in Bezug auf die Schülerzahlentwicklung seiner eigenen Schule.

»Es ist weißer Rauch aufgestiegen«

In einem Gespräch mit den Leiterinnen der fünf Dinklager Kindergärten vereinbarten wir, dass zu zwei Elternabenden in den Dinklager Kindergärten alle Eltern eingeladen würden, deren Kinder im Sommer 2012 eingeschult würden. In Dinklage sollten im Sommer 2012 150 Kinder in die beiden Grundschulen eingeschult werden. Alle Eltern dieser 150 Kinder wurden zu den Elternabenden eingeladen. Es kamen die Eltern von 30 Kindern. Wir stellten diesen Eltern das in der Arbeitsgruppe erarbeitete pädagogische Konzept und die Rahmenbedingungen für die inklusive Klasse vor und luden alle Eltern zu einer Hospitation in die Schule ein. Zu dieser Hospitation kamen die Eltern von 14 Kindern. Nach diesem Hospitationstag wurden die Eltern dieser 14 Kinder zu einem Elternabend ins Kardinal-von-Galen-Haus eingeladen. Im Mai 2011 kamen zu diesem Elternabend die Eltern von 12 Kindern. Ich wurde an diesem Abend von Kolleginnen der Arbeitsgruppe unterstützt. Wir beantworteten viele Elternfragen und gingen noch einmal auf Einzelheiten des pädagogischen Konzeptes und auf die Rahmenbedingungen ein. Zwei Fragen beschäftigten die Eltern am meisten:

- Lernt mein Kind am Kardinal-von-Galen-Haus das Gleiche wie in einer normalen Grundschule?
- Kommen überhaupt zwölf Kinder zusammen, so dass es sich lohnt?

Wenn die Gruppe zu klein ist, möchte ich mein Kind auch nicht anmelden, war die Aussage vieler Eltern. Die erste Frage konnte in erster Linie durch die Hospitation im Kardinal-von-Galen-Haus ausgeräumt werden. Die Eltern sahen im Unterricht, dass Schülerinnen und Schüler, die in diesen Klassen nach Planarbeit unterrichtet wurden, sehr selbstständig und individuell arbeiteten. Besonders die Arbeitsatmosphäre in diesen Klassen gefiel den Eltern sehr gut. Die zweite Frage, ob zwölf Kinder zusammenkommen, konnten sich die Eltern nur selbst beantworten. Es waren an diesem Elternabend ja auch nur die Eltern von zwölf Kindern anwesend, was bedeutete, dass alle Eltern ihre Bereitschaft erklären mussten, damit es zu einer Klasse mit 18 Schülern – zwölf ohne, sechs mit Unterstützungsbedarf – kommen konnte. Wir ließen die Eltern an dieser Stelle alleine und baten sie, sich darüber auszutauschen. Wir verließen also den Raum und baten die Eltern, sich zu beraten und uns zu holen, wenn sie sich entschieden hätten. Nach 40 Minuten wurden wir angerufen, und eine Mutter sagte: »Es ist weißer Rauch aufgestiegen, sie können wieder reinkommen.« Die Eltern informierten uns, dass alle zwölf Familien die Absicht hätten, ihre Kinder im Kardinal-von-Galen-Haus anzumelden. Es war einer der schönsten Momente in meiner Zeit als Schulleiter. Die größte Hürde war genommen, und wir konnten einen offiziellen Antrag über die Landesschulbehörde ans Ministerium stellen.

Der Antrag

Antrag auf Aufnahme von Schülerinnen und Schülern ohne Förderbedarf zur Bildung einer inklusiven Klasse als Beitrag zur Realisierung des Inklusionsauftrags gemäß der UN-Behindertenrechtskonvention in der Förderschule mit dem Schwerpunkt körperliche und motorische Entwicklung des Kardinal-von-Galen-Hauses.

18 Schüler sollten im Sommer 2012 eine inklusive Klasse bilden. Zwölf Regelgrundschüler ohne sonderpädagogischen Unterstützungsbedarf sollten gemeinsam mit sechs Schülern mit sonderpädagogischem Unterstützungsbedarf unterrichtet werden. In den Folgejahren soll ebenfalls im Jahrgang 1 jeweils eine inklusive Klasse gebildet werden, so dass bis zum Jahr 2016 im Primarbereich des Kardinal-von-Galen-Hauses in jedem Jahrgang eine inklusive Klasse existiert. Für die Schülerinnen und Schüler ohne sonderpädagogischen Unterstützungsbedarf wurden folgende Aufnahmekriterien festgelegt:

- Die Familie wohnt in Dinklage.
- Es müssen leistungsstarke Grundschulkinder sein. Um dies zu gewährleisten, werden Gespräche mit den Erzieherinnen in den Kindergärten geführt.
- Geschwisterkinder sind gesetzt.
- Die Schuleinzugsgebiete werden paritätisch besetzt.
- Bei gleichzeitiger Anmeldung von mehr als zwölf Kindern entscheidet das Los.

Für die Auswahl der sechs Schülerinnen und Schüler mit sonderpädagogischem Unterstützungsbedarf wurden zwei Kriterien zugrunde gelegt:

1. Die Familien sollten in Dinklage oder unmittelbarer Umgebung wohnen, damit eine Umsetzung des Inklusionsgedankens gewährleistet ist. Es ging uns ja nicht nur darum, dass die Kinder morgens zusammen unterrichtet werden, sondern vielmehr darum, dass sie nachmittags auch zusammen spielen sollten.
2. Die Unterstützungsbedarfe der sechs Förderschüler sollten möglichst gemischt sein, damit sie in sich keine homogene Gruppe bilden.

Folgender Personaleinsatz war für die inklusive Klasse vorgesehen:

- ein/e Förderschullehrer/in mit voller Stelle (26,5 Std.)
- ein/e Grundschullehrer/in mit 0,6-Vollstelle (16,8 Std.)
- ein/e pädagogische/r Mitarbeiter/in mit halber Stelle

Die beiden Lehrerinnen übernehmen gleichberechtigt die Klassenlehrerschaft.

5   Das pädagogische Konzept

Schon in jeder Grundschulklasse findet sich eine sehr heterogene Schülerschaft. Vom potenziellen Gymnasiasten bis hin zum schwachen Hauptschüler kann sich das Spektrum in jeder Grundschulklasse zeigen. In einer inklusiven Klasse wird das Spektrum durch die Kinder mit sonderpädagogischem Unterstützungsbedarf erweitert. Wir haben hier eine Spanne vom hochbegabten Grundschüler bis hin zum Schüler mit einem sonderpädagogischen Unterstützungsbedarf im Schwerpunkt Geistige Entwicklung. Um jedem einzelnen Schüler gerecht zu werden und somit der Heterogenität in der Lerngruppe zu entsprechen, entwickelten wir ein Unterrichtskonzept, mit dem jeder einzelne Schüler sehr individuell gefördert und zu einem Höchstmaß an Selbstständigkeit erzogen werden kann.

Die Lernhäuser

Für die Unterrichtsfächer Deutsch und Mathematik wurden Lernhäuser entwickelt. Diese Lernhäuser stellten auf der Grundlage des Kerncurriculums eine Stoffverteilung für das 1. Schuljahr dar. Grundlage für diese Stoffverteilung waren die Lehrwerke *ABC der Tiere* für Deutsch und *Einstern* für Mathematik. Der Unterrichtsstoff des 1. Schuljahres wird in mehrere Etagen aufgeteilt. Die einzelnen Etagen sind in sich sinnvolle Unterrichtseinheiten.

Das Kardinal-von-Galen-Haus auf dem Weg zur inklusiven Schule

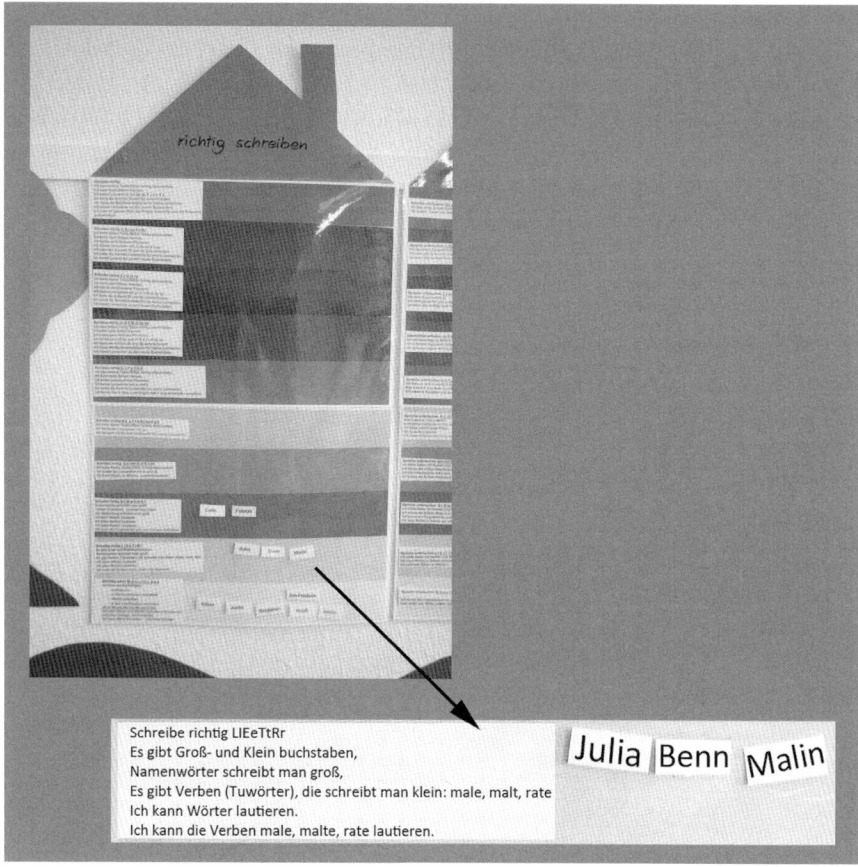

Die Planarbeit

Jeder Schüler arbeitet individuell nach einem Plan. Die Pläne sehen von der Form her für alle Schüler gleich aus, unterscheiden sich jedoch je nach Begabung und Lernstand der Schüler in ihren Inhalten und in ihren Umfängen. In jedem Plan gibt es Aufgaben aus den Lehrwerken, zusätzliche Arbeitsblätter, Übungen, Freiarbeitsmaterialien. In der Regel entscheiden die Schüler selbst, in welcher Reihenfolge sie die Aufgaben des Plans abarbeiten. Eine Aufgabe gilt erst dann als erledigt, wenn sie von der Lehrerin kontrolliert und abgezeichnet wurde. Erst dann darf der Schüler eine neue Aufgabe anfangen. Sind alle Aufgaben bearbeitet, bekommt der Schüler einen neuen Plan. Die Klassenlehrerinnen haben für alle Schüler drei bis fünf Pläne im Voraus vorbereitet, so dass auch im Falle von Vertretungsunterricht die Planarbeit fortgeführt wird. Unterrichtsinhalte, die bei einzelnen Schülern noch nicht manifestiert sind, tauchen als wiederholende Übungen in den nächsten Plänen auf. Einzelne Pläne sehen eine Lernstandskontrolle vor. Diese Lernstandskontrolle schreibt der Schüler am Expertentisch. In der Regel sitzt eine der beiden Lehrerinnen ebenfalls am Expertentisch und betreut die Schüler, die dort arbeiten. Gemeinsame Klassenarbeiten gibt es nicht mehr.

Lernhäuser Mathe	Aufgabe	erledigt
Arbeitsheft 3	• Seite 44	
	• Seite 45	
	• Seite 46	
	• Seite 47	
	Seite 48	
Rechenkarten 3		
	• Seite 27	
	• AB 1 (KV 105)	
	• AB 2 (KV 109)	
	• AB 3 (KV 110)	
blaue Mappe	• blaue Mappe	
	Heft: 3 Mappe: 4	
Logico	• ⭐ Wahlaufgabe	
	Kasten: 1 Sym.: + -	
	Karten: 6 + 3	

A/Plan 27 Planarbeit vom   Name:
Bei dieser Planarbeit übe ich das Rechnen bis 13
beliebige Reihenfolge

Lernstandskontrolle 3d

Gelingensbedingungen für die Planarbeit

Das Tutorensystem

Alle Schüler mit sonderpädagogischem Unterstützungsbedarf, aber auch die schwachen Grundschüler bekommen einen Tutor. Der Tutor ist einer der stärkeren Schülerinnen und Schüler. Es gilt die Regel: Wenn du nicht weiterkommst, frage erst deinen Tutor. Erst danach kannst du dich melden und an die Lehrer wenden.

Die Arbeitsruhe

Mit den Schülerinnen und Schülern wurde vereinbart, untereinander nur mit 30-cm-Stimme zu sprechen. Ein klingender Stab ertönt, wenn die Arbeitsruhe nicht gewährleistet ist. Wichtig ist hier die Vorbildfunktion der Lehrkräfte, die ebenfalls sehr leise reden.

Die Arbeitsorte

Die Schülerinnen und Schüler arbeiten an Gruppentischen. An jedem Gruppentisch sitzen sechs Schüler. Die leistungsstarken und auch die leistungsschwachen Schüler sind auf alle drei Tische aufgeteilt. Die schwachen Schüler sitzen neben ihren Tutoren. Für einzelne Arbeitsschritte stehen ein Gruppenraum und auch der Flur zur Verfügung. Lese- und Kopfrechenübungen werden generell zu zweit durchgeführt. Diese Arbeiten können sowohl im Gruppenraum als auch auf dem Flur erledigt werden. Auf dem Flur stehen dafür kleine Arbeitstische zur Verfügung.

Kontrolle erledigter Arbeiten

Jede einzelne Aufgabe wird unmittelbar kontrolliert. Eine Ausnahme wird nur dann gemacht, wenn eine Lehrkraft alleine in einer Stunde ist. Dann werden erledigte Aufgaben in eine Kiste gelegt, die Lehrkraft nimmt diese mit nach Hause und verteilt die kontrollierten Arbeitsblätter, Hefte u. a. am nächsten Tag wieder. Jede kontrollierte Aufgabe wird im Plan abgezeichnet.

Hausaufgaben

Da das Kardinal-von-Galen-Haus eine Ganztagsschule ist, werden die Hausaufgaben nachmittags in der Schule erledigt. Hierzu stehen zwei Unterrichtsstunden am Nachmittag zur Verfügung. In der Regel besteht die Hausaufgabe in einer Zeitvorgabe, z. B.: »Arbeitet 30 Minuten am Mathematikplan und 30 Minuten am Deutschplan!«

Der Morgenkreis

Jeder Tag beginnt mit einem Morgenkreis. Moderiert wird der Morgenkreis von einem Schüler als »Chef des Tages«. Der Chef des Tages hat Moderationskarten, die er nacheinander abarbeitet. Durch diese immer wiederkehrende Struktur ist der Morgenkreis fest ritualisiert.

Der Chef des Tages

- begrüßt alle Kinder per Handschlag,
- lässt die Kinder einmal durchzählen und stellt fest, wer fehlt,
- stellt das Datum und den Wochentag an einer Tafel ein,
- stellt den Stundenplan für diesen Tag vor,
- weist die Schüler mit Unterstützungsbedarf auf ihre Therapiezeiten hin,
- stimmt ein Lied an, das zum Abschluss des Morgenkreises gesungen wird.

6 Reflexion und Ausblick

Im Sommer 2013 wurde im nächsten Jahrgang die zweite inklusive Klasse gebildet. Die Rahmenbedingungen waren identisch. Auch in dieser Klasse werden wieder 18 Schüler – sechs mit, zwölf ohne sonderpädagogischen Unterstützungsbedarf – gemeinsam unterrichtet. Für die zwölf Plätze der Schüler ohne sonderpädagogischen Unterstützungsbedarf gab es 14 Anmeldungen, so dass zwei Kinder durch die Schulelternratsvorsitzende rausgelost wurden. Auch die Planung für das Schuljahr 2014/15 wurde nach dem gleichen Muster durchgeführt: Information der Eltern in den Kindergärten, Hospitationen im Unterricht im Kardinal-von-Galen-Haus, Elternabende usw. Für die Inklusionsklasse im Schuljahr 2014/15 liegen für die zwölf Plätze der Kinder ohne sonderpädagogischen Unterstützungsbedarf 17 Anmeldungen vor. Das Projekt wird also angenommen. Die positiven Rückmeldungen der Eltern tragen dazu bei, dass es immer mehr in aller Munde ist, und das Interesse anderer Eltern steigt.

Das gesamte Team ist mit der Arbeit äußerst zufrieden. Die Zusammenarbeit mit den Parallelklassen funktioniert hervorragend. Es gibt Unterrichtsbänder in einzelnen Unterrichtsfächern, so dass auch die Förderschüler in anderen Klassen Begegnungen mit den Kindern ohne sonderpädagogischen Förderbedarf haben. Besonders in den Pausen, in den Mittagsfreizeiten und während des Mittagessens kommt es klassenübergreifend zu sozialen Kontakten. Die Auswirkungen in den Freizeitbereich hinein sind erstaunlich. Hier stellen wir allerdings auch ein großes Bemühen der Eltern der Kinder ohne sonderpädagogischen Unterstützungsbedarf fest. Kindergeburtstage, Verabredungen, gemeinsame Aktivitäten auch gemeinsam mit den Förderschülern bereichern die Freizeit aller Kinder. Es bewahrheitet sich, dass alle Kinder, die morgens zusammen in die Schule gehen, nachmittags auch zusammen spielen.

Das pädagogische Konzept greift. Nicht nur die hochbegabten, sondern auch die schwachen Schüler arbeiten zunehmend selbstständig. Die individuelle Förderung gelingt. Alle Schüler lernen entsprechend ihres Anforderungsprofils. Keiner wird ausgebremst, keiner hechelt hinterher. Schon nach wenigen Wochen arbeiteten die Schüler in den unterschiedlichsten Etagen der Lernhäuser. Es ist unvorstellbar, wie man diese Schüler alle hätte gleich unterrichten sollen. Das Tutorensystem greift. Seitdem Isabella, die schwächste Schülerin, mit Johanna zusammenarbeitet, »geht sie ab wie eine Rakete« – und auch Johanna profitiert von der Arbeit mit Isabella, wie die anderen Tutoren auch. Nicht nur die soziale Kompetenz wird deutlich gesteigert, es vertiefen sich Unterrichtsinhalte. Durch das Erklären einzelner Unterrichtsinhalte findet eine Festigung statt.

Wenn im Kardinal-von-Galen-Haus von den Inklusionskindern gesprochen wird, sind die Kinder ohne Unterstützungsbedarf gemeint. Das wirkt fast schon satirisch. In Wirklichkeit ist es ganz normal. Niemand ist der Sonderling, niemand der Außenseiter, es ist eine große, vielfältige, bunte Gemeinschaft. Wir machen Schule, wie ich sie mir immer gewünscht habe. Ich kann es mir nicht mehr anders vorstellen.

»Inklusive Partnerklassen« der Astrid-Lindgren-Schule an der Grundschule Nord in Kempten/Allgäu

Helmut Kirsch

1 Vorgeschichte/Erste Erfahrungen

Die Geschichte der Partnerklassen an der Astrid-Lindgren-Schule (ALS) Kempten, Förderzentrum körperliche und motorische Entwicklung, beginnt im Jahre 2005 mit ersten Projekten der Zusammenarbeit mit einer kleinen Grundschule in zwei Kilometer Entfernung vom Schulhaus. Aus diesen ersten Anfängen entwickelte sich im Verlauf von acht Schuljahren eine grundlegende Veränderung der Schulstruktur und eine kontinuierliche Weiterentwicklung des Anteils Gemeinsamen Unterrichts von behinderten und nichtbehinderten Kindern. Im Schuljahr 2014/15 werden 6 von 18 Klassen der Schule als Partnerklassen geführt. Zwei Klassen befinden sich in den Außenstandorten Kaufbeuren und Memmingerberg. Vier Klassen werden zusammen mit der wohnortnächsten Grundschule Kempten Nord geführt, wobei wiederum zwei dieser Klassen an der ALS selbst angesiedelt sind. 30 Grundschulkinder werden also im Schuljahr 2014/15 ihren Schulstandort am Förderzentrum körperliche und motorische Entwicklung haben.

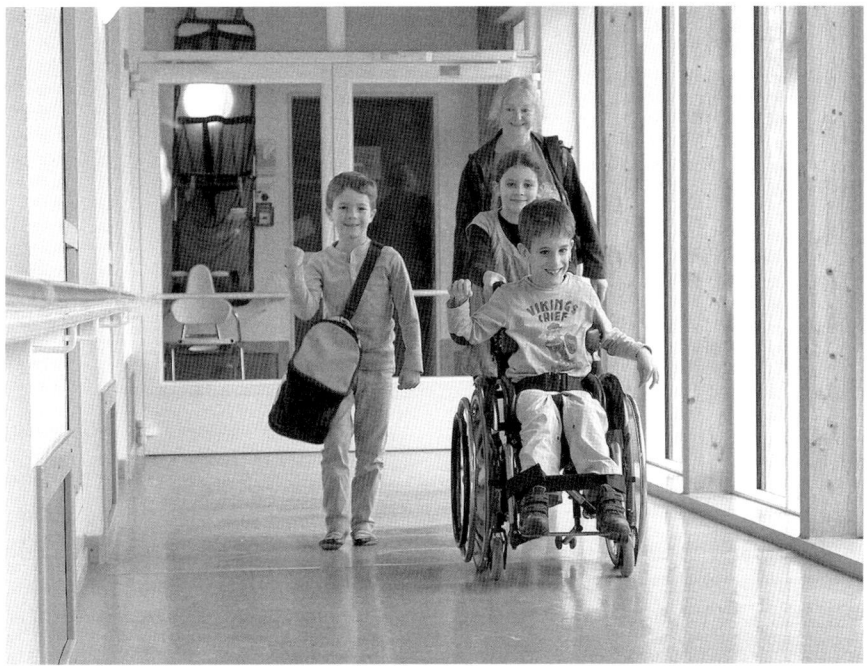

Die Motivation für diesen Umbau speisten sich einerseits aus dem Wunsch von Teilen des Kollegiums, die Schule in den Ort und die Region zu öffnen, andererseits aus der umfassenden Diskussion über die UN-Behindertenrechtskonvention und ihre Folgen für die Schule. Von Elternseite wurden zunehmend mehr Anfragen für inklusive und wohnortnahe Angebote für die Beschulung ihrer Kinder gestellt. Wichtige Unterstützungsimpulse kamen durch den Schulträger, die Körperbehinderte Allgäu gGmbH, sowie durch das Schulreferat der Stadt Kempten, das in vorbildlicher Weise dazu bereit war, umfassend notwendige bauliche Maßnahmen mit zu tragen.

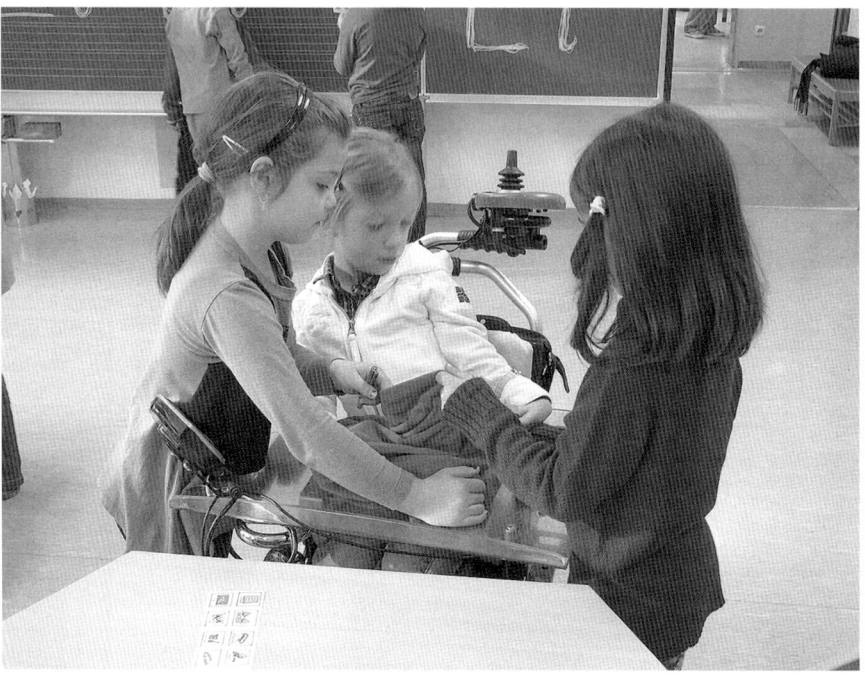

Das Konzept der Partnerklassen (früher »Außenklassen«) ist in der bayerischen Förderschullandschaft ein bewährter Bestandteil der kooperativen und inklusiven Schulformen. Große Vorteile des Konzepts sind die freie Bestimmung des Anteils des Gemeinsamen Unterrichts und die Tatsache, dass die beteiligten Schüler formal Schüler ihrer Schulart bleiben. Dies ermöglicht, dass weiterhin den Schülerinnen und Schülern des Förderzentrums kmE alle personellen und sachlichen Ressourcen des Förderzentrums zur Verfügung stehen.

2 Entwicklung des Gemeinsamen Unterrichts

Während in den ersten Partnerklassen der behutsame Aufbau immer neuer Formen des Gemeinsamen Unterrichts im Vordergrund stand, war der Ansatz für die Zusammenarbeit mit der Nordschule von vornherein ein anderer.

Die Nordschule ist eine vierzügige Grundschule mit großem Einzugsgebiet im Norden von Kempten. Der Anteil der Schülerinnen und Schüler mit Migrationshintergrund liegt in vielen Klassen über 50 %, die Schule ist seit Jahren auf dem Weg zu einer inklusiven Schulentwicklung und seit dem Schuljahr 2012/13 »Schule mit dem Schulprofil Inklusion«. Dies ist ein bayerisches Prädikat, das Schulen erhalten, die sich um den Gemeinsamen Unterricht von Schülerinnen und Schülern mit und ohne sonderpädagogischen Förderbedarf bemühen. Die baulichen Gegebenheiten aus den 1960er Jahren sind bestimmt durch große Raumflächen, viele Treppen und sehr lange Wege. Dennoch ist diese Grundschule mit 800 Metern Fußentfernung zur ALS die nächste Schule im Wohnviertel. Die körperbehinderten Schülerinnen und Schüler kommen aus dem gesamten Einzugsgebiet der ALS, also den Landkreisen Ober- und Ostallgäu, sowie aus Teilen des Westallgäus und des südlichen Unterallgäus und aus den kreisfreien Städten Kempten, Kaufbeuren und Memmingen.

Die Nähe der beiden Schulen zueinander machte zum ersten Mal ein zeitnahes Reagieren und kurze Wege möglich. Unter einer neuen Schulleitung an der Nordschule wurden die Pläne zum Aufbau eines gemeinsamen durchgehenden Grundschulzuges aufgenommen. Besondere Probleme machten die baulichen Gegebenheiten der Nordschule, insbesondere die vielen Treppen. Eine Zufahrt für die Schulbusse der ALS wurde über die Feuerwehrzufahrt gefunden. Mit Unterstützung der Stadt Kempten als Sachaufwandsträger der Grundschule und des Schulträgers der ALS konnten die entsprechenden notwendigen Umbaumaßnahmen durchgeführt werden. Ein Zugang vom Anfahrtshof wurde mit Rampe eingebaut, ebenso ein Pflegebad und ein Therapieraum.

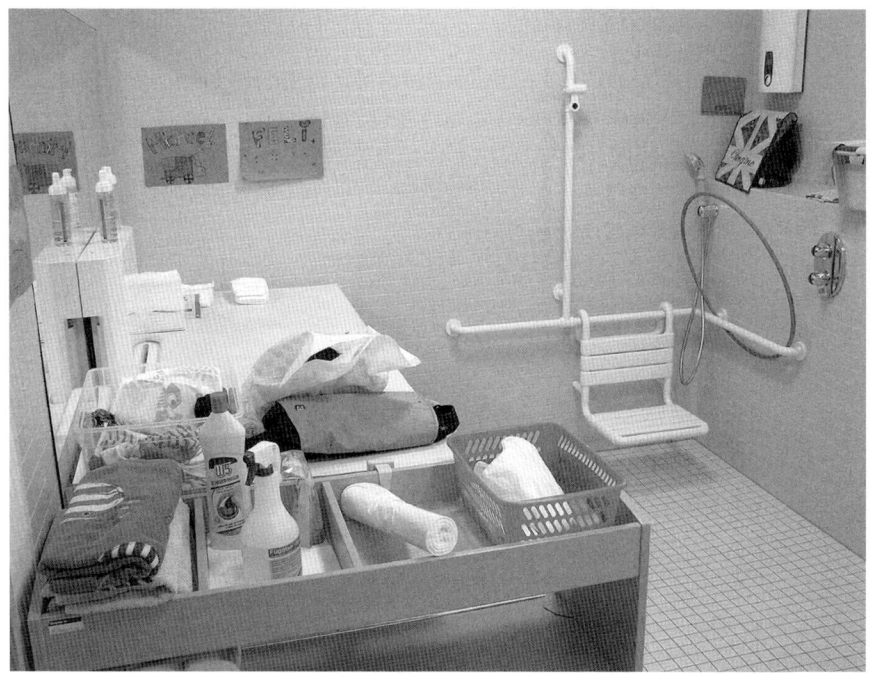

In der Entwicklung des Gemeinsamen Unterrichts erwiesen sich die Raumverhältnisse an der Nordschule aber auch als Glücksfall. Über 90 m^2 große Klassenzimmer ermöglichen zahlreiche räumliche Differenzierungsmöglichkeiten und das Ausbilden von ruhigen Arbeitsecken für Schülerinnen und Schüler mit Konzentrationsproblemen.

Es war klar, dass die gemeinsame Beschulung in der ersten Klasse starten sollte, um den gemeinsamen Weg so früh wie möglich zu beschreiten. Viele der angemeldeten Schüler aus beiden Schularten brachten Erfahrungen aus Inklusiven Kindergärten mit.

3 Ganztageskonzept und Zweilehrerprinzip als entscheidende Veränderungen

In der Planungsphase wurde klar, dass eine Intensivierung der Zusammenarbeit nur über ein Ganztageskonzept zu erreichen war. Dafür war eine umfangreiche Koordination mit der Heilpädagogischen Tagesstätte notwendig. Das klassische Prinzip »vormittags Schule – nachmittags HPT« wurde umgebaut, neben deutlich mehr Nachmittagsunterricht arbeiten die Erzieherinnen der HPT zum Teil auch am Vormittag mit. Das Ganztageskonzept nimmt den Zeitdruck, am Vormittag in geballten, eng getakteten Unterrichtseinheiten unterrichten zu müssen, und entlastet insbesondere die körperbehinderten Schülerinnen und Schüler, die deutlich mehr Wege- und Pflegezeiten benötigen. Die Zusammenarbeit mit der Therapieabteilung wurde so vorbereitet, dass einzelne Therapeutinnen und Therapeuten an bestimmten Tagen ganztägig in der Nordschule arbeiten, um dort sowohl in Einzelsituationen als auch im Unterrichtsbetrieb ihre Behandlungseinheiten zu erbringen.

Größter Wert wurde von Seiten beider Schulen auf das Einhalten von Klassenhöchstgrenzen gelegt. Auf Seiten der Grundschule wurde eine Höchstgrenze von 14 Schülern für die gebundene Ganztagesklasse festgelegt, für die Schüler der ALS von 8 Schülern. So konnte eine Klasse von 22 Schülern entstehen, die sich als Klassengemeinschaft auch in einem gemeinsamen Klassenraum aufhalten kann. Leider erhalten diese Grundschulklassen von Seiten der Bezirksregierung und des Kultusministeriums keine zusätzlichen Lehrerstunden, so dass die geringe Schülerzahl innerhalb der Kemptener Grundschulen kompensiert werden muss.

Die Lehrkräfte in der Klasse wurden in der Vorbereitungs- und Planungsphase auf die Arbeit im Zweilehrer-Prinzip vorbereitet. Die gemeinsame Vorbereitung und Durchführung des Unterrichts bricht die klassischen Berufsrollen auf und macht beide Lehrkräfte zu Ansprechpartnern für alle Kinder in der Klasse. Andererseits ist natürlich jede Lehrkraft weiterhin für die pädagogischen Belange der Schüler ihrer Schulart alleine verantwortlich. Dazu zählt das Einhalten des Bezugslehrplans, das Erstellen der Zeugnisse und das Führen der Elterngespräche. Ein gemeinsames Führen von Elterngesprächen ist aber durchaus möglich und eher der Regelfall.

4   Beschreibung des Konzeptes

Im Folgenden sollen kurz die Eckpunkte des Konzeptes »Inklusive Partnerklasse« erläutert werden:

- 14 Grundschulkinder und 8 Schülerinnen und Schüler mit Förderbedarf im Bereich körperliche und motorische Entwicklung arbeiten in möglichst vielen Unterrichtsbereichen im Gemeinsamen Unterricht zusammen.
- Grundschullehrerin und Sonderschullehrerin arbeiten in 18–20 Wochenstunden in einem Zweilehrerprinzip, auch der Fachunterricht erfolgt weitgehend in gemischten Gruppen.
- Die Klasse wird als Ganztagsklasse geführt, wobei eine gebundene Ganztagsklasse der Grundschule mit einer Klasse des Förderzentrums

körperliche und motorische Entwicklung mit Heilpädagogischer Tagesstätte kombiniert wird.
- Der Unterricht wird auf Vor- und Nachmittag verteilt, die Mitarbeiterinnen der Heilpädagogischen Tagesstätte werden zum Teil auch am Vormittag tätig.
- Das Arbeiten erfolgt differenziert und individualisiert unter Einbezug des Grundschullehrplans, des Lehrplans Förderschwerpunkt Lernen und des Lehrplans Förderschwerpunkt Geistige Entwicklung.
- Die große Leistungsbreite in der Klasse wird weitgehend durch Wochenplanarbeit und durch Arbeiten in Lernstationen mit unterschiedlichen Lernniveaus aufgefangen.
- Die Lehrkräfte sind für die Einhaltung der Lehrplanziele verantwortlich. Die Grundschullehrkräfte sind in ihre Jahrgangsteams einbezogen und schreiben ihre Lernzielkontrollen parallel zu den anderen Klassen der Jahrgangsstufe. Bisher zeigt sich, dass die Grundschüler in den inklusiven Klassen in ihren Schulleistungen eher über dem Durchschnitt liegen.
- Der Klasse stehen zwei große Unterrichtsräume, ein Therapieraum und ein ausgebauter Pflegeraum zur Verfügung.
- Die therapeutische Versorgung der Schülerinnen und Schüler der ALS erfolgt vor Ort in der Nordschule, die Therapeutinnen und Therapeuten arbeiten sowohl im Unterricht mit als auch in Einzelarbeit mit den Kindern außerhalb der Klasse.
- Der hohe pflegerische Aufwand für die Schülerinnen und Schüler der ALS kann durch die Personalversorgung mit Kinderpflegerin und einer weiteren Assistenzkraft abgedeckt werden. Durch die gute personelle Versorgung ist ein individualisiertes Arbeiten in Kleingruppen und in Einzelarbeit möglich.
- Jede der beteiligten Klassen wechselt an einem Wochentag in das Schulhaus der anderen Schulart und tauscht das Klassenzimmer mit einer anderen Partnerklasse. Dies ermöglicht den Zugriff auf die Fachräume des anderen Schulhauses. Im Fall der ALS sind das Schwimmbäder, Musikraum, Werkräume und Snoezelenraum, im Fall der Nordschule eine große Turnhalle.

»Inklusive Partnerklassen« der Astrid-Lindgren-Schule an der Grundschule Nord in Kempten

5 Veränderung des Förderzentrums durch Aufnahme nichtbehinderter Schülerinnen und Schüler

Seit dem Schuljahr 2011/12 ist eine erste Klasse der Nordschule an der ALS als Partnerklasse aufgenommen. Im Schuljahr 2013/14 ist noch eine erste Klasse hinzugekommen. Seitdem steht ein ganzes Stockwerk in der Schule ausschließlich für den inklusiven Unterricht zur Verfügung. Auch diese Klassen arbeiten im oben beschriebenen System mit einer Klasse der ALS zusammen. Die Veränderungen für das Schulklima und die Abläufe in der Schule sind umfassend. Die Eltern der Grundschüler, die die ALS als hauptsächlichen Schulstandort gewählt haben, konnten ihre Entscheidung nach umfassender Information durch beide Schulleitungen und nach einem ersten gemeinsamen Elternabend mit den Eltern der für die Klasse vorgesehenen Kinder mit Behinderung treffen.

Der Alltag mit nichtbehinderten Kindern im Förderzentrum und die veränderten Alltagssituationen bereichern einerseits das Schulleben mit großer Lebendigkeit und Dynamik, führen aber auf der anderen Seite auch immer wieder zu Konflikten mit den gewohnten Strukturen des Förderzentrums. Die Pausensituation muss völlig neu bedacht werden, insgesamt ist immer wieder neu auf die Bewegungsbedürfnisse der Schülerinnen und Schüler ohne Behinderung zu achten.

6 Die Rolle der Partner und notwendige Maßnahmen

Folgende wichtige Partner wurden in Planung und Durchführung eingebunden:

Schulleitung und Kollegium der Nordschule

Die gute Zusammenarbeit der Schulleitungen ist eine Grundbedingung für das Gelingen einer so umfassenden Maßnahme. Dies gilt sowohl für die langfristige Planungsarbeit und das Absprechen der verschiedenen Stundenpläne als auch für die tägliche schnelle Reaktion bei auftretenden Problemen. Im Alltag zeigt sich oft, dass es nicht leicht ist, die über Jahrzehnte gewachsenen Strukturen von Grundschule und Förderzentrum neu zu kombinieren.

Die Lehrer-Tandems

Die Auswahl und die Eignung der eng miteinander kooperierenden Lehrer-Tandems aus Grund- und Sonderschullehrerin spielt eine besondere Rolle im Gelingensprozess des Projektes. Unbedingte Freiwilligkeit ist für diesen Personenkreis besonders wichtig, eine frühe Kontaktaufnahme der beiden Lehrkräfte erleichtert das Abschätzen der Anforderungen und die Einschätzung der »persönlichen Chemie«, die in diesem Fall eine besonders große Bedeutung hat.

Schulträger und Sachaufwandsträger

Der Schulträger der ALS und der Sachaufwandsträger der Grundschule mussten von Anfang an eng zusammenarbeiten. Die umfassenden Baumaßnahmen an der Nordschule waren zu planen und ein angemessener Verteilungsschlüssel für die Finanzierung zu finden. Das Problem der mangelhaften Barrierefreiheit älterer Schulgebäude ist ein limitierender Faktor für die Zusammenarbeit.

Schulverwaltung

Die Schulverwaltung beider Schularten war von Anfang an in die Planungen einbezogen. Bewährt haben sich »Runde Tische« in der fortgeschrittenen Planungsphase. Hier können die Grundbedingungen für ein Gelingen (Klassenhöchststärken, bauliche Maßnahmen, Lehrerversorgung) kommuniziert und notwendige Absprachen getroffen werden.

7 Begleitung des Prozesses und Erfahrungen/ Probleme

Die Rolle der Kollegien beider Schulen

Die Einführung der neuen Form »Inklusive Partnerklasse« und die entsprechende Umgestaltung der Klassen eins bis vier der Schule als durchgehend inklusiv unterrichtete Klassen wurde und wird in beiden Kollegien umfassend und kontrovers diskutiert. Neben den Kolleginnen und Kollegen, die sich der neuen Herausforderung aktiv und mitgestaltend stellen wollten, wurde und wird immer wieder Kritik an der Veränderungsgeschwindigkeit und am Aufbrechen gewohnter Strukturen laut. Einige Kolleginnen und Kollegen erleben das Arbeiten in anderen Schulen als angstbesetzt. Von Seiten der Kolleginnen und Kollegen im Bereich der Schüler mit schwerer Mehrfachbehinderung wird Kritik dahingehend laut, ob ihr Bereich denn noch die gleiche Wertigkeit in der Schule besitzt wie das Arbeiten in inklusiven Klassen. In zahlreichen Fortbildungen, Pädagogischen Tagen und Lehrerkonferenzen wird das Arbeiten in inklusiv unterrichteten Klassen immer wieder thematisiert.

Wissenschaftliche Begleitung

Aus ersten wissenschaftlichen Begleituntersuchungen durch Studierende des Lehrstuhls Körperbehindertenpädagogik an der Universität Würzburg können wir ableiten, dass die soziale Einbindung der Schülerinnen und Schüler mit Körperbehinderung in die gemeinsame Klasse gelingt. In Soziogrammen und Befragungen wurde erwiesen, dass sich die Kinder mit Körperbehinderung in der normalen sozialen Verteilung im Hinblick auf Beliebtheit und soziale Kompetenzen befinden.

Aus den bisherigen Erfahrungen kann man verschiedene Konsequenzen für notwendige Absprachen und organisatorische Maßnahmen ableiten.

Die Lehrer-Tandems und Teams

Die Absprache der beiden Lehrkräfte für den Gemeinsamen Unterricht ist wichtigster Gelingensfaktor für die unterrichtliche Umsetzung. Die notwendigen Absprachen mit den anderen in der Klasse tätigen Berufsgruppen erfolgen im wöchentlichen interdisziplinären Team. Alle Beteiligten definieren ihre Berufsrollen neu und müssen in der Zusammenarbeit neue Wege finden. Dies passiert nicht immer konfliktfrei und benötigt unter anderem auch eine gute Begleitarbeit durch die Führungskräfte der verschiedenen Abteilungen Schule, Therapie und Heilpädagogische Tagesstätte.

Elternarbeit

Das frühe Einbeziehen der Eltern in die Planungen sichert die Mitarbeitsbereitschaft der Eltern und kann Verunsicherungen abbauen. Dabei hat sich besonders bewährt, die Eltern der Schüler beider Schularten frühzeitig in Kontakt und ins Gespräch zu bringen. In der Begleitung des weiteren Prozesses benötigt man zusätzliche Angebote wie Elternabende oder -nachmittage, um Probleme frühzeitig ansprechen zu können.

Schulentwicklungsprozess

Der Veränderungsprozess der Schule – insbesondere die Aufnahme nichtbehinderter Schüler im Haus – benötigt eine konsequente Bearbeitung im Kollegium in Form eines langfristigen Schulentwicklungsprozesses. Dabei ist es sinnvoll, auch unabhängige Berater von außen hinzuzuziehen, die eine neutrale Position bei auftretenden Konflikten einnehmen können.

Öffentlichkeitsarbeit

Die realistische Darstellung der Arbeit in den »Inklusiven Partnerklassen« braucht neue Wege der Informationsdarstellung. Das hochkomplexe System der Kombination von zwei Schularten und zwei Systemen muss in eine für Laien verständliche einfache Sprache umgesetzt werden.

8 Für welche Schülerinnen und Schüler passt das Konzept?

Im Moment werden in das Konzept »Inklusive Partnerklassen« von Seiten der ALS nur Schüler mit Körperbehinderung aufgenommen, die einen Bezug zu den Kulturtechniken aufbauen können. Dies hat natürlich nach kurzer Zeit zu der Diskussion geführt, ob hier nicht schulinterne Selektion betrieben werde, weil dadurch die Schüler mit einer schweren Mehrfachbehinderung ausgeschlossen seien. Diese Einwände sind ernst zu nehmen, da viele Kolleginnen und Kollegen ein langfristiges Auseinanderfallen der Schule in einen inklusiven Teil und eine »Restschule« für schwer mehrfachbehinderte Schüler befürchten. Dennoch sind wir im Moment zum Ergebnis gekommen, dass eine Aufnahme von schwer mehrfachbehinderten Schülern das noch neue System »Inklusive Partnerklassen« überfordern würde. Mit einem schwer mehrfachbehinderten Schüler haben wir aber bereits positive Erfahrungen in der gemeinsamen Beschulung in Partnerklassen gesammelt (vgl. Kirsch/Haggenmüller, 2013). Viele Eltern schwer mehrfachbehinderter Kinder befürchten für ihr Kind in nicht ausreichend vorbereiteten inklusiven Situationen eher Nachteile.

Es gibt vereinzelt Kinder mit sonderpädagogischem Förderbedarf, für die diese Klasse nicht geeignet ist. Schülerinnen und Schüler, die Probleme mit großen Schülergruppen, Lärm und körperlicher Nähe haben, sind oft nach kurzer Zeit überfordert. Hier ist es von großem Vorteil, kurzfristig Alternativen zur Beschulung im Förderzentrum anbieten zu können.

9 Erfahrungen und Perspektiven

Das Modell der »Inklusiven Partnerklassen« mit der Nordschule in Kempten ging zum Schuljahr 2013/14 in das vierte Schuljahr. Nach Abschluss dieses Schuljahres hatte zum ersten Mal eine Klasse alle vier Schuljahre der Grundschule in inklusiver Konstellation durchlaufen. Langfristig ist geplant, dass immer zwei »inklusive Klassen« im Grundschulbereich an der Nordschule und zwei an der ALS unterrichtet werden. Mit Einbau eines Aufzuges und eines weiteren Pflegebades wurden dafür im Herbst 2013 auch die baulichen Gegebenheiten an der Nordschule deutlich verbessert.

Grenzen der gemeinsamen Beschulung erweisen sich zunehmend durch die Anforderungen im bayerischen gegliederten Schulwesen. Die Orientierung in der dritten und endgültig in der vierten Grundschulklasse auf die Übertrittsnote für eine weiterführende Schule bringt großen Leistungsdruck ins System und setzt insbesondere die Lehrkräfte der Grundschule unter Druck. Während in den Jahrgangsstufen eins und zwei der Unterricht in den Fächern Mathematik und Deutsch noch weitgehend gemeinsam durchgeführt wurde, nehmen die Zeiten Gemeinsamen Unterrichts in den Jahrgangstufen drei und vier deutlich ab. Dies ehrlich den Eltern zu kommunizieren und die strukturellen Rahmenbedingungen deutlich zu machen, ist wichtige Aufgabe beider Schulleitungen.

Hauptziel des Konzeptes bleibt es, dass die Kompetenz des Förderzentrums körperliche und motorische Entwicklung in Form aller personellen und fachlichen Ressourcen weiterhin beim körperbehinderten Kind ankommen kann. Dafür bietet das Konzept der »Inklusiven Partnerklassen« den großen Vorteil, dass die Schüler beider Schularten formal Schüler ihrer Schule bleiben. Nur durch die Zugehörigkeit zum Förderzentrum ist die Schülerbeförderung auf Basis eines individuellen Abhol- und Bringdienstes gewährleistet. Auch die enge interdisziplinäre Zusammenarbeit von Pädagogen, Mitarbeitern der Heilpädagogischen Tagesstätte und Therapeutinnen und Therapeuten ist nur durch die klare Zugehörigkeit der Schülerinnen und Schüler mit sonderpädagogischem Förderbedarf zum Förderzentrum möglich. Somit setzt sich das Konzept auch deutlich von den anderen bayerischen kooperativen Schulformen »Kooperationsklasse« und »Tandemklasse« ab, in denen die Kinder mit Behinderung formal Schüler der allgemeinen Schule werden.

Anschlussmöglichkeiten für inklusive Schulformen nach der vierten Klasse sind im Moment in der Diskussion. Allerdings verfügen die angesprochenen Mittelschulen in Kempten nicht über die räumlichen Ressourcen, um eine Partnerklasse der ALS aufzunehmen, da alle durch den Schülerrückgang freiwerdenden Räume sofort für den Ausbau der Ganztagesbetreuung benötigt werden. So werden wohl viele Schüler mit Körperbehinderung ihren Schulweg an der ALS fortsetzen. Von Seiten der Eltern wird diese Perspektive überwiegend favorisiert; zu groß sind die Bedenken, dass eine Weiterarbeit an den Mittelschulen, die mit großen eigenen Problemen belastet sind, unbefriedigend verlaufen könnte.

Neue Perspektiven bietet die Regionalisierung des Konzeptes. Zum Schuljahr 2013/14 hat zum ersten Mal eine 1. Klasse als »Inklusive Partnerklasse« in Memmingerberg, 40 km entfernt vom Förderzentrum, den Betrieb aufgenommen. Die Begleitung dieses Projekts und die neuen Herausforderungen daraus werden die Arbeit der nächsten Jahre bestimmen und zahlreiche neue Erkenntnisse liefern.

Kritiker und Verfechter der »reinen Inklusionslehre« werden anführen, dass die schulrechtliche Zugehörigkeit der Schüler mit sonderpädagogischem Förderbedarf zum Förderzentrum eben gerade keine Inklusion darstellt. Nach unseren bisherigen Erfahrungen eignet sich diese Form der Partnerklasse jedoch hervorragend, um Gemeinsamen Unterricht bei gleichzeitig guter Versorgung mit personellen und sachlichen Ressourcen zu realisieren.

Im Vordergrund der Inklusionsdebatte sollte nicht die formale schulrechtliche Zugehörigkeit von Schülern stehen, sondern Umfang und Qualität des Gemeinsamen Unterrichts.

Literatur

Kirsch, Helmut/Haggenmüller, Stefanie: Schwere Mehrfachbehinderung und Inklusive Beschulung. In: Spuren – Sonderpädagogik in Bayern (1), 2013, S. 22–26

Inklusion – Den Anfang wagen und gemeinsam wachsen

Kleines privates Lehrinstitut Derksen, München

Irene Roth

1 Historisches ...

Das Kleine private Lehrinstitut Derksen in München wurde im September 1959 in einer Privatwohnung gegründet und ist seit 1969 ein staatlich anerkanntes Gymnasium, an dem zurzeit (Stand Ende 2013) circa 230 Schülerinnen und Schüler unterrichtet werden.

Bei der Aufnahme von Schülerinnen und Schülern gab es für alle Beteiligten, ob Lehrkräfte oder Mitglieder der Leitungsebene, von Beginn an keinen Grund, Kinder aufgrund einer körperlichen Behinderung auszuschließen. Die Entstehung der Schule aus einer familiären Situation heraus und die geringe Schülerzahl machten es möglich, flexibel auf die Einschränkungen Einzelner reagieren zu können. Dies führte dazu, dass immer mehr Eltern von Kindern mit körperlichen aber auch seelischen Behinderungen, wie zum Beispiel Autismus, im Lehrinstitut Derksen einen geeigneten Lernort für diese Kinder sahen.

Im Laufe der Jahre entwickelte sich damit im Lehrerkollegium eine aus praktischer Erfahrung gewonnene Expertise im Umgang mit Kindern und Jugendlichen mit Behinderungen und Krankheiten verschiedener Art: Hör- und Sehbehinderungen, leichte bis sehr schwere Körperbehinderungen, chronische Krankheiten wie Mukoviszidose, Asthma oder Diabetes, seelische Behinderungen wie Autismus, Angsterkrankungen oder Depressionen. Daher war es beim Bau des neuen Schulhauses, das 1989 eingeweiht wurde, selbstverständlich, auf die barrierefreie und behindertengerechte Ausstattung des Gebäudes und der entsprechenden Außenanlagen zu achten.

Dieser Rückblick in die Geschichte des Kleinen privaten Lehrinstituts Derksen zeigt, dass Schülerinnen und Schüler mit Behinderungen einfach selbstverständlich dazugehörten, ohne dass es ein besonderes Integrations- oder gar Inklusionskonzept gab. Schon von Beginn an und dann noch verstärkt im Zusammenhang mit dem Inkrafttreten des Artikels 24 der UN-Konvention über die Rechte von Menschen mit Behinderungen dachten alle Beteiligten an der Schule darüber nach, wie sich Schule und Unterricht verbessern müssen, um allen Schülerinnen und Schülern mit ihren Besonderheiten besser gerecht werden zu können.

2   ... und Grundhaltungen

In diesem Zusammenhang stellte sich die Frage: Was braucht eine Schule über technische Gegebenheiten wie barrierefreie Gebäude oder behindertengerechte Toiletten hinaus, um Kinder und Jugendliche mit und ohne Behinderungen gemeinsam gut unterrichten zu können?

Sehr wichtig für das Gelingen inklusiven Unterrichts und Zusammenleben an einer Schule sind sicher Lehrkräfte mit hoher Empathie-Fähigkeit und der Bereitschaft, sich auf die Bedürfnisse Einzelner einzulassen. Nicht weniger wichtig sind Eltern, die sich gut informiert und mit ihren Nöten angenommen fühlen. Dazu gehören vor allem auch die Eltern »gesunder« Kinder, die Angst haben, ihr Kind werde von der Lehrkraft weniger beachtet als ein Kind mit einer Behinderung, oder es werde zum Beispiel durch Verhaltensstörungen, die etwa bei Autisten oder Kindern mit Aufmerksamkeitsdefiziten vorkommen, in seinem Lernerfolg nachhaltig gestört.

Spannungen in der Klassen- und Schulgemeinschaft dürfen dabei nie ignoriert werden. Der Anspruch an die Kinder und Jugendlichen, mit Mitschülerinnen und Mitschülern »richtig« und tolerant umzugehen, die »einfach anders sind«, ist sehr hoch. Einige Beispiele aus der Praxis:

- Wie unterhalte ich mich mit einem Mitschüler, der nur über Augenkontakt und eine Buchstabentafel kommunizieren kann?
- Wie gehe ich damit um, dass eine Mitschülerin nicht so einfach zu mir nach Hause kommen kann, weil der Rollstuhl zu groß und schwer für unser Treppenhaus ist?
- Wie reagiere ich auf die für mich nicht nachvollziehbaren Wutausbrüche des autistischen Mitschülers, der um sich schlägt und mir dabei vielleicht auch mal wehtut?

Probleme dieser Art gehören zum Alltag einer Schule mit inklusivem Ansatz, und ihre Bewältigung bedarf eines hohen Maßes an Kommunikationsfähigkeit, Toleranz und nicht zuletzt Zeit. Die Kommunikation der Lehrkräfte mit den Schülerinnen und Schülern und den Eltern findet dabei oft in dem Spannungsfeld zwischen Datenschutz und Schweigepflicht auf der einen Seite und des unbedingt notwendigen Informationsbedarfs auf der anderen Seite statt. Wenn die Mitschülerinnen und Mitschüler angemessen auf Wutausbrüche eines autistischen Kindes reagieren sollen, müssen sie und ihre Eltern darüber informiert sein, dass das Kind Autist ist und welche Einschränkungen sich für dieses Kind daraus ergeben. Wenn ein gehörloses Kind in der Klasse ist, das zum Beispiel ein Cochlea-Implantat trägt und im Unterricht mit speziellen Kommunikationssystemen arbeitet, müssen die anderen Schüler das wissen, denn zum Beispiel im Schwimmunterricht hört dieses Kind (ohne das technische Hilfsmittel) gar nichts und kann nicht auf die Zurufe der Klassenkameraden reagieren.

Dies erfordert ein hohes Maß an Vertrauen der Eltern zu den Lehrkräften und umgekehrt. Es müssen immer wieder Absprachen darüber getroffen werden, welche Informationen an die gesamte Klasse gegeben werden dürfen und müssen und welche nicht. Wichtig ist auch, dass die Lehrkräfte über die Situation jedes einzelnen Kindes informiert sind. Ein Krankheitsschub bei einer chronischen Krankheit, wie zum Beispiel Mukoviszidose, oder das Bevorstehen einer Operation oder Verschlechterungen im Gesundheitszustand müssen zeitnah kommuniziert werden, um den Lehrkräften und eventuell auch den Klassenkameraden richtiges Verhalten zu ermöglichen:

- Kann der Klassenkamerad im Krankenhaus besucht werden?
- Kann der Schüler an der anstehenden Schulaufgabe teilnehmen, oder erlaubt das der aktuelle Gesundheitszustand nicht?

Ein weiteres Thema, mit dem sich alle an einer inklusiven Schule Beteiligten intensiv auseinandersetzen müssen, ist das Thema Krankheit und Tod. Sind Kinder mit schweren Behinderungen oder Erkrankungen oder seelischen Behinderungen wie Depressionen an der Schule, werden die Klassenkameraden und Lehrkräfte nicht selten mit diesem Thema konfrontiert und müssen damit umgehen lernen. Eine Kultur des Trauerns und des Sich-Erinnerns ist dabei ganz wichtig.

3 Strukturelle Aspekte

Die Ansprüche an Empathie-Vermögen und persönliche Einsatzbereitschaft der beteiligten Lehrkräfte sind insgesamt hoch. Um diesen hohen Ansprüchen annähernd gerecht werden zu können, brauchen die Lehrkräfte besondere Unterstützung. Am Kleinen privaten Lehrinstitut Derksen zum Beispiel gibt es einen Sozialpädagogen, der als Ansprechpartner für die Lehrkräfte, aber auch für die Schülerinnen und Schüler und die Eltern zur Verfügung steht, und die pädagogische Leitung, die sich in erster Linie um die sozialen Belange kümmert. Fachliche, auf die Art der Behinderung bezogene Unterstützung erhalten die Lehrkräfte von den jeweiligen Mobilen Sonderpädagogischen Diensten (MSD). Direkte Ansprechpartner für Schülerinnen und Schüler mit Behinderungen und deren Eltern sind die vier Inklusionsbeauftragten, die sich auch um Themen wie Anträge auf Nachteilsausgleich oder Schulgeldübernahme durch Behörden kümmern. Sie nehmen an Fortbildungen im Bereich Inklusion teil und wirken innerhalb des Lehrerkollegiums als Multiplikatoren. Außerdem organisieren sie Fortbildungen, um die Lehrkräfte bei ihrer praktischen Arbeit mit Schülerinnen und Schülern mit Behinderungen zu unterstützen.

Eine Klassenstärke von maximal 22 Schülerinnen und Schülern an dieser Schule, von denen in der Regel fünf Kinder mit einer mehr oder weniger starken Behinderung sind, wirkt aus dem Blickwinkel eines öffentlichen bayerischen Gymnasiums sicher paradiesisch. Doch für manche Klassenzusammensetzungen sind auch das noch zu viele Schülerinnen und Schüler. Gerade wenn zum Beispiel Kinder mit Verhaltensproblematiken und Hörbehinderungen aufeinandertreffen, wird das Unterrichten schwierig. Die Kinder mit Hörbehinderungen brauchen oft eine sehr ruhige Umgebung und wenig Ablenkung, während etwa Kinder mit der Diagnose ADHS viel Bewegung brauchen und viel Unruhe mitbringen.

Welche Rahmenbedingungen an einer Schule helfen dabei, auch Schülerinnen und Schülern mit körperlichen und seelischen Beeinträchtigungen gerecht zu werden?

Neben der barrierefreien Ausstattung aller Räume unter besonderer Berücksichtigung behindertengerechter Toiletten muss auch auf eine gute Akustik der Klassenräume geachtet werden, falls Kinder mit Hörbehinderungen unterrichtet werden. Es gibt zwar digitale Audioanlagen, die Kindern, die mit entsprechenden Hörgeräten versorgt sind, das Hören erleichtern, aber Störschall ist auch dann ein großes Problem.

Ein Ruheraum für Schülerinnen oder Schüler im Rollstuhl, die dort eine gute Liegemöglichkeit finden, um sich vom Sitzen im Rollstuhl zwischendurch erholen zu können, oder für autistische Kinder, die hier in Ruhe ihre Pause fernab vom anstrengenden Treiben der anderen verbringen können, ist eine sehr hilfreiche Einrichtung.

Schülerinnen und Schüler mit Behinderungen werden häufig von einem Integrationshelfer begleitet, der zum Beispiel beim Schreiben oder bei alltäglichen Verrichtungen hilft. Das führt dazu, dass es Klassen gibt, in denen zusätzlich zu den Schülern auch noch zwei, drei erwachsene Begleiter sitzen. Zum einen ist es für die Lehrkräfte und alle anderen am pädagogischen Geschehen Beteiligten wichtig, zu diesen Begleitern einen guten Kontakt zu halten, zum anderen sollten zu Beginn der gemeinsamen Arbeit klare Regeln vereinbart werden.

4   Didaktische Überlegungen

Regelmäßige Supervision, das gemeinsame Nachdenken im Kollegium über geeignete Unterrichtsmethoden und deren Umsetzung, die intensive Unterstützung durch sonderpädagogische Fachkräfte und konstruktive wertschätzende Rückmeldungen von Seiten der Leitungsebene können den Lehrkräften dabei helfen, den Anforderungen gerecht zu werden, die inklusiver Unterricht mit sich bringt. Bei der Wahl geeigneter Unterrichtsmethoden und bei außerunterrichtlichen Unternehmungen müssen im Umgang mit Schülerinnen und Schülern mit körperlichen oder seelischen Beeinträchtigungen besondere Aspekte berücksichtigt werden. Hier können nur ein paar Beispiele aus der Praxis ohne Anspruch auf Vollständigkeit genannt werden:

- Wie kann ein Schüler mit einer Körperbehinderung am Sportunterricht teilnehmen? Muss er wirklich davon befreit werden, oder gibt es die Möglichkeit, mit einem Sportrollstuhl zum Beispiel an den Ballsportarten teilzunehmen? Was machen Schülerinnen mit einer Körperbehinderung während des Sportfests der Schule? Wie sieht es mit der Klassenfahrt, dem Schullandheimaufenthalt aus? Müssen sie zuhause bleiben, weil die Barrierefreiheit nicht gewährleistet ist, oder findet sich eine bessere Lösung?
- Wie ermöglicht man Kindern mit einer Hörbehinderung ein Musikerlebnis? Wie bezieht man sie in den mündlichen Fremdsprachenunterricht ein? Kann ein Kind in einer Gruppenübung in der Fremdsprache kommunizieren, oder ist eine Partnerübung besser? Wie kann man erreichen, dass diese Kinder den gesamten Unterrichtsinhalt auch visuell erfassen können?
- Wie gestaltet man eine Gruppenarbeit, wenn autistische Schülerinnen oder Schüler in der Klasse sind? Gibt es einen Partner, mit dem das autistische Kind zusammenarbeiten könnte? Wie geht man mit der Verweigerung von Referaten oder Vorträgen um? Was kann als Ersatz dienen?
- Wie erbringt ein Schüler einen schriftlichen Leistungsnachweis, wenn er beide Hände nicht nutzen kann? Schreibt ein Schulbegleiter nach Diktat, oder gibt es ein brauchbares technisches Hilfsmittel, wie zum Beispiel einen Rechner mit mundgesteuerter Tastatur? Wie kann er am Kunstunterricht erfolgreich teilnehmen?
- Wie organisiert man allgemein Prüfungssituationen, bei denen Schülerinnen oder Schüler eine bis zu 50 %-ige Arbeitszeitverlängerung haben und einen eigenen Raum und eine Lehrkraft als Aufsicht benötigen?
- Wie erbringt eine Schülerin, die sich nur sehr schlecht artikulieren kann, mündliche Leistungen? Ersetzt man diese durch schriftliche? Wie viel Zeit kann man aufbringen, um das Gesagte doch zu verstehen?

Diese Liste ließe sich sehr lange fortsetzen. Doch nahezu allen Fragen ist eines gemein: Sie lassen sich immer nur individuell beantworten und erfordern, dass man den Menschen hinter der Frage mit seinen Einschränkungen, aber besonders auch mit seinen Fähigkeiten sehr gut kennt und sich auf ihn einlässt.

Hierbei ist es wichtig, gefundene Einzelfalllösungen, insofern sie schulrechtliche Belange wie zum Beispiel Prüfungen oder Abschlüsse tangieren, von den zuständigen Behörden im Rahmen des Nachteilsausgleiches genehmigen zu lassen. Seit dem Inkrafttreten der UN-Konvention über die Rechte von Menschen mit Behinderungen sollen die Behörden sich in dieser Beziehung sehr kooperativ verhalten. Die Erfahrungen, die hier bisher bei der Zusammenarbeit mit den bayerischen Behörden gemacht wurden, waren durchweg positiv.

5 Perspektiven

Bei der weiteren Schulentwicklung von der integrativen hin zur wirklich inklusiven Schule wird es am Kleinen privaten Lehrinstitut Derksen wie sicher auch an anderen Schulen um die Weiterentwicklung von Unterricht und um Verbesserung der Kommunikation innerhalb der Schule und vor allem mit Eltern und externen (medizinischen, sonderpädagogischen, didaktischen usw.) Fachkräften gehen müssen. Die Anwesenheit von Schülerinnen und Schülern mit körperlichen und seelischen Behinderungen in einer Klasse zwingt eine Schule dazu, sich mit dem auseinanderzusetzen, was eigentlich alle Schülerinnen und Schüler brauchen: individuell gestaltetes Lernen. Jedes Kind bringt sein eigenes Lerntempo, seine eigenen Erfahrungen, seine eigenen Interessen, Schwächen und Stärken mit. In einem gewissen Gegensatz dazu steht die Zielgleichheit für alle, die das bayerische Gymnasium fordert. In diesem Spannungsfeld werden neue Wege gesucht und gefunden werden müssen.

Betrachtet man all die Schwierigkeiten und möglichen Probleme, die der Ansatz eines inklusiven Unterrichts mit sich bringt, stellt sich unweigerlich die Frage: Welche Vorteile haben die Schülerinnen und Schüler (und die Lehrkräfte und Eltern ebenfalls) eigentlich davon? Unsere Antworten: Sie lernen, ...

- ... um Hilfe zu bitten und selber zu helfen.
- ... was Respekt und Toleranz bedeuten.
- ... hinter die Äußerlichkeiten zu blicken.
- ... dass Krankheit und Sterben zum Leben gehören.
- ... wie viel Lebensfreude und innere Kraft in einem Menschen stecken können.
- ... dass anders sein normal ist.

Wenn diese Lernziele für eine Schulgemeinschaft wichtig sind, wird sie Wege finden, die Herausforderungen, die damit verbunden sind, zu bewältigen.

»Barrieren in den Köpfen abbauen« – Das Kompetenzzentrum Albatros-Schule in Bielefeld

Manfred Palm

1   Die Albatros-Schule

»Jakob ist kein armer Vogel!« So lautet der Titel des Buches von Gabriele Heiser, das die Autorin 1985 veröffentlichte. Sie beschreibt darin die Kindheit eines jungen Albatros, der nicht fliegen kann. Seine Andersartigkeit erweckt in der Kolonie Aufsehen und Ratlosigkeit, alle Anpassungsbemühungen schlagen fehl. »Ein Vogel, der nicht fliegen kann, hat keinen Platz in der Gemeinschaft«, so entscheiden die Ältesten, die Mächtigen, und beschließen, ihn von einer Klippe zu stoßen. Gegen diese gnadenlose Entscheidung erwächst Widerstand in der Kolonie. Viele Vögel wissen Jakobs Fähigkeiten zu schätzen, wenn er den Jungen während der Abwesenheit der Eltern Geschichten erzählt oder etwas vorsingt. Für sie ist er ganz selbstverständlich ein wertvolles Mitglied der Gemeinschaft, weil er so ist, wie er ist. Am Ende ist ihr Protest von Erfolg gekrönt. Wertewandel in der Albatros-Kolonie.

Als sich die Schulgemeinde der Albatros-Schule, einer Förderschule für körperliche und motorische Entwicklung in Bielefeld in der Trägerschaft des Landschaftsverbandes Westfalen-Lippe (LWL), zu Beginn der 1990er Jahre für ihren heutigen Namen entschied, war Inklusion noch ein Fremdwort. Aber das Bewusstsein dafür, Schülern und Schülerinnen mit einer Körperbehinderung den Besuch einer allgemeinen Schule zu ermöglichen, war auch damals schon sehr ausgeprägt, und so oft wie möglich wurden sie dorthin überwiesen.

2   Das Kompetenzzentrum Albatros-Schule

Heute ist der Name Programm. 2008 hob die damalige nordrheinwestfälische Landesregierung den Ausbau von Förderschulen zu Kompetenzzentren für sonderpädagogische Förderung als Pilotprojekt aus der Taufe. Die Albatros-Schule stellte unter Federführung ihres damaligen Schulleiters, Ulrich Mengersen, ein Konzept zur Förderung von Schülerinnen und Schülern mit Körperbehinderung an allgemeinen Schulen auf, der Landschaftsverband als Schulträger bewarb sich erfolgreich um die Teilnahme am Pilotprojekt, und die Schule wurde ausgewählt.

Der Genehmigung zum Ausbau der Albatros-Schule zu einem Kompetenzzentrum für sonderpädagogische Förderung für den Förderschwerpunkt körperliche und motorische Entwicklung, im Folgenden kurz KsF genannt, folgte eine Kooperationsvereinbarung zwischen den zuständigen Schulträgern, dem Landschaftsverband Westfalen-Lippe und der Stadt Bielefeld, der Albatros-Schule und der Schule Am Möllerstift. Letztere ist eine Förderschule mit dem Förderschwerpunkt Geistige Entwicklung. In der Kooperationsvereinbarung wird als vorrangiges Ziel formuliert, »dass Schülerinnen und Schüler mit Körperbehinderung […], die nicht in den Bildungsgängen Lernen oder Geistige Entwicklung gefördert werden, weitestgehend im zielgleichen Unterricht der allgemeinen Schule beschult werden können« (Kooperationsvereinbarung, S. 2). Darüber hinaus sollen auch »im Rahmen der konzeptionellen Arbeit […] verbesserte Möglichkeiten für die Teilnahme von Schülerinnen und Schülern mit Körper- und/oder geistiger Behinderung am Unterricht der allgemeinen Schulen entwickelt« werden (Kooperationsvereinbarung, S. 2).

3 Entwicklung der Schülerzahlen im Kompetenzzentrum für sonderpädagogische Förderung (KsF)

In den vergangenen fünf Jahren ist die Zahl der Schülerinnen und Schüler mit anerkanntem sonderpädagogischen Förderbedarf im Bereich der Körperlichen und motorischen Entwicklung, die an allgemeinen Schulen durch das KsF unterstützt werden, stetig gewachsen.

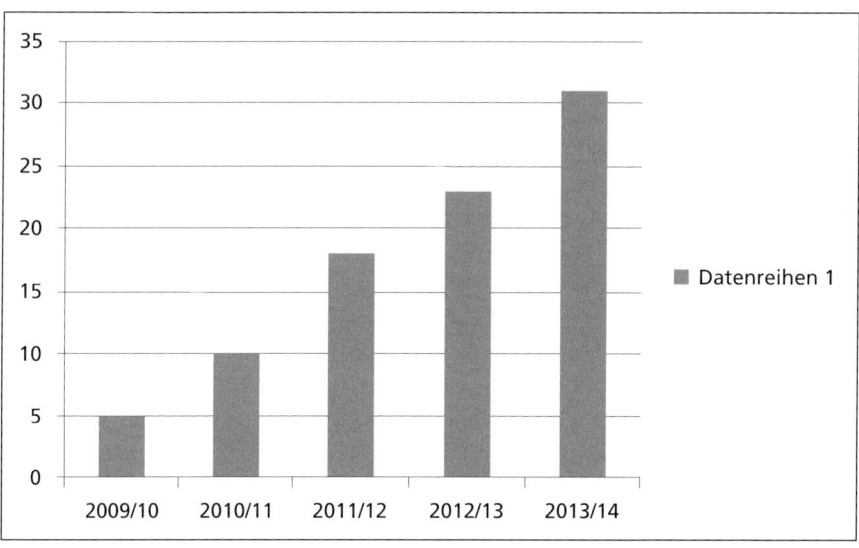

Abb. 1: Entwicklung der Schülerzahlen, die an allgemeinen Schulen vom Kompetenzzentrum für sonderpädagogische Förderung begleitet wurden

Im Schuljahr 2013/14 besuchten 19 Schülerinnen und Schüler Bielefelder Schulen, in der Regel die wohnortnächste der jeweiligen Schulform. Zwölf Kinder und Jugendliche aus den benachbarten Kreisen Gütersloh und

Lippe, die auch zum Einzugsgebiet der Albatros-Schule gehören, gehen dort zur Schule. Die Aufteilung auf 21 Mädchen und 10 Jungen spiegelt sich eher zufällig in der Anzahl der Schülerinnen und Schüler, die Grundschulen oder Schulen der Sekundarstufe 1 besuchen, wider.

4 Organisation des KsF

Die Organisation des KsF gliedert sich in eine Steuergruppe aus Vertretern der Kooperationspartner und der Schulaufsicht und das Kernteam. Die Steuergruppe beschließt die Maßnahmen und Leitlinien der Projektarbeit, die vom Kernteam umgesetzt werden. Es setzt sich zurzeit aus 13 Sonderpädagoginnen und Sonderpädagogen und der leitenden Therapeutin der Albatros-Schule zusammen. Einer der Sonderpädagogen fungiert als Koordinator.

Das Kernteam organisiert seine Arbeitstreffen im Abstand von sechs Wochen und führt einmal jährlich eine zweitägige Klausurtagung durch. Der fachliche Austausch, die Rückkopplung und die gegenseitige Beratung und Weiterqualifizierung stehen dabei im Vordergrund. Die Klausurtagungen werden maßgeblich dazu genutzt, Instrumente zur professionellen Zusammenarbeit zu entwickeln. Dazu zählen bislang unter anderem ein Handlungsleitfaden, der maßgeblich zur Rollenklärung beiträgt, und ein Glossar zu Hilfsmitteln im Bereich der orthopädischen Versorgung, der assistiven Technologien und der Unterstützten Kommunikation, aber auch ein Fragebogen zur Beurteilung der Kooperation mit dem KsF als Evaluationsinstrument. Eine Handreichung zum Nachteilsausgleich liegt im Entwurf vor.

Die Sonderpädagoginnen und Sonderpädagogen begleiten ein bis maximal drei Schülerinnen und Schüler mit Körperbehinderung an allgemeinen Schulen. Dorthin sind sie durchschnittlich mit zwei bis drei Wochenstunden abgeordnet. Bei der Personaleinsatzplanung wird darauf geachtet, die Fahrtzeiten der Lehrerinnen und Lehrer so gering wie möglich zu halten. Ein weiteres Kriterium stellt die spezifische Fachkompetenz der Kolleginnen und Kollegen dar, angepasst an die ausgesprochen individuellen Bedürfnisse der Schülerinnen und Schüler.

5   Handlungsfelder und Gelingensbedingungen

Die beiden bedeutendsten und umfänglichsten Handlungsfelder der Sonderpädagoginnen und Sonderpädagogen sind die Beratung und der Unterricht. Die Beratung setzt schon beim Übergang aus der Kita in die Grundschule ein. Organisatorische Fragestellungen zur Schülerbeförderung, zur Beantragung von Hilfsmitteln oder einer Schulbegleitung müssen vor Schulbeginn geklärt werden. In diesem Zusammenhang hat sich die Einrichtung eines Runden Tisches sehr bewährt, der rechtzeitig vor Beginn der Sommerferien zusammentritt. Vertreter des KsF, des Schulverwaltungsamtes, des Gesundheitsamtes und des Sozialamtes beraten fallorientiert und sorgen so rechtzeitig für die Bereitstellung der notwendigen Hilfen.

Zu Beginn der Schulzeit oder des neuen Schuljahres drehen sich die Fragen der Kolleginnen und Kollegen in den allgemeinen Schulen, die Schülerinnen und Schüler mit einer Körperbehinderung aufnehmen oder übernehmen, häufig um das Thema Behinderung. In welchem Umfang ist Rücksichtnahme notwendig? Wie kann ein Nachteilsausgleich konzipiert werden? Der Schlüssel zur Lösung solcher Fragestellungen liegt im praxisnahen Austausch mit den Sonderpädagoginnen und Sonderpädagogen. Wegweisend ist dabei die enge und didaktisch-methodisch breitgefächerte Kooperation im Unterricht. Diese Form der Zusammenarbeit wirkt Berührungsängsten und Unsicherheiten entgegen. Sie ermöglicht auch Modelllernen, was beispielsweise bei der qualifizierten Anleitung einer Schulbegleitung zur Umsetzung der im Förderplan formulierten Ziele zum Erfolg führt.

Verbleiben die Schülerinnen und Schüler mit Körperbehinderung im Klassenverband, wenn die Sonderpädagogin oder der Sonderpädagoge anwesend ist, geraten sie nicht in eine Sonderrolle, und in der Klasse verblasst die Wahrnehmung für den ursächlichen Zusammenhang. Dennoch macht die Einführung einer speziellen Software oder die Anleitung im Umgang mit einer Kommunikationshilfe Einzelförderung durchaus auch notwendig.

Je jünger Kinder sind, desto unbedarfter gehen sie mit dem Thema Behinderung um, so dass sich im Schulalltag immer wieder Situationen ergeben, wo Fragen wie nebenbei erörtert werden können. Wenn es mit fortschreitendem Alter, insbesondere in der Pubertät, zu Konflikten oder Ausgrenzungen in einer Klasse kommt, spricht vieles dafür, nicht die Andersartigkeit, sondern die Vielfalt und Verschiedenheit in einer Unterrichtsreihe zu thematisieren. Die sonderpädagogischen Lehrkräfte übernehmen dabei häufig die Federführung.

Bei Fragen zum Handling oder zum adäquaten Einsatz von Hilfsmitteln aus dem physiotherapeutischen oder ergotherapeutischen Bereich kann die Unterstützung der Fachleute aus der Albatros-Schule in Anspruch genommen werden. Gleiches gilt für die Pflege oder die Ausstattung von Sanitärräumen.

Mittlerweile ist der Bekanntheitsgrad des KsF in Ostwestfalen so groß, dass sich immer häufiger Lehrerinnen und Lehrer allgemeiner Schulen Rat suchend an das KsF im Sinne einer Beratungsstelle wenden. Sie schildern Auffälligkeiten im motorischen Verhalten eines Kindes, stoßen aber an ihre Grenzen, wenn es um die adäquate, präventive Unterstützung geht. Andere arbeiten in einer GU-Klasse (Gemeinsamer Unterricht), sind womöglich selber Sonderpädagogen, aber nicht für die Fachrichtung Körper- oder Geistigbehindertenpädagogik ausgebildet. Für eines ihrer Kinder mit Unterstützungsbedarf in genau diesen Bereichen benötigen sie fachliche Expertise. Die Hospitation einer Kollegin oder eines Kollegen des KsF führt in Verbindung mit einem protokollierten Beratungsgespräch in der Mehrzahl der Fälle bereits zu einer nachhaltig zufriedenstellenden Lösung. Nicht zuletzt wenden sich auch Eltern von Schülerinnen und Schülern mit einem körperlichen Handicap, aber ohne anerkannten sonderpädagogischen Unterstützungsbedarf an das KsF, weil sie beispielsweise im Zusammenhang mit einem Schulwechsel Fachberatung benötigen. Die halbe Lehrerstelle, die dem KsF für diese Belange seitens der Bezirksregierung zur Verfügung gestellt wurde, ist ausgesprochen effektiv eingesetzt.

Das Kernteam des KsF hat fortlaufend Fortbildungen insbesondere im Bereich der kollegialen Beratung absolviert und auch eigeninitiativ Seminare zum Einsatz von Schulbegleiterinnen organisiert. Einen Höhepunkt der KsF-Arbeit mit Eventcharakter stellt das jährliche Peergroup-Treffen dar. Ob in der Versuchsküche eines weltbekannten Bielefelder Unternehmens oder in der Lehmgrube des Ziegeleimuseums – die Chance der Schülerinnen und Schüler mit einer Körperbehinderung aus verschiedenen Schulen, einander in zwangloser, heiterer Atmosphäre kennenzulernen, ist in jedem Fall gegeben und wird intensiv genutzt.

6   Merkmale der Kooperation

Die Kinder und Jugendlichen, die vom KsF unterstützt werden, erleben sich ausnahmslos als Schülerinnen und Schüler ihrer jeweiligen Schule. Sie fühlen sich an ihren Schulen in der Regel willkommen geheißen. Die Zurückhaltung einzelner Kolleginnen und Kollegen resultiert gerade am Anfang häufig aus Unkenntnis und Unsicherheit. Gerade dann ist die Kooperation auf Augenhöhe ein guter Garant dafür, dass sich eine zustimmende und belastbare Haltung zum Gemeinsamen Lernen entwickelt. Die Zusammenarbeit zeichnet sich dadurch aus, dass immer wieder Absprachen und Vereinbarungen getroffen werden. Zur Rollenklärung trägt dabei oftmals ein vom KsF formulierter Handlungsleitfaden bei. Die Präsenz der Lehrerinnen und Lehrer aus der Albatros-Schule wird vom Kollegium der allgemeinen Schule nicht selten als niederschwelliges Angebot sonderpädagogischer Unterstützung wahrgenommen und nachgefragt. Es versteht sich von selbst, dass das KsF die Kolleginnen und Kollegen der allgemeinen Schulen in regelmäßigen Abständen darum bittet, mittels anonymisierter Fragebögen eine Beurteilung der Zusammenarbeit zu geben. Die Rückmeldungen sprechen auf positive Weise für sich. Die eigentlichen Botschafter und Türöffner der Inklusion sind und bleiben aber, mit manchmal entwaffnendem Charme, die Kinder und Jugendlichen selber.

7   Entwicklung und Perspektiven

Die unmittelbare Förderung durch das KsF erstreckt sich maßgeblich auf zielgleich zu fördernde Schülerinnen und Schüler oder solche mit nicht sehr gravierenden Lernbeeinträchtigungen. Dazu zählen auch Kinder und Jugendliche mit progredienten Erkrankungen und ein Junge, der im Liegen unterrichtet wird. Für stärker intellektuell beeinträchtigte, körperbehinderte Schülerinnen und Schüler bietet das Konzept der Einzelintegration keinen ausreichenden Rahmen. Um die Qualität der Förderung dieser Schülerinnen und Schüler zu sichern, muss eine dauerhafte sonderpädagogische Ressource vor Ort etabliert sein, die das Lernen am gemeinsamen Gegenstand niveaudifferenziert und lebensbedeutsam unterstützt. Sorge bereitet die Perspektive für Kinder und Jugendliche mit einer Schwerstmehrfachbehinderung.

»Wenn Kinder und Jugendliche mit schweren Behinderungen in einem zukünftigen inklusiven Bildungssystem nicht eine Restgruppe bilden sollen, was für sie eine noch stärkere Exklusion und Marginalisierung zur Folge hätte, kommt der Forderung nach einer Schule für alle eine zentrale Bedeutung zu.« (Wagner, 2013, S. 500)

Nach der Verabschiedung des 9. Schulrechtsänderungsgesetzes steht fest, dass die Kompetenzzentren sonderpädagogischer Förderung zum Sommer 2014 in Nordrhein-Westfalen auslaufen. Das KsF-Albatros-Schule hat entsprechend der Schärfung seines Auftrages erfolgreich zur inklusiven Schulentwicklung beigetragen und Barrieren in den Köpfen abzubauen geholfen. Schülerinnen und Schüler mit anerkanntem sonderpädagogischem Unterstützungsbedarf im Bereich der körperlichen und motorischen Entwicklung haben sowohl an der Förderschule als auch im Gemeinsamen Lernen weiterhin einen Anspruch auf fachspezifische, sonderpädagogische Expertise, die das KsF-Albatros-Schule für den Zeitraum des Schulversuches sichergestellt hat. Wenn sie allgemeine Schulen besuchen, wünschen sie sich, je älter sie werden umso mehr, Kontakte zu andern Schülerinnen und Schülern, die ihre Lebenssituation teilen (Peergroups). Diese lassen sich am besten in Schwerpunktschulen realisieren. Damit wäre auch eine begrüßenswerte, engere Anbindung der sonderpädagogischen Lehrkräfte mit der entsprechenden Fachrichtung an die allgemeine Schule verknüpft. Ein regelmäßiges Forum zum fachlichen Austausch analog zum Kernteam im KsF bleibt dennoch unentbehrlich, sonst geht die fachliche Professionalität in der Vereinzelung verloren. Für Prävention und fachliche Beratung sind auch zukünftig personelle Ressourcen erforderlich. Eltern und Lehrkräfte allgemeiner Schulen benötigen eine Anlaufstelle im Sinne eines Beratungszentrums.

Literatur

Heiser, Gabriele: Jakob ist kein armer Vogel. Reinbek: rowohlt, 1985
Kooperationsvereinbarung (unveröffentlicht) zum Ausbau der Albatros-Schule, LWL-Förderschule, zu einem Kompetenzzentrum, Bielefeld, 2009
Wagner, Michael: Sind sie der Rest? Jugendliche mit schwerer Behinderung in einem inklusiven Schulsystem. In: Zeitschrift für Heilpädagogik 12, 2013, S. 496–501

Das LWL-Beratungshaus Münster

Arno Grothus

1   Wie kann Inklusion besser gelingen? – Von der Idee zum Projekt

Durch die Umsetzung der UN-Behindertenrechtskonvention werden immer mehr Kinder und Jugendliche mit sonderpädagogischem Förderbedarf in allgemeinen Schulen unterrichtet. Gleichzeitig können allgemeine Schulen aber nicht über das notwendige und umfangreiche sonderpädagogische Spezialwissen für alle Förderschwerpunkte verfügen, so dass bei vielen Beteiligten (Eltern, Lehrkräften, Schulen, Schulträgern etc.) Unsicherheiten und Fragen entstehen.

Mit dem Beratungshaus Münster des Landschaftsverbandes Westfalen-Lippe (LWL) wurde eine Stelle geschaffen, um auf diese Fragen kompetent und schnell zu reagieren, Probleme und Unsicherheiten abzubauen und konkrete Hilfestellungen für die schulische Förderung zu geben. Dort ist ein niederschwellig erreichbares, kompetentes und interdisziplinär arbeitendes Beratungsteam tätig, in dem nicht nur Förderschullehrerinnen und -lehrer, sondern auch Mitarbeiterinnen aus den Bereichen Therapie und Pflege vertreten sind. Dies erscheint notwendig, da mit dem weiteren Fortschreiten der Inklusion in Zukunft auch Schülerinnen und Schüler mit höherem bzw. komplexerem Förderbedarf in allgemeinen Schulen unterrichtet werden. Darüber hinaus werden auch Schülerinnen und Schüler mit Behinderungen, aber ohne sonderpädagogischem Förderbedarf in allgemeinen Schulen unterrichtet, für die bislang kein (sonder)pädagogisches Beratungs- und Unterstützungssystem vorhanden ist. Das LWL-Beratungshaus Münster will für Schulen in Münster und dem angrenzenden Umland bei diesen immer vielschichtigeren Problemen ein kompetenter und unabhängiger Ansprechpartner sein.

Im Mai 2012 startete die zunächst einjährige Pilotphase des LWL-Beratungshauses. Gemeinsam mit der Bezirksregierung Münster (Schulaufsicht) und dem Landschaftsverband Westfalen-Lippe (LWL, Schulträger) entwickelten vier LWL-Schulen im Förderschulzentrum Münster (Sprache Sek. I, körperliche und motorische Entwicklung, Sehen sowie Hören und Kommunikation mit ihren jeweiligen Beratungsstellen) das LWL-Beratungshaus für die Region Münster.

2 Alles unter einem Dach

Das LWL-Beratungshaus verfügt über eigene Büro- und Beratungsräume außerhalb der beteiligten Förderschulen. So ist auch für Besucher erkennbar, dass es sich um ein förderschulunabhängiges Angebot handelt. Gleichzeitig bietet die räumliche und personelle Nähe aber die Möglichkeit einer Kooperation, um Infrastruktur und Materialien gemeinsam nutzen zu können. Zum interdisziplinären Team gehören

- sieben Förderschullehrerinnen und -lehrer aus den Bereichen: Sehen, Hören und Kommunikation, Sprache und körperliche und motorische Entwicklung der Schulen des LWL,
- eine Krankenschwester und
- eine Physiotherapeutin aus einer Schule des LWL,

- eine Förderschullehrerin der Fachberatung Autismus für das Schulamt der Stadt Münster und
- ein Förderschullehrer der Fachberatung Unterstützte Kommunikation/ Assistive Technologien.

Ergänzt wird das Team durch eine Sekretärin und einen Koordinator der Bezirksregierung Münster. Alle Mitarbeiter sind neben ihrer Tätigkeit im Beratungshaus auch noch in ihren Schulen tätig.

3 Adressaten

Das LWL-Beratungshaus will Eltern, Lehrkräften, Schulen und Schulträgern durch eine unabhängige Beratung bei der inklusiven Beschulung von Kindern mit Förderbedarf unterstützen.

Eltern soll so die Möglichkeit gegeben werden, sich von unabhängiger Stelle über die individuellen Voraussetzungen für eine inklusive Beschulung ihres Kindes informieren zu können: Welchen Unterstützungsbedarf hat das Kind? Welche Rahmenbedingungen sind für eine gelingende inklusive Beschulung notwendig? Welche Unterstützungsmöglichkeiten gibt es in Problemlagen? Wie wird die Schulbiographie aussehen? Welche Möglichkeiten und Perspektiven ergeben sich nach der Schule?

Lehrkräfte können grundlegende und auch ergänzende fachspezifische sonderpädagogische Informationen zu und über Behinderungen und Förderbedarfe erhalten. Diese Beratung bezieht sich dabei sowohl auf sachliche (Mobiliar, Barrierefreiheit etc.), pädagogische (Unterricht, Lernmaterialien, Leistungsmessung, Nachteilsausgleich, Teilhabe etc.) und organisatorische (Notfallplanung etc.) Fragestellungen.

Schulträger stehen mit den oft für die Bedürfnisse behinderter Kinder notwendigen baulichen Veränderungen des Schulgebäudes vor großen Problemen. Barrierefreiheit, Raumakustik, Leitsysteme, Toiletten- und Pflegeräume und vieles mehr müssen geschaffen werden, was in der Regel mit hohen Investitionen verbunden ist. Die Kenntnisse und Erfahrungen des Beratungsteams und des LWL können die Schulträger bei der besseren Ausstattung unterstützen und Fehlentwicklungen und -investitionen vermeiden helfen.

4 Information, Beratung und Unterstützung

Das Angebot des LWL-Beratungshauses fokussiert sich auf die folgenden Themenbereiche:

Eingangs- und Übergangsberatung

Durch kompetente Beratung sollen die Wechsel Kita – Schule, Schule – Schule und Schule – Beruf fachlich unterstützt werden. Die fachlichen Standards sonderpädagogischer Förderung werden so gesichert und die allgemeinen Schulen erhalten die notwendige Beratung z. B. bei Fragen zu Barrierefreiheit, Raum- und Arbeitsplatzausstattung, Hilfsmitteln für den Unterricht oder auch Gestaltung von Pflege und Pflegeräumen.

Dabei erfolgt auch eine Kooperation mit anderen Partnern (Frühe Hilfen, Frühförderung, Integrationsfachdiensten etc.).

Hilfsmittel in Therapie und Pflege

Schüler, Eltern und Schulen erhalten eine fachliche und spezialisierte Therapie- und Pflegeberatung. Diese erfolgt durch eine Physiotherapeutin oder eine Krankenschwester in enger Kooperation mit den sonderpädagogischen Fachkräften des Beratungshauses.

Individuelle Unterstützungsmöglichkeiten

Zu den im Beratungshaus vertretenen Förderschwerpunkten Sehen, Hören und Kommunikation, Sprache und körperliche und motorische Entwicklung bietet das LWL-Beratungshaus individuelle Beratung und Unterstützung, insbesondere zum Verständnis und zum Umgang mit vorhandenen Lern- und Denkbesonderheiten bei Schülern mit derartigen Beeinträchtigungen. Je nach Art und Ausprägung der Behinderung werden bei der (An-)Schaffung kompensatorischer Hilfen, der Anpassung der vorhandenen Rahmenbedingungen, einer individuellen Förderplanung und auch beim Einsatz von Schulbegleitern/Integrationshelfern Hilfen geboten.

Nachteilsausgleich

Bei der Formulierung eines Nachteilsausgleichs bietet das LWL-Beratungshaus Unterstützung für Schülerinnen und Schüler mit Beeinträchtigung bzw. sonderpädagogischem Förderbedarf an, die Abschlüsse der allgemeinen Schule anstreben, um die durch die Behinderung begründeten Nachteile zu kompensieren und Chancengleichheit zu ermöglichen.

Unterstützung bei komplexen und seltenen Behinderungsbildern

Seltene und komplexe Behinderungen sind eine Herausforderung für jede Schule, weil sie eine sehr individuelle und vielschichtige Herangehensweise erfordern, die nicht standardisiert erfolgen kann. Zudem muss mit Stellen außerhalb des Bildungssystems kooperiert werden. Dies trifft insbesondere auf besondere Ausprägungen/Schweregrade von Behinderungen oder Mehrfachbehinderungen als Kombination aus den Bereichen Körper-, Seh-, Hör- und Sprachbehinderung sowie Autismus zu. Hier bietet das LWL-Beratungshaus eine fachlich qualifizierte multiprofessionelle Unterstützung.

Unterstützte Kommunikation und Assistive Technologien

Für Schüler, die unterstützt kommunizieren oder technische Hilfsmittel für die Kommunikation und Computeransteuerung benötigen, bietet das LWL-Beratungshaus eine herstellerunabhängige Beratung, Unterstützung bei der Ermittlung des individuellen Hilfsmittelbedarfs sowie Hilfe bei der Beantragung von Hilfsmitteln an. Dazu gehört auch die Unterstützung von Schulen bei der Einrichtung eines individuellen Arbeitsplatzes und beim unterrichtlichen Einbezug des Hilfsmittels.

Notfallmanagement

Zum Notfallmanagement im engeren und weiteren Sinne gehören Unterstützung, Beratung und Information zu Kindern mit chronischen Erkrankungen wie Epilepsie, Diabetes, Herzerkrankungen o. ä. Das beinhaltet sowohl Hilfe bei der Erstellung eines individuellen Notfallplans als auch Information zur Erkrankung, Besonderheiten im Schulalltag etc.

5 Arbeitsweise

Das LWL-Beratungshaus bietet allen Anfragenden eine möglichst einfache erste Kontaktaufnahme über nur einen gemeinsamen Eingangskanal (E-Mail, Telefon). Im Sekretariat werden die Anfragen aufgenommen, um dann dem wöchentlich tagenden Team vorgestellt, an den richtigen Ansprechpartner im Team delegiert und ggf. auch gemeinsam beraten und bearbeitet zu werden. Diese wöchentlichen Team- und Clearing-Sitzungen sind ein Kernstück der Arbeit des Beratungshauses. Zu diesen Sitzungen trifft sich das komplette Team. Arbeitspunkte sind die Vorstellung und Verteilung der neuen Anfragen, die gegenseitige Information und Beratung laufender und die Information über abgeschlossene Anfragen. Weiterhin werden administrative Aufgaben sowie Netzwerkarbeit, Teamentwicklung, kollegiale Beratung/kollegialer Austausch vom Team besprochen und verabredet.

Ziel ist es, zu jedem Anfragenden innerhalb von einer Woche einen Erstkontakt aufzubauen, um das Anliegen zu klären oder um den weiteren Beratungsprozess zu verabreden. Über ein Telefonat hinausgehende Beratungen erfolgen dann in den Räumen des Beratungshauses oder auch vor Ort in Schulen.

6 Ergebnisse aus der Pilotphase

Die einjährige Pilotphase des LWL-Beratungshauses wurde im Sommer 2013 evaluiert. Innerhalb von zehn Monaten sind 86 Anfragen eingegangen und bearbeitet worden. Die Hälfte der Anfragen ging von Schulen aus, 37 % erfolgten durch Eltern, der Rest (13 %) verteilte sich auf Kindertagesstätten, Schulträger und andere Träger. Beratungspunkte waren dabei u. a.:

- Schulwahl, Einschulung, Schulwechsel/Förderortwechsel, Wechsel des Förderschwerpunkts
- Hilfsmittelberatung
- Barrierefreiheit/Mobilität (Mobiliar, Schul- u. Klassenraumgestaltung, Treppenlifter, Mobilitätstrainer, Pflegeräume etc.)

- Behinderungen, chronische Erkrankungen, Notfallmanagement (Medikamentengabe, Epilepsie, Diabetes etc.)

Die Beratungen erfolgten dabei sowohl zu Schülern mit als auch zu Schülern ohne festgestellten sonderpädagogischen Förderbedarf.

7 Stolpersteine – Gelingensfaktoren

Ausreichende personelle und materielle/räumliche Ressourcen gehören mit zu den entscheidenden Gelingensfaktoren. Insbesondere bei einem großen Zuständigkeitsgebiet wie dem Münsterland ist der Faktor Fahrtzeit nicht zu vernachlässigen. Vielfach ist eine Beratung vor Ort notwendig. Die Zeitressourcen müssen dementsprechend angepasst sein.

In der Pilotphase wurde der Zuständigkeitsbereich des LWL-Beratungshauses auf die (unterschiedlichen) Einzugsgebiete der vier Schulen festgelegt. Das führt dazu, dass im Kernbereich Münster zu allen Förderschwerpunkten beraten werden kann, im Umland bzw. in den Randbereichen aber nur zu einzelnen. Im Rahmen einer weiteren Etablierung ist hier eine Vereinheitlichung notwendig. So sollte in der gesamten Region ein qualitativ gleichwertiges Angebot geschaffen werden.

Das multiprofessionelle Team ergänzt sich in vielen Bereichen. Individuelle Erfahrungen und Kenntnisse (z. B. zu Integrationshelfern, Nachteilsausgleich) ergänzen und unterstützen die Beratung aller. Die regelmäßigen Teamsitzungen und die damit verbundene Möglichkeit des Austausches sind ein weiterer Gelingensfaktor. Regelmäßige gemeinsame Fortbildungen zur Teamentwicklung und Kompetenzerweiterung sind dabei unerlässlich. Als positiven Nebeneffekt kann man feststellen, dass sich neben der individuellen Kompetenzerweiterung innerhalb des Teams auch die Kooperation der am Beratungshaus beteiligten Förderschulen untereinander verbessert hat. So sind die Kompetenzen der Schulen und Kollegen dadurch besser bekannt geworden, und gegenseitige Beratung und Fortbildung werden häufiger in Anspruch genommen.

8 Fazit und Ausblick

Das Angebot des LWL-Beratungshauses hat sich bewährt. Es erhält auch aus anderen Regionen, in denen es kein vergleichbares Angebot gibt, Anfragen.

Entscheidende Kriterien für die gute Annahme von Seiten der Schulen, Lehrer und Eltern sind die kundenfreundliche Struktur des Beratungshauses mit dem gemeinsamen und einheitlichen Eingangskanal, die zeitnahen Rückmeldungen innerhalb einer Woche sowie der interdisziplinäre kollegiale Austausch zu den Anfragen im Team.

Grundsätzlich wäre auch eine andere Konstellation von Förderschwerpunkten denkbar, denn auch für die momentan vom Beratungshaus noch nicht abgedeckten Förderbereiche Geistige Entwicklung, Lernen sowie insbesondere Emotionale und Soziale Entwicklung besteht zunehmend mehr Beratungs- und Unterstützungsbedarf.

Aufgrund der positiven Erfahrungen des Pilotprojektes hat der LWL als Träger im Sommer 2013 beschlossen, das LWL-Beratungshaus in Münster weiterzuführen und zu prüfen, ob – in Absprache mit den örtlichen Schulaufsichten/Bezirksregierungen – vergleichbare Beratungshäuser auch an anderen Standorten in Westfalen-Lippe eingerichtet werden können. Für das LWL-Beratungshaus in Münster wird es neben der weiteren Etablierung der eigenen Arbeit und der Vernetzung in der Region auch um die Aufnahme neuer Angebote wie z. B. die Vermittlung von Peergroup-Angeboten für Kinder und Jugendliche mit Behinderungen im Gemeinsamen Unterricht gehen.

Beratung und Unterstützung im Förderschwerpunkt körperliche und motorische Entwicklung in Schleswig-Holstein

Rainer Dräger/Tobias Schubert

1 Ausgangslage

Mit der zunehmenden Ausdifferenzierung der Sonderpädagogik seit den 1960er Jahren entstanden in Schleswig-Holstein an den Standorten Flensburg, Kiel und Lübeck eigenständige Schulen für Körperbehinderte, zusätzlich in Damp und Schwentinental (ehem. Raisdorf) bei Kiel staatliche Internatsschulen für Körperbehinderte. In Oldenburg/Holstein wurden in den 1980er Jahren Klassen für Körperbehinderte unter dem Dach einer Schule für Geistigbehinderte eingerichtet. Diese Schulstandorte bestehen als Förderzentren körperliche und motorische Entwicklung im Wesentlichen bis heute.

1 Ausgangslage

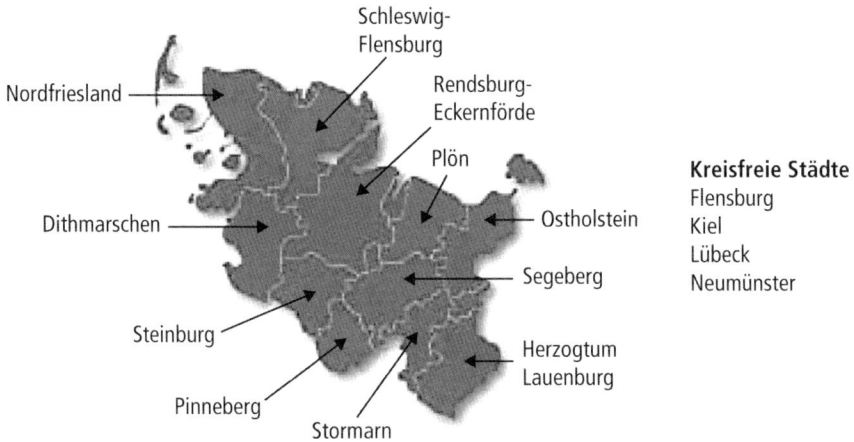

Historisch gewachsen kam es im Zuge dieser Entwicklung zu einer Unterversorgung der westlichen Landesteile Schleswig-Holsteins (Kreise Nordfriesland, Dithmarschen, Steinburg, Pinneberg sowie Segeberg), für die es keine flächendeckenden fachkundigen Unterstützungssysteme gab. Die räumliche Nähe zu Hamburg ermöglichte in den südlichen Landesteilen die Beschulung schleswig-holsteinischer Schülerinnen und Schüler an entsprechenden Förderzentren in Hamburg im Rahmen eines bundesländerübergreifenden Gastschulabkommens.

So wurde Mitte der 1990er Jahre deutlich, dass die Unterversorgung der o. g. Kreise einschließlich der kreisfreien Stadt Neumünster konzeptionelle Veränderungen verlangte. Im Zusammenhang mit veränderten politischen Vorgaben zum Gemeinsamen Unterricht seit Beginn der 1990er Jahre (u. a. Salamanca-Erklärung der Unesco 1994) stand hier nicht die Einrichtung weiterer stationärer Förderzentren zur Diskussion, sondern es wurde durch das damalige Bildungsministerium in Kooperation mit dem damaligen »Institut für Praxis und Theorie der Schule (IPTS)« ein mobiles und ambulantes System zur »Beratung und Unterstützung Körperbehinderter« (BUK) eingerichtet, das bis heute als Mobiler Sonderpädagogischer Dienst unter der Bezeichnung »Beratung und Unterstützung im Förderschwerpunkt körperliche und motorische Entwicklung (BUK)« im Auftrag des Ministeriums für Bildung und Wissenschaft und in Kooperation mit dem »Institut für Qualitätsentwicklung an Schulen Schleswig-Holstein« (IQSH) fortbesteht.

Seit 1995 wurden für jeden Kreis und jede kreisfreie Stadt in Schleswig-Holstein (Abb. 1) zunächst zwei, mittlerweile zum Teil bis zu fünf Kolleginnen und Kollegen für diese Beratungs- und Unterstützungsarbeit weitergebildet bzw. bei entsprechender Fakultas durch die entsprechenden Schulämter in deren Verantwortung eingesetzt. Über das IQSH organisiert arbeiten landesweit aktuell 48 Kolleginnen und Kollegen in der regionalen Beratung und Unterstützung mit einem Deputat von durchschnittlich je ca. vier bis acht Lehrerwochenstunden.

Assoziierte Mitglieder sind jeweils eine Kollegin aus dem IQSH (zuständig für Aus- und Fortbildung in der Fachrichtung KME) sowie aus dem Bildungsministerium (Abteilung Sonderpädagogik) als oberste Schulaufsicht.

2 Anliegen und Aufgabenbereiche in der Beratungs- und Unterstützungsarbeit

Kinder und Jugendliche mit körperlichen und motorischen Beeinträchtigungen, Behinderungen oder chronischen Erkrankungen bewältigen die Lern- und Lebensanforderungen während ihrer Schulzeit in individuell sehr unterschiedlichem Ausmaß, häufig unter erheblich erschwerten Bedingungen.

Dabei können diese Bedingungen je nach individuell vorhandenen Lebens- und Lernsituationen kompensiert werden oder aber sich ungünstig entwickeln. Das Ausmaß und der Verlauf der Körperbehinderung bzw. der motorischen Entwicklungserschwerung oder Erkrankung ist nicht ausschließlich unter den physiologischen, sondern auch unter den familiären, sozialen, medizinischen, therapeutischen und pädagogischen Bedingungen als Kontextfaktoren im Sinne der ICF-CY (vgl. Hollenweger/Kraus de Camargo, 2011, S. 37) zu betrachten. Die langjährigen Erfahrungen zeigen, dass eine frühzeitige Beratung und Unterstützung aller am Erziehungs- und Lernprozess Beteiligten maßgeblich dazu beiträgt, die Lebens- und Lernsituation der betroffenen Schülerinnen und Schüler zu verbessern. Unser Anliegen in der regionalen schulischen Beratungs- und Unterstützungsarbeit (Abb. 2 auf Seite 269) ist es, ihnen so zu einer ihren individuellen Möglichkeiten so weit wie möglich entsprechenden schulischen Bildung zu verhelfen.

Die Aufgaben der von den Schulämtern eingesetzten regionalen Fachrichtungsbeauftragten sind entsprechend vielfältig. Inhaltlich steht die Unterstützung der betroffenen Schülerinnen und Schüler, ihrer Lehrkräfte und Eltern in den folgenden Tätigkeitsbereichen im Vordergrund:

* Abklärung, Abgrenzung und ggf. Ermittlung eines sonderpädagogischen Förderbedarfs im Förderschwerpunkt körperliche und motorische Entwicklung
* Suche eines geeigneten Förderortes
  – Einleitung einer zielgleichen oder zieldifferenten integrativen Maßnahme in der allgemeinbildenden Schule
  – auf Wunsch der Eltern Suche eines geeigneten Förderortes außerhalb der allgemeinbildenden Schule (Förderzentren, ggf. Internatsbeschulung)
* Beratung und Unterstützung der Schülerinnen und Schüler, ihrer Eltern und Lehrkräfte zur Sicherstellung eines erfolgreichen schulischen Lernens einschließlich
  – der Beratung zu Differenzierungsmaßnahmen und zum Hilfsmitteleinsatz im Unterricht
  – der Abklärung gezielter diagnostischer Fragestellungen
  – der Beratung zu Fragen der Leistungsbewertung und eines schulischen Nachteilsausgleichs
  – der Beratung und ggf. zeitlich begrenzten Durchführung spezifischer Fördermaßnahmen

Darüber hinaus liegen weitere Aufgaben auch in

* der Kooperation mit der beteiligten Schule, dem Schulamt, Schulträger, medizinischen und therapeutischen Einrichtungen sowie den überregionalen Förderzentren
* der Beratung und Unterstützung bei evtl. erforderlichen baulichen Maßnahmen und zusätzlicher Hilfsmittelversorgung (in Kooperation mit behandelnden Ärzten und Therapeuten)
* der kollegialen Fortbildung und der Sicherstellung eines thematischen Informationsaustausches
* der Unterstützung bei einem ggf. zu erstellenden sonderpädagogischen Förderplan (in Abstimmung mit den ggf. beteiligten Förderzentren Lernen und Geistige Entwicklung)
* der Unterstützung bei Anträgen (z. B. gegenüber Krankenkassen und Sozialhilfeträgern)

Die Verantwortung für die Schülerin oder den Schüler verbleibt – dem Inklusionsgedanken entsprechend – in jedem Fall bei der besuchten Schule.

Die in diesem Arbeitsfeld tätigen Kolleginnen und Kollegen kommen viermal jährlich zu jeweils ganztägigen Arbeitstagungen zusammen, um sich über aktuelle Entwicklungen in der Beratungs- und Unterstützungsarbeit zu informieren und fortzubilden. Hierzu gehören sowohl fachdidaktische und fachrichtungsspezifische wie auch schul- und rehabilitationsrechtliche Fragestellungen, die das sehr breite Themenfeld der schulischen Unterstützung einschließlich der beruflichen Orientierung abdecken. Die zentrale Koordination dieser Arbeitstagungen wird im Auftrag des Bildungsministeriums durch das Institut für Qualitätsentwicklung an Schulen Schleswig-Holstein, für das die Autoren in diesem Zusammenhang nebenamtlich tätig sind, wahrgenommen. Beide sind in diesem Zusammenhang auch überregionale Ansprechpartner für Schulleitungen, Schulämter, Schulaufsicht und Eltern.

3   Statistische Kennzahlen

Für das Schuljahr 2011/12 ermittelte das zuständige Referat des Ministeriums für Bildung und Wissenschaft (MBW) für Schleswig-Holstein über alle sonderpädagogischen Förderschwerpunkte hinweg eine Inklusionsquote von 57,1 % bei einer Förderquote von 5,92 % (Anteil von Schülerinnen und Schülern mit sonderpädagogischem Förderbedarf bezogen auf alle Schülerinnen und Schüler der Jahrgangsstufen 1 bis 10; vgl. Ministerium für Bildung und Wissenschaft, 2012).

Für den Förderschwerpunkt körperliche und motorische Entwicklung wurden 2011/12 landesweit 845 Schülerinnen und Schüler gezählt, dies entspricht einem Anteil von 5,3 % an allen Schülerinnen und Schülern (SuS) mit sonderpädagogischem Förderbedarf. Hiervon wurden 436 SuS in allgemeinen Schulen unterrichtet, 409 an entsprechenden Förderzentren. Die Inklusionsquote beträgt somit für diesen Förderschwerpunkt 51,6 %. Diese Zahlen weisen über die letzten Jahre eine leicht steigende Tendenz auf.

Statistisch nicht genau erfasst ist hierbei eine recht hohe Zahl *präventiv* betreuter Schülerinnen und Schüler in allgemeinen und berufsbildenden Schulen, die zwar eine körperlich-motorische Beeinträchtigung aufweisen, einen entsprechenden sonderpädagogischen Förderbedarf formal jedoch (noch) nicht zugewiesen bekommen haben. Die für das Schuljahr 2010/11 ermittelten Zahlen weisen hier noch einmal 328 Schülerinnen und Schüler zusätzlich aus, so dass landesweit von insgesamt knapp 1200 Schülerinnen und Schülern auszugehen ist, für die sich eine Beratung und Unterstützung im Förderschwerpunkt KME zuständig erklärt.

4 Beratung und Unterstützung konkret

Die konkrete fachrichtungsspezifische Beratungs- und Unterstützungsarbeit orientiert sich generell an mehreren Aspekten, die in wechselnder zeitlicher Abfolge bearbeitet werden (Abb. 2).

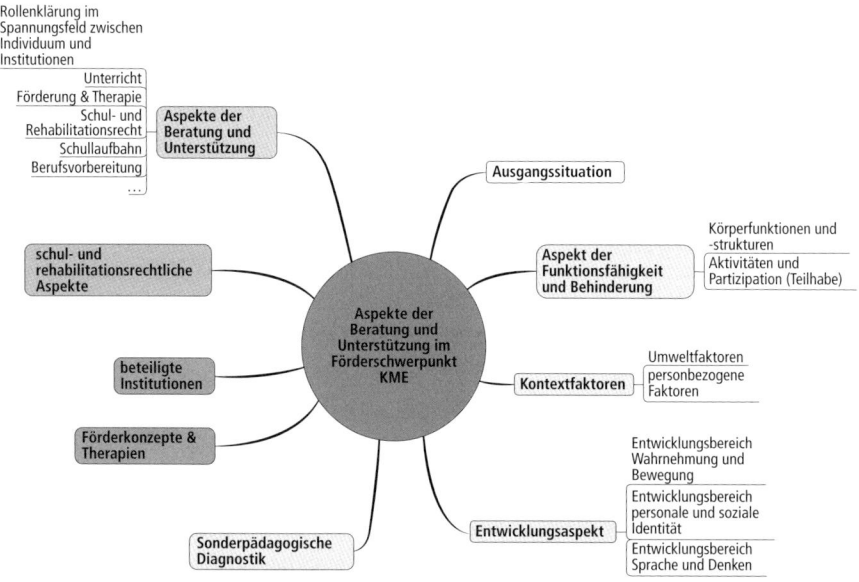

Abb. 2: Aspekte der Beratung und Unterstützung im Förderschwerpunkt KME

Die Analyse des wechselseitigen Bedingungsgefüges aus individueller Lernausgangslage (Aspekt der Funktionsfähigkeit und Behinderung; vgl. ICF-CY), Kontextfaktoren, Entwicklungsvoraussetzungen, spezifischer sonderpädagogischer Diagnostik zur Abklärung offener Fragen, Förderkonzepten und Therapien, beteiligten Institutionen sowie schul- und rehabilitationsrechtlichen Fragestellungen arbeitet spezifische Beratungs- und Unterstützungsaspekte heraus, die sich von Fall zu Fall deutlich unterscheiden können.

Abbildung 3 verdeutlicht die Beratungs- und Unterstützungsaspekte am Beispiel eines Schülers resp. einer Schülerin mit Epilepsie.

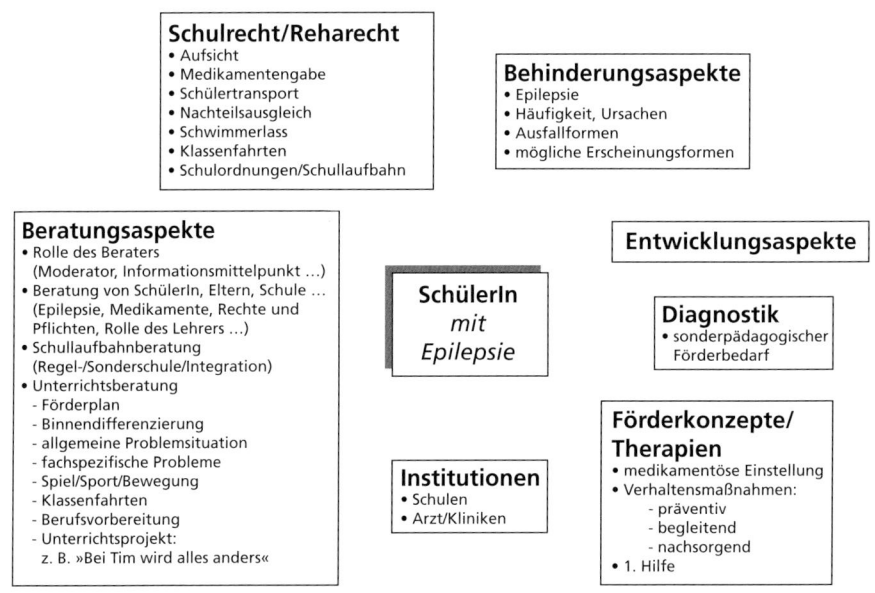

Abb. 3: Aspekte der Beratung und Unterstützung im Kontext einer Epilepsie-Erkrankung

Ausgehend von einer differenzierten Betrachtung der medizinischen Ausgangslage (Anfallsart und -häufigkeit, Medikation, erforderliches Notfallmanagement) steht hier zunächst die Einschätzung der möglichen Auswirkungen auf das schulische Lern- und Leistungsverhalten im Fokus. Gegebenenfalls ist hierzu eine nähere sonderpädagogische Diagnostik erforderlich (z. B. Schulleistungs- und Aufmerksamkeitsdiagnostik), um eine fundierte Unterrichtsberatung leisten zu können: Wie wirken sich die Behinderung bzw. chronische Erkrankung und mögliche Nebenwirkungen der medikamentösen Therapie auf das Lernverhalten aus? Welche Differenzierungsmaßnahmen sind notwendig? Wie sollte ein entsprechender Nachteilsausgleich gestaltet werden? Welche Sicherheitsaspekte sind zu bedenken (Aufsicht, Notfallmanagement, Gefährdungsaspekte im Sport/ Schwimmen [vgl. Rix/Dräger/Diederley, 2011, S. 65], Lernen am anderen Ort/Klassenfahrten etc.)? Welche Fragestellungen ergeben sich bezüglich der Schullaufbahnberatung bzw. Berufsvorbereitung? Unter welchen Bedingungen ist eine Schulbegleitung sinnvoll, welche formalen Aspekte sind hier bei der Antragsstellung zu beachten? Inwieweit ist die Sensibilisierung der Mitschülerinnen und Mitschüler für die besondere Situation von Menschen mit einer Epilepsie wünschenswert (z. B. im Rahmen des Unterrichtsprojektes »Bei Tim wird alles anders«, Heinen, 2001).

Die Vielfalt der sich aus diesem einen Fall ergebenden sonderpädagogischen, schul- und rehabilitationsrechtlichen Fragestellungen verdeutlicht, dass zur erfolgreichen Bewältigung der anstehenden Aufgaben – nicht zuletzt auch im Kontakt mit den verschiedenen einzubindenden Institutionen (Ärzte, Kliniken, Schulen, Therapeuten, Ämter) – eine umfängliche fachliche Expertise sowie ein dem zum Teil erheblichen Koordinierungsbedarf entsprechendes Zeitbudget erforderlich ist.

Im Rahmen der zentralen Arbeitstagungen werden derartige konkrete Fallbeispiele aus dem Arbeitsfeld der regionalen Fachrichtungsbeauftragten als eigenständiger Fortbildungspunkt im Sinne einer kollegialen Fallberatung regelmäßig aufgegriffen und gemeinsam reflektiert. Die Rückmeldungen der Teilnehmerinnen und Teilnehmer hierzu zeigen, dass diese Form der gemeinsamen Fortbildung als besonders effektiv und hilfreich eingeschätzt wird.

5 Herausforderungen und Perspektiven

Die statistischen Kennzahlen für Schleswig-Holstein verdeutlichen, dass sich für eine beträchtliche Anzahl der Schülerinnen und Schüler im Förderschwerpunkt KME ein Gemeinsamer Unterricht realisieren lässt und sich somit das Beratungssystem als solches deutlich bewährt hat. Besondere Herausforderungen liegen hier in einer inhaltlichen Abgrenzung von präventiver und integrativer Arbeit, deren formale Kriterien als wenig trennscharf empfunden werden, so dass diese in der Praxis nur für den jeweiligen Einzelfall entschieden werden können. In einem Flächenland wie Schleswig-Holstein stellt eine jeweils kreisweite mobile sonderpädagogische Beratungs- und Unterstützungsarbeit hohe Anforderungen an die

Flexibilität, Mobilität und Belastbarkeit der Kolleginnen und Kollegen, die selbst nur mittelbar schulische und pädagogische Prozesse initiieren und begleiten können. Diese Herausforderung wird auch daran deutlich, dass im Schuljahr 2012/13 landesweit insgesamt 465 Schulen von 47 Kolleginnen und Kollegen betreut wurden, die ihrerseits mit durchschnittlich nur etwa vier bis acht Unterrichts-Wochenstunden für diese Tätigkeit eingesetzt sind.

Die Rückmeldungen der Kolleginnen und Kollegen aus der Arbeit vor Ort verdeutlichen darüber hinaus, dass sehr viel Arbeitszeit aufzuwenden ist für die Gestaltung lernförderlicher Bedingungen im Spannungsfeld unterschiedlicher Kostenträger. Insbesondere in den Bereichen Hilfsmittelversorgung, Barrierefreiheit und Schulbegleitung sind immer wieder langfristige Beantragungs- und Bewilligungsprozesse zu begleiten, in denen Eltern aufgrund der Vielzahl der Zuständigkeiten häufig überfordert sind.

In der Vernetzung dieser unterschiedlichen Partner im Rahmen der SGB VIII, IX und XII wird daher auch weiterhin ein Schwerpunkt der Fort- und Weiterbildungsarbeit im Rahmen der gemeinsamen Arbeitstagungen liegen. Entsprechende Fortbildungsinhalte betreffen im Kontext einer inklusiven Schule vor allem die Aspekte

- Fachberatung zum Nachteilsausgleich in allen Schularten und für alle zentralen Schulabschlussprüfungen
- Aspekte der Leistungsermittlung und -bewertung, insbesondere unter Einbeziehung von technischen Hilfen (z. B. Spracheingabe-Software, PC- und Tablet-PC-Systeme) und persönlicher Assistenz im Rahmen einer individuellen Schulbegleitung
- Unterrichtsfachberatung Sport und Schwimmen (vgl. Rix/Dräger/Diederley, 2011, Kap. 6: »Schwimmen und Behinderung«)
- sicheres Handling im Schulalltag
- Sicherstellung fachkundiger Pflege
- Hilfsmittelversorgung und Unterstützte Kommunikation einschließlich Beratung und Anleitung sowie Unterstützung bei der Antragstellung
- Organisation individueller Assistenz (Schulbegleitung)
- Unterstützung sozialer Lernprozesse (Teilhabe)
- barrierefreie Schule: u. a. Fachberatung barrierefreier Schulbau
- Implementierung sonderpädagogischer Standards (Wember/Prändl, 2009, S. 64–68; Leyendecker, 2009)
- individuelle Förderplanung

Für die Zukunft und unter dem Primat »Inklusion ist unteilbar« werden insbesondere Aspekte eines Gemeinsamen Unterrichts für Schülerinnen und Schüler mit intensivem Assistenzbedarf (mit schweren und mehrfachen Behinderungen) unsere besondere Aufmerksamkeit erfordern.

Literatur

Heinen, Gerd: Bei Tim wird alles anders. Verlag Epilepsie 2000, 3. Aufl., 2001 [hierzu ist Unterrichtsmaterial erschienen von G. Heinen, M. Fink, M. Mälzig im Verlag epilepsie 2000 e. V., Tel. 030-3414252]

Hollenweger, Judith/Kraus de Camargo, Olaf (Hrsg., 2011). ICF-CY. Internationale Klassifikation der Funktionsfähigkeit, Behinderung und Gesundheit bei Kindern und Jugendlichen. Bern: Verlag Hans Huber

Institut für Qualitätsentwicklung an Schulen Schleswig-Holstein: Beratung und Unterstützung für Kinder und Jugendliche mit Körperbehinderungen und chronischen Erkrankungen in der Schule. Im Internet unter http://www.schleswig-holstein.de/IQSH/DE/Foez/BUK/BUK_node.html [08.09.2014]

Leyendecker, Christoph: Förderschwerpunkt Körperliche und Motorische Entwicklung: Bewegtes Lernen trotz behinderter Bewegung. In: Wember, Franz B./Prändl, Stephan (Hrsg.): Standards der sonderpädagogischen Förderung. München: Ernst Reinhard, 2009, S. 187–202

Ministerium für Bildung und Wissenschaft: Sonderpädagogische Förderung in Schleswig-Holstein auf einen Blick 2011/2012, 2012 (unveröffentlicht)

Rix, Achim/Dräger, Lutz-Rainer/Diederley, Hartmut: Einfach schwimmen lernen. Der Leitfaden für den Schwimmunterricht. Buxtehude: Persen Verlag, 3. Aufl., 2011

Wember, Franz B./Prändl, Stephan (Hrsg.): Standards der sonderpädagogischen Förderung. München: Ernst Reinhard, 2009

Autorenverzeichnis

Prof. Dr. Bergeest, Harry Gero
Ehemals Universität Halle-Wittenberg, Institut für Rehabilitationspädagogik, Lehrstuhl Körperbehindertenpädagogik

Dr. Daut, Volker, Akademischer Direktor
Universität Würzburg, Institut für Sonderpädagogik, Lehrstuhl Körperbehindertenpädagogik
volker.daut@mail.uni-wuerzburg.de

Dräger, Lutz-Rainer, Sonderschulrektor
Landesförderzentrum körperliche und motorische Entwicklung, Schwentinental
r.draeger@drk-sutz.de

Grothus, Arno, Stellvertretender Schulleiter
Regenbogen-Schule, Förderschule Körperliche und Motorische Entwicklung, Münster
arno.grothus@lwl.org

Kirsch, Helmut, Sonderschulkonrektor
Astrid-Lindgren-Schule, Förderzentrum Körperliche und Motorische Entwicklung, Kempten
kirsch@als-kempten.de

Prof. Dr. Lelgemann, Reinhard
Universität Würzburg, Institut für Sonderpädagogik, Lehrstuhl Körperbehindertenpädagogik
lelgemann@mail.uni-wuerzburg.de

Palm, Manfred, Koordination
Kompetenzzentrum Albatros-Schule, Bielefeld
maniemapa@gmx.de

Roth, Irene, Gymnasiallehrerin für Mathematik und Informatik, Inklusionsbeauftragte für Mädchen
Kleines privates Lehrinstitut Derksen, München
sekretariat@derksen-gym.de

Schubert, Tobias, Sonderschulkonrektor
Lilli-Nielsen-Schule, Förderzentrum körperliche und motorische sowie geistige Entwicklung der Landeshauptstadt Kiel
tobias.schubert@lilli-nielsen-schule.de

Singer, Philipp, Wissenschaftlicher Mitarbeiter, Diplom-Pädagoge
Universität Würzburg, Institut für Sonderpädagogik, Lehrstuhl Körperbehindertenpädagogik
philipp.singer@uni-wuerzburg.de

Venth, Guido, Förderschulrektor
Kardinal-von-Galen-Haus, Dinklage
g-venth@t-online.de

Dr. Walter-Klose, Christian, Akademischer Rat, Diplom-Psychologe
Universität Würzburg, Institut für Sonderpädagogik, Lehrstuhl Körperbehindertenpädagogik
christian.walter-klose@uni-wuerzburg.de

Reinhard Lelgemann

**Körperbehinderten-
pädagogik**

Didaktik und Unterricht

*2010. 284 Seiten
Kart. € 27,–
ISBN 978-3-17-021212-1*

Die Gestaltung möglichst inklusiver Lebens- und Lernbedingungen steht momentan im Vordergrund der Diskussionen in der Körperbehindertenpädagogik. Ebenso werden innerhalb der didaktischen Theorieentwicklung seit einigen Jahren vor allem die Gemeinsamkeiten der didaktischen Konzepte betont. Spezifische Beeinträchtigungen körper- und mehrfachbehinderter Schüler können dabei in den Hintergrund geraten. Themen wie Diagnostik, notwendige Unterstützungsleistungen aufgrund spezifischer Beeinträchtigungen, die Bedeutung von Therapie, Pflege oder struktureller Bedingungen werden kaum als relevante didaktische Aspekte aufgegriffen. Das Buch verknüpft sowohl die allgemeinen als auch die spezifischen Facetten einer Didaktik innerhalb der Körperbehindertenpädagogik miteinander. Orientiert an der gegenwärtigen Situation körper- und mehrfachbehinderter Schüler in spezialisierten und integrativen Schulen behandelt der Autor didaktische und unterrichtliche Fragen und Handlungsfelder umfassend. Dabei orientiert er sich an der Realisierung bestmöglicher individueller Bildungs- und Entwicklungschancen aller Schüler unabhängig vom Lernort.

Leseproben und weitere Informationen unter www.kohlhammer.de